W0395329

Rhetorik – der Weg zum Erfolg

Rhetorik – der Weg zum Erfolg

Peter Ebeling

humboldt

Beruf

humboldt-Taschenbuch 627

Der Autor:
Peter Ebeling gehört zu den führenden Trainern für Rhetorik, Verkaufs- und Führungserfolg und Tempologie®-Training in Deutschland, Österreich und der Schweiz. Er ist Autor zahlreicher Fachbücher zu den Themen Rhetorik, Beraten, Verhandeln und Verkaufen. Heute berät er Trainer und Dozenten. Er entwickelte die Tempologie®-Methode.

Umwelthinweis: gedruckt auf chlorfrei gebleichtem Papier

8. Auflage 2001

Hinweis für die Leser:
Alle Angaben und Informationen in diesem Buch wurden von Autor und Verlag sorgfältig recherchiert und geprüft. Dennoch kann eine Gewähr nicht übernommen werden.

Umschlaggestaltung: Wolf Brannasky, München
Umschlagfoto: Fotoagentur Tony Stone, München
(Fotograf: Ben Osborne)

Druck: Presse-Druck Augsburg
Printed in Germany
ISBN 3-581-66627-8
10 * 8

Inhalt

Vorwort

*»Das Wertvolle im Leben ist die Entfaltung
der Persönlichkeit und ihrer schöpferischen Kräfte.«*
(ALBERT EINSTEIN)

»Sprich, damit ich dich sehe!«
(SOKRATES)

Dieses Buch will Menschen helfen,

- die unter Ängsten, Lampenfieber und Erwartungsangst leiden, durch die Gewinnung von neuen Einsichten und Erkenntnissen;
- die introvertiert, verklemmt, schüchtern oder gehemmt sind, indem wir neue Wege, Mittel und Methoden aufzeigen, um die vorhandene »Hemmschwelle« mittels Rhetoriktraining zu durchbrechen;
- die täglich in der Redepraxis stehen, ihnen ein Buch in die Hand zu geben, mit dem Motto: Aus der Praxis – für die Praxis.
- den zunehmenden Kommunikationsmangel durch einen besseren Kontakt in der Familie und im Beruf zu verbessern.

Dieses geschieht in leicht verständlicher Form, mit Stichpunktsätzen, Checklisten, Skizzen, Diagrammen, interessanten Übungen, Selbstkontrollisten; die Übungen geben Hilfen und Anregungen für das persönliche Selbsttraining zu Hause und im Freundes- oder Bekanntenkreis.

Dieses Buch wurde unter dem Leitgedanken: »Reden lernen – leicht gemacht« geschrieben. Wir haben besonders an den vielbeschäftigten Leser gedacht und die verschiedenen Fachgebiete deshalb in abgeschlossene Kapitel aufgeteilt.

Zum Schluß möchte ich mich bei den vielen Seminarteilnehmern bedanken, die durch ihre Seminarbeteiligung dieses Buch zum Teil ermöglicht haben. Ganz besonders dankbar bin ich meiner Frau, meiner treuen Helferin und Mitarbeiterin, für ihre unermüdliche Hilfe an diesem Buch. Ebenso herzlicher Dank gilt Frau MASSING für ihre fleißige Mitarbeit.

Wir wünschen Ihnen persönlich durch dieses Buch viel Erfolg in der praktischen Rhetorik und der besseren Kommunikation im Alltag!

Autor und Verlag

Der Mensch leidet heute an »geistiger« Verstopfung

»Wer wohl reden kann, der ist der Mann.
Denn Reden ist Weisheit, und Weisheit ist Reden.«
(Martin Luther)

»Bilde dich zum Meister des Sprechens,
denn dadurch wirst du obsiegen.«
(Papyrus aus einem altägyptischen Grab)

Warum sprechen die Menschen immer weniger miteinander? Haben sie Angst, Hemmungen, wollen sie allein sein mit ihren Gedanken und Problemen, oder aber haben sie nur verlernt, sich einfach dem anderen mitzuteilen? Immer wieder beobachtet und erkennt man, daß im Grunde eine latente Sehnsucht, der Wunsch nach Kontaktaufnahme, vorhanden ist. Aber zu viele belassen es bei diesem vagen Wunsch. Befürchtungen, Unsicherheit, mangelnde Bereitschaft, einem anderen zuzuhören – denn auch das gehört ja zu einem Gespräch miteinander – und die fehlende Fähigkeit, sich natürlich, verständlich und menschlich auszudrücken, verhindern diese Absicht.

Wie viele Familien verbringen Stunde um Stunde vor dem Fernsehgerät, anstatt die Zeit zu einem Gespräch zu nutzen. Eine Frage, eine Äußerung wird oft nur mit einer Handbewegung abgewiesen, weil man sich bei dieser Tätigkeit nicht stören lassen will.

In den Büros und Fabriken leidet die Kommunikation ebenfalls, bedingt durch Trennwände, Wechselschichten, Automatisierung und vieles mehr. Muß der Mensch sich aber immer unfreier, gehemmter und unsicherer bewegen und verhalten?

Die Folgen sind seit Parkinson bekannt: *»In allen zwischenmenschlichen Beziehungen ist unsere Ohnmacht, uns exakt verständlich zu machen, die häufigste Ursache für ein Versagen.«* Hier hilft nur aktive Mitarbeit: *»Tue das, was du fürchtest, und die Furcht stirbt einen sicheren Tod«* (Waldo Emerson; 1802–1883).

Die folgenden Tips und Hinweise sollen dem Leser dazu verhelfen, freier und selbstsicherer zu werden, die latenten Kräfte, die in jedem Menschen vorhanden sind, zu entfalten und seine schöpferischen Fähigkeiten zu verbessern; zumal die Beherrschung der Rede- und Kommunikationsfähigkeit das Selbstbewußtsein in ganz erheblichem Maß steigert und viele Erfolgserlebnisse schafft.
Darüber hinaus ist die Macht der Überzeugung die Voraussetzung für aktive Mitarbeit in Familie, im Verein, in der Firma. Doch zwischen der Idee und ihrer Realisierung liegt ein sehr weiter Weg, der mit vielen Übermittlungsschwierigkeiten gepflastert ist.

Wodurch entstehen Mißverständnisse?

- Persönliche Hemmungen und Unzulänglichkeiten.
- Fehlende Fähigkeit, das zu sagen, was man sagen möchte.
- Fehlendes Einfühlungsvermögen.
- Falscher Gesprächszeitpunkt.
- Zu schwierige und zu komplizierte Formulierungen.
- Unzureichende rhetorische Kenntnisse.
- Ein zu geringes psychologisches Geschick.

Dies und viele weitere Faktoren sind die Gründe, weshalb die tägliche Kommunikation oft keine besseren Ergebnisse hervorbringt.

Welche Vorteile bringt bessere Rhetorik?

Hier nur einige aus der Vielzahl von Vorteilen:

Persönliche Fähigkeiten:
- Abbau von Hemmungen und Lampenfieber.
- Mehr Selbstsicherheit.
- Mehr Selbstbewußtsein.
- Bessere Stimmtechnik.
- Klarere, präzisere Aussage.
- Mehr Überzeugungskraft.
- Bessere Selbstorganisation.
- Ausbau und Entwicklung der pädagogischen und psychologischen Fähigkeiten.
- Fähigkeit, aus dem Stegreif zu sprechen.
- Besserer Einsatz der Redemethoden und Sprechinstrumente.
- Fähigkeit, andere besser zu motivieren.
- Bessere Durchsetzungskraft der Ideen.

- Mehr Spontaneität und Schlagfertigkeit.
- Erweiterung des Wortschatzes.
- Leichterer Umgang mit der Sprache.
- Bessere Koordinierung von Mimik und Gestik bei Rede und Gespräch.
- Bessere Wahrnehmung der nonverbalen Ausdrucksformen.
- Bessere Fähigkeit zuzuhören.
- Bessere Überwindung von Redeangst.
- Erkenntnis der Grenzen und Möglichkeiten der Einsatzmittel.
- Schnelleres und besseres Erarbeiten von Manuskripten, Konzepten usw. für Reden und Präsentationen.

Persönliche Erfolge:
Sie genießen mehr Erfolgserlebnisse in allen Bereichen:
- Bessere Kommunikation.
- Erhöhte Chancen und Gelegenheiten.
- Mehr Anerkennung und Achtung.
- Überwindung von Angst, vor Gruppen zu sprechen.
- Besseres psychologisches Einfühlungsvermögen.
- Mehr Einflußmöglichkeiten.
- Mehr Einsicht und Verständnis für andere.
- Erkennen der Notwendigkeit, besser zuzuhören.
- Positive Einstellung zu sich und seiner Umwelt.

Soziale Möglichkeiten:
- Mehr »Parkettsicherheit«.
- Ausbau der Kontakte und Beziehungen.
- Verminderung der persönlichen Schranken.
- Leichterer Einstieg in Gruppen, Verbände usw.

Berufliche Möglichkeiten:
- Mehr Durchsetzungskraft bei Diskussionen und Konferenzen.
- Leichteres Verhandeln und Verkaufen.
- Bessere innerbetriebliche Kommunikation.
- Bessere Beherrschung der Vortragskunst für verschiedene Situationen und Gelegenheiten.
- Neue Ideen besser »an den Mann bringen«.
- Verbesserung des schriftlichen Ausdrucks.
- Bessere Fähigkeit, sich kurz zu fassen.
- Mehr Kontakte führen zu besseren Ergebnissen.
- Besserer Blick für neue Quellen und Fundgruben.
- Schneller und besser überzeugen durch gekonnte Präsentationstechnik.
- Mehr Objektivität und Toleranz.

Wir sehen also, daß es viele Gründe dafür gibt, sich in der Kunst der Rede zu üben. Gutes, freies Sprechen stärkt die Persönlichkeit und damit auch das Ansehen. Die freie Rede ist die Kunst, Menschen zu beeinflussen, sie zu überzeugen und für sich zu gewinnen. Wer reden kann, gewinnt an Sicherheit im Auftreten, er bekämpft Hemmungen, Schüchternheit, Konzentrationsmangel, Minderwertigkeitsgefühle, Befangenheit, Lampenfieber und Angst. Somit können wir ohne Zweifel sagen: Freies Reden ist ein Beitrag zur individuellen Entwicklung und Förderung der Persönlichkeit.

Leider sind wir Menschen heute fast alle dahin erzogen worden, daß wir immer versuchen wollen, möglichst sachlich (verbal) und nüchtern an die Dinge heranzugehen. Das Gefühl (nonverbal) soll nach Möglichkeit ausgeschaltet sein. Doch dieses ist unmöglich, denn bei jeder Begegnung mit anderen Menschen spielt die »Sympathie« eine große Rolle.

Besonders oft ist dies natürlich der Fall bei Gesprächen mit nur einem oder wenigen Partnern; hier treten schnell die rein sachlichen Aspekte in den Hintergrund. Man kommt sich menschlich rasch näher, oder man entfernt sich weiter voneinander, weil man bei diesen Gesprächen oft auf ganz persönliche Dinge zu sprechen kommt. Aber gerade durch dieses Sich-Persönlich-Näherkommen oder auch -Entfernen erreichen wir eine viel schnellere Entscheidung, sei es nun eine Zu- oder Absage.

Viele Mißverständnisse kommen zustande, weil viel zuviel gedacht und gehandelt wird, ohne seine eigenen Wünsche, Erwartungen, Einstellungen usw. klar zu sagen und zu erkennen zu geben. Noch weniger wird daran gedacht, die Wünsche, Erwartungen usw. des Gesprächspartners zu erkennen und sie zu berücksichtigen.

Aber unsere Gesprächspartner müssen unsere Gedankengänge erfahren und uns ihre Empfindungen, Wünsche, Meinungen usw. ebenfalls mitteilen, denn nur so können Menschen fruchtbringend miteinander kommunizieren. Wir müssen den zwischenmenschlichen Austausch von Informationen noch viel intensiver erforschen, denn Kommunikation ist ein grundlegender sozialpsychologischer Prozeß, der eine Verhaltensänderung beim Empfänger bewirkt, seine Grenzen, Einstellungen, Erwartungen, Interessen, seinen Wissensstand und seine Gefühle zu erfahren begehrt. Endlich müssen wir lernen, uns selbst, unser Ich mit in die Kommunikation einzubringen. Wir müssen die Fähigkeit erwerben, für uns selbst zu reden, unser Tun und Handeln zu veranschaulichen und unsere Gefühle und Ziele klar zum Ausdruck zu bringen.

Doch wie sieht die Wirklichkeit aus? Wir erleben es jeden Tag, sei es nun in der Familie, auf der Straße, im Geschäft oder im Berufsalltag: ständig erhalten wir Informationen; wir leiden heute an »Überinformierung«. Stets werden Hunderte von neuen Informationen, Fakten und Daten durch die Sinne (Sehen, Hören und Fühlen) aufgenommen. Die Geschwindigkeit, mit der diese Informationen vermittelt werden, ist so groß, daß wir diese alle nicht mehr verarbeiten können. Die logische Folge ist die: Wir Menschen werden dadurch immer frustrierter.
Diese Vielfalt an Eindrücken und Informationen erdrückt den Menschen förmlich. Viele schlucken Tabletten, weil sie nicht mehr schlafen können, denn das Unterbewußtsein versucht vergeblich, diese ständigen Informationen zu bewältigen.
Schlechthin kann man sagen, »die Menschen leiden heute in zunehmendem Maß an geistiger Verstopfung«. Veranlaßt durch meine Beobachtungen, habe ich über dieses Phänomen viel nachgedacht. Ich bin dabei zu folgendem Ergebnis gekommen:
Wir müssen lernen, einen anderen Weg zu gehen. Die verschütteten und verborgenen Kräfte, die in jedem Menschen stecken, müssen wir wiederfinden und aktivieren. Wir müssen wieder lernen, von »innen nach außen« und nicht umgekehrt zu leben. Nur durch stille Meditation und durch »eigenes« Denken können wir uns selbst finden.

Geistige Verstopfung

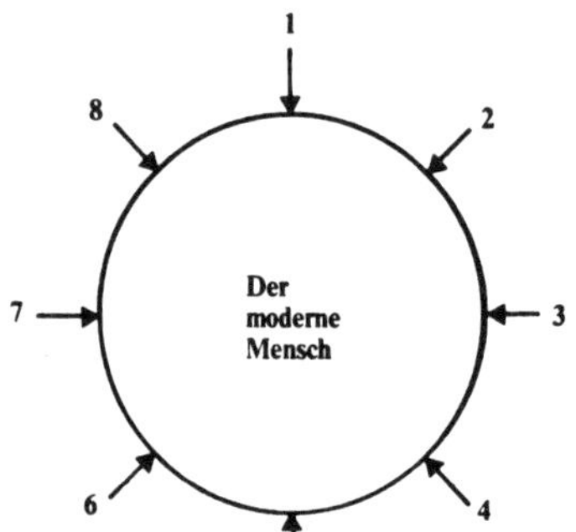

Aus-sich-Herausgehen

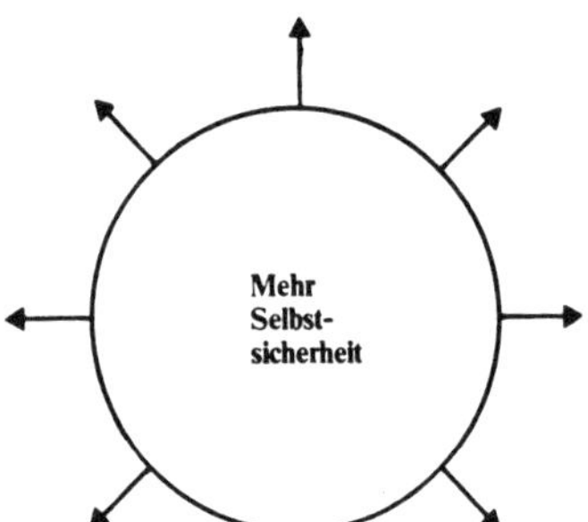

Die linke Skizze zeigt die Informationsflut auf: Impulse und Informationen (1), Gespräche (2), Tageszeitungen (3), Fachpresse (4), Briefe und diverse Schriftstücke (5), Werbung, Rundfunk, Presse (6), Fernsehen (7), Tagungen, Konferenzen und Seminare (8); rechte Skizze: Handeln von »innen« nach »außen«.

Redearten und Redeanlässe

»Reden« bedingt den ganzen Menschen. Er wendet sich mit seiner ganzen Persönlichkeit an seine Zuhörer. Er hat die Chance, sich verbal und nonverbal auszudrücken. Fast immer wird er Denken, Fühlen und Wollen ansprechen; ihm stehen neben dem Wortinhalt noch andere Möglichkeiten zur Verfügung: Ton, Miene, Gebärde und vor allem die Suggestionskraft. Die Rede erreicht auch Menschen, die mit dem gedruckten Wort selten zu erreichen sind, weil sie entweder gar nicht, wenig oder nur flüchtig lesen. Sie ist wirkkräftiger als die Schrift, dafür allerdings auch weniger nachhaltig. Um Ihnen aber die Vielzahl verschiedener Redearten bewußt zu machen, sehen Sie nun hier eine Darstellung der unterschiedlichen Redearten und Redeanlässe.

Die Rahmenreden:
Abschluß, Begrüßung, Eröffnung, Verabschiedung.

Die Einführungsreden:
Der Referent wird vorgestellt, Worterteilung.

Die Gelegenheitsreden:
Ästhetische Rede, Ansporn, Begrüßung, Betriebsbesichtigung, Betriebsfest, Cocktailparty, Damenreden (allgemein), Damenrede auf die Gastgeberin, Dankesrede, Demonstration, Diskussion, Ehrung, Erntedankfest (ländlicher Bereich), Examensfeier, Familienfeste (Gastgeber, Gäste), Firma, Geburtstag, Gedenkrede, Grundsteinlegung, Gründung, Hauptversammlung, Hochzeit (Grüne, Silberne, Goldene, Diamantene usw.), Huldigung, Jubiläum, Karneval, Klubtreffen, Kollegen, Kommunion, Kondolenz, Konfirmation, Kritik, Laudatio, Mitarbeiter, Motivation, Namenstag, Neujahr, Polterabend und Präsentation.

Allgemeiner Fachvortrag:
Er gibt eine Übersicht und geht dabei etwas in die Breite. Diese Vorträge bedürfen einer sorgfältigen Ausarbeitung. Sie müssen eine

klare und deutliche Aussage haben, die einer Überprüfung standhält; die Fakten müssen stimmen. Vorwiegend wird der Verstand angesprochen; bei Predigten, Plädoyers allerdings auch das Gefühl.

Der Spezialvortrag:
Bei diesem Vortrag kommt es sehr auf den Inhalt an. Form und Stil sind nicht unbedingt maßgebend. Diese Vorträge werden von Fachexperten gehalten.

Die Vorlesung:
Sie finden wir im Bereich der Universitäten, Hochschulen und Akademien.

Persönliche Redebedarfsanalyse

Um festzustellen, wie Ihr persönlicher Redebedarf ist, sollten Sie analysieren, welche Anlässe und Gelegenheiten für Sie in Frage kommen. Es handelt sich hier um einen *Selbsttest*. Auf der linken Seite ist die Redeart aufgeführt. Auf der rechten Seite kreuzen Sie eine der drei Möglichkeiten an.

Selbsttest – persönliche Redebedarfsanalyse

Redeart	Oft	Manchmal	Nie
Abschiedsrede			
After-Dinner-Rede			
Agitationsrede			
Anklagerede			
Anspornrede			
Aussprache			
Begrüßungsrede			
Betriebsbesichtigungsrede			
Betriebsfestrede			
Betriebsjubiläum			
Beurteilungsgespräch			
Cocktailempfangsrede			
Dankesrede			
Damenrede			
Diskussion			

Redeart	Oft	Manchmal	Nie
Diskussionsleiterrede			
Einstellungsgespräch			
Entlassungsgespräch			
Fachvortrag			
Gebietsleiterkonferenz			
Geburtstagsrede			
Goldene Hochzeit			
Grundsteinlegung			
Grußworte			
Hauptversammlungsrede			
Interview			
Jahresbericht			
Jubiläumsrede			
Klubrede			
Konferenz eröffnen			
Koreferent			
Kritikgespräch			
Laudatio			
Podiumsgespräch			
Politische Rede			
Referat			
Schulabgangsrede			
Stegreifrede			
Streitgespräch			
Trauerrede			

Sicherlich sind Sie erstaunt, wie viele Redeanlässe es gibt. Die Liste hätte leicht doppelt so lang sein können. Hätten Sie geglaubt, daß auch für Sie persönlich so viele Redemöglichkeiten existieren?
Aus diesem Grunde haben wir in diesem Buch einige Redeformeln entwickelt, damit Sie schnell und leicht die auf Sie zukommenden Aufgaben mit erprobten Wendungen meistern können.

Wer muß reden, vortragen, präsentieren?

Viele Menschen aus verschiedenen Berufsgruppen müssen reden und sprechen können. Hier einige Beispiele aus der Praxis, gegliedert nach Personengruppen und Anlässen. (Kreuzen Sie die für Sie zutreffenden Redearten und -rollen an; damit gewinnen Sie mehr Überblick):

Allgemeine Situation

- Anklagerede ☐
- Dankesrede ☐
- Diskussion ☐
- Diskussionsleiterrede ☐
- Gesprächsrunde ☐
- Podiumsgespräch ☐
- Referate ☐
- Reiseleiterrede ☐
- Standpunktrede ☐

Ausbilder und Trainer

- After-Dinner-Rede ☐
- Begrüßungsrede ☐
- Beurteilungsgespräch ☐
- Dankesrede ☐
- Diskussion ☐
- Diskussionsleiterrede ☐
- Ehrungsrede ☐
- Fachvortrag ☐
- Grußworte ☐
- Konferenz beschließen ☐
- Round-table-Rede ☐
- Schulabgangsrede ☐
- Seminareröffnung ☐
- Seminarabschluß ☐
- Standpunktrede ☐
- Stegreifrede ☐
- Tagungsrede ☐

Berufliche Notwendigkeit

- Begrüßungsrede ☐
- Fachvortrag ☐
- Präsentation ☐
- Presse-Statement ☐
- Statusbericht ☐

Betriebsbesichtigungen

- Betriebsbesichtigungsrede ☐
- Willkommensrede ☐

Chefreden

- Aktionärsversammlung ☐
- Anspornrede ☐
- Aussprache ☐
- Begrüßungsrede ☐
- Betriebsfestrede ☐
- Dankesrede ☐
- Ehrung ☐
- Gebietsleiterkonferenz ☐
- Geburtstagsrede ☐
- Gesprächsrunde ☐
- Grundsteinlegung ☐
- Grußworte ☐
- Hauptversammlungsrede ☐
- Interview ☐
- Jubiläumsrede ☐
- Laudatio ☐
- Motivationsrede ☐

Leitende Angestellte

- Abschiedsrede ☐
- Anspornrede ☐
- Begrüßungsrede ☐
- Betriebsfestrede ☐
- Betriebsjubiläum ☐
- Beurteilungsgespräch ☐
- Cocktailempfangsrede ☐
- Dankesrede ☐
- Ehrungsrede ☐
- Einstellungsgespräch ☐
- Entlassungsgespräch ☐
- Gebietsleiterkonferenz ☐
- Geburtstagsrede ☐
- Gesprächsrunde ☐
- Grundsteinlegung ☐
- Grußworte ☐
- Interview ☐
- Jubiläumsrede ☐
- Konferenz beschließen ☐
- Konferenz eröffnen ☐

- Kritikgespräch ☐
- Motivationsrede ☐
- Podiumsgespräch ☐
- Presse-Statement ☐
- Rede zur Jahreskonferenz ☐
- Round-table-Rede ☐
- Statusbericht ☐
- Stegreifrede ☐
- Streitgespräch ☐
- Tagungsrede ☐
- Teamkonferenzrede ☐

Private Personen

- Abschiedsrede ☐
- Dankesrede ☐
- Geburtstagsrede ☐
- Grundsteinlegung ☐
- Hauptversammlungsrede ☐
- Jubiläumsrede ☐
- Neujahrsrede ☐
- Stegreifrede ☐
- Trauerrede ☐

Politiker und Abgeordnete

- Abschiedsrede ☐
- After-Dinner-Rede ☐
- Cocktailempfangsrede ☐
- Damenrede ☐
- Dankesrede ☐
- Gästebegrüßungsrede ☐
- Geburtstagsrede ☐
- Grundsteinlegung ☐
- Handelstagsrede ☐
- Hauptversammlungsrede ☐
- Interview ☐
- Jubiläumsrede ☐
- Klubrede ☐
- Konferenz beschließen ☐
- Konferenz eröffnen ☐
- Laudatio ☐
- Neujahrsrede ☐
- Parlamentsrede ☐
- Streitgespräch ☐

Produktmanager

- Produktvorstellungsrede ☐

Presse und Public Relations

- Gesprächsrunde ☐
- Interview ☐
- Konferenz beschließen ☐
- Konferenz eröffnen ☐
- Statement ☐

Die allgemeine Angst der Menschen, vor einer Gruppe zu sprechen, ist weit größer, als man gemeinhin annimmt. Die Schwierigkeit, schöpferisch arbeiten zu müssen, besonders in Büroräumen, in denen es dauernd Störungen und Unterbrechungen gibt, erschwert zusätzlich die Ausarbeitung von Vorträgen.
Die Zeit, die ein Vortragender für eine Rede, ein Referat oder eine Präsentation benötigt, wird von ihm selbst und auch von seinem Auftraggeber nur allzu häufig unterschätzt. Auch wenn man eine Rede erst in drei Wochen halten muß, stellen sich häufig noch neue und unerwartete Aufgaben ein, so daß man dann meistens nicht genügend Zeit für eine gute Ausarbeitung hat.

Dieses Buch will versuchen, jedem Leser dabei zu helfen, die Redeschwierigkeiten durch eine Vielzahl von Praxistips zu reduzieren.
Der kleine Selbsttest Ihrer Hauptsprech- und -redesituation (vgl. S. 16f.) zeigte Ihnen deutlich auf, bei welchen Anlässen und Gelegenheiten Sie eventuell reden müssen. Wenn Sie jetzt schon mit der Vorbereitung und dem Training beginnen, vermeiden Sie Panik und reduzieren später vielleicht auftretendes Lampenfieber.

Redefurcht, Streß, Spannungen . . .

In den Seminaren bestätigen mir die Teilnehmer immer wieder, daß sie unter Angst, Furcht, Spannung und auch Erwartungsangst vor dem Reden leiden. Dies trifft für neun von zehn Menschen zu. Für viele ist die Erkenntnis, daß auch andere unter Lampenfieber leiden, überraschend und neu. Die Teilnehmer sind oft davon ausgegangen, daß nur sie allein damit zu kämpfen haben.

► Akzeptieren Sie diese Spannungszustände und ihre Begleiterscheinungen, wie weiche Knie, Herzklopfen, Schweißausbrüche, Händezittern, Blässe und Röte des Gesichts, feuchte Hände, trockener Mund, geistige Zersplitterung und die psychischen und physischen Lähmungsgefühle. Nehmen Sie das Lampenfieber als etwas Positives hin, da Sie durch Lampenfieber zeigen, daß bei Ihnen noch nicht alles zur Routine erstarrt ist, daß Sie nicht an Selbstüberschätzung leiden. Außerdem beweisen Sie, daß Sie ein Erfolgsbewußtsein besitzen.

Lampenfieber ist völlig unabhängig vom Können. Haben Sie kein Lampenfieber, dann haben Sie vielleicht auch keine Spannung. Doch gerade sie ist dringend notwendig, weil sie zur Leistung motiviert, den Funken überspringen läßt. Sobald Sie die ersten Sätze gesprochen haben, ist das Lampenfieber ohnehin schon kleiner.
Nach einer Akzeptanz wird es Ihnen leichterfallen, mit einem entsprechenden Training und ständigem Üben über diese Hürde hinwegzukommen. Es werden sich die ersten kleinen Erfolgserlebnisse einstellen, deren man sich bewußt sein sollte und die einem wiederum weiterhelfen auf dem Weg, sich selbst freizumachen. Ganz verliert man wohl nie das Unbehagen des Lampenfiebers, ebensowenig wie es keine echte Liebe ohne Eifersucht, keine Trennung ohne Trauer und Resignation gibt.
Aber: Man kann das Lampenfieber auf ein Maß reduzieren, daß es nicht mehr als Belastung und allzu negativ empfunden wird, sondern als Ansporn zu besseren Leistungen und weiteren Erfolgen.

Ganz ohne Lampenfieber könnten Sie vielleicht schnell überheblich und arrogant, gefühllos und desinteressiert auf Ihr Publikum wirken, und das wäre eine große Gefahr für den Erfolg Ihrer Rede. Es gibt viele berühmte Politiker, Schauspieler, Sänger, überhaupt Leute im öffentlichen Leben, deren Reden und Darbietungen man bei oberflächlicher Betrachtung nicht eine Spur von Lampenfieber anmerkt. Wenn Sie aber aufmerksamer hinsehen und hinhören, beobachten Sie mit Sicherheit auch hier kleine Anzeichen davon. Auf Befragen hat auch schon mancher von ihnen zugegeben, daß er unter Lampenfieber leidet.
Lampenfieber als Voraussetzung für den Erfolg?
95 Prozent aller Künstler und Redner bestätigen, daß sie auch heute noch, trotz mitunter schon langjähriger Karriere, darunter leiden. Lampenfieber kann also auch positiv wirken, indem es alle inneren Energien und die innere Achtsamkeit aktiviert und mobilisiert.

Hauptgründe für Lampenfieber

- Angst, sich zu blamieren und lächerlich zu machen.
- Angst, steckenzubleiben.
- Angst vor höhergestellten Personen.
- Angst, das Thema nicht zu beherrschen.
- Angst, Fehler zu machen.
- Angst wegen der ungewöhnlichen Situation.
- Angst, Kritik zu ernten.
- Angst, auf Unverständnis zu stoßen.
- Angst, sich schlecht auszudrücken.
- Angst vor dem Stocken des Redeflusses.
- Angst, anderen zu nahe zu treten.
- Angst vor dem Widerspruch oder der Unfähigkeit, zügig zu parieren.
- Angst davor, etwas zu vertreten, was nur die Meinung einer Minderheit darstellt.
- Angst, zuviel der ohnehin kurzen Diskussionszeit für sich in Anspruch zu nehmen.
- Angst, unangenehm aufzufallen.
- Angst, »nicht anzukommen«.
- Angst, sein »Gesicht zu verlieren«.
- Angst, in negativer Erinnerung zu bleiben.
- Angst, einen Fehler nicht korrigieren zu können.
- Angst, sich zu »verhaspeln«.
- Angst, ganz einfach zu versagen.
- Angst, den roten Faden zu verlieren.
- Angst vor technischen Pannen.
- Angst vor den vielen Augen.

Aufgabe: – Bitte überlegen und ausfüllen:

Meine Hauptprobleme und -ängste sind:

1. ....

2. ....

3. ....

4. ....

5. ....

Wie Sie das Lampenfieber besser in den Griff bekommen

Eine richtige, gründliche Vorbereitung des Vortrags ist sehr wichtig. Die ersten und die letzten Sätze müssen Sie auswendig können. An den Spruch denken: »Wie man in den Wald hineinruft, so schallt es heraus!« Freundlichkeit Ihrerseits kommt wie ein Bumerang zurück.

▶ *Deshalb:*

Kontakt zum Zuhörer schaffen (Rückkopplung).

Eigene Ziele nicht zu hoch stecken. (Ihre Zuhörer erwarten keine Wunder!)

Die Zuhörer als Freunde, nicht als Feinde betrachten.

▶ *Außerdem:*

Denken Sie daran, allen Menschen können Sie es ohnehin nicht recht machen!

Sie müssen Ihre Aufgabe als Chance und nicht als Prüfung ansehen.

Ein eventuelles Versagen nicht zu tragisch nehmen. Es kostet Sie nicht gleich den Kopf!

Sie müssen auch Ihre Erfolge genießen können.

Mißerfolge sollten Sie als neue Chance sehen.

Sie sollten lernen, sich bewußt zu entspannen, richtig zu atmen.

Wählen Sie das richtige Thema.

Die richtigen Hilfsmittel verwenden.

Machen Sie genügend Pausen.

Suchen Sie sich als Blickfixierung »freundliche« Zuhörer (Kopfnicker) aus, um dadurch die ersten Sekunden besser zu überstehen.

Viel laut lesen, um Ihre Stimme selbst besser kennenzulernen und auch Negatives abzubauen und Positives zu stärken.

Die Zuhörer haben nichts gegen Sie! Sie haben vielmehr Interesse an Ihrem Vortrag, sonst wären sie nicht im Saal!

- Denken Sie an den Satz: Ich muß! Ich will! Ich KANN!!!
- Lernen Sie, sich zu entspannen durch Autogenes Training* und Selbstsuggestion.

Vorarbeiten helfen, das Lampenfieber zu reduzieren

- *Folgende Praxisregeln sollten Sie beachten:*
  Beginnen Sie ab heute, jede Gelegenheit zu ergreifen, in individuellen Gesprächen und in kleineren Gruppen zu sprechen.

Ergreifen Sie möglichst oft bei Konferenzen, Diskussionen oder Besprechungen das Wort.

Bei derlei Veranstaltungen sollten Sie versuchen, bereits in den ersten fünf Minuten etwas zu sagen, somit brechen Sie das Eis und bekämpfen Ihr Lampenfieber erfolgreicher.

Erarbeiten Sie heute schon Vorträge, die Sie möglicherweise künftig ganz oder teilweise verwenden können.

Sammeln Sie Ideen auf DIN-A5-Karten (Postkartengröße), und archivieren Sie diese nach Themen sortiert.

Überlegen Sie, wie Sie wichtige Aussagen visualisieren können (Ideen in Skizzen umwandeln).

---

* Hierzu empfehlen wir Ihnen den Band »Autogenes Training« (Bd. 336), der im Humboldt-Taschenbuchverlag, München, erschienen ist.

Sagen Sie der Durchführung eines Referats, eines Vortrags erst dann zu, wenn Sie sicher sind, dem Thema gewachsen zu sein, und sich in der Lage fühlen, die nötigen Unterlagen (Stoffsammlung, Ideen, Fakten und Daten, Hintergrundinformationen, Diagramme, Skizzen usw.) rechtzeitig zu beschaffen.

» Ein wichtiger Grundsatz bei der Redegestaltung ist eine gründliche und optimale Vorbereitung ohne Zeitdruck!

» **Merke:** Die Furcht vor dem Reden erwächst nicht eigentlich aus der Redesituation selbst, sondern allein aus den Gedanken, die Sie sich darüber machen!

Rednerprobleme als Mutmacher

Aus den verschiedenen Seminaren haben wir für Sie die Hauptrednerprobleme und -schwierigkeiten vieler einzelner Menschen gesammelt und aufgelistet.

Diese haben wir in folgende Kategorien eingeteilt:

- Allgemeine Einstellung zum Reden.
- Angst vor Blamage.
- Negative Erlebnisse.
- Mangelnde Erfahrung und Übung.
- Selbstüberschätzung.
- Mangelnde Techniken und zuwenig Training.
- Psychische und andere negative Störungen.

Einige dieser Probleme wollen wir näher beleuchten:

Zum Redner muß man wohl geboren sein.
Jeder Redner wird geboren. Jeder Redner hat einmal klein angefangen und mußte sehr wahrscheinlich hart arbeiten, um seine heutige Fertigkeit zu erlangen. DEMOSTHENES (384–322 v. Chr.), ein Stotterer, wurde ein berühmter Redner trotz seiner anfänglichen Schwierigkeiten. Er machte Sprechübungen mit Kieselsteinen im Mund und sprach gegen den Lärm des Meeres an, um die Stimme zu üben.

Wenn man sich im Gespräch oder in der Diskussion nicht äußert, erlebt man auch keine Blamage.
Erstaunlich viele Menschen haben Angst, bei Konferenzen oder Besprechungen »den Mund aufzumachen«. Gehören Sie auch zu diesen Menschen?

▶ Ein Tip hierzu ist, sich einen Stoß zu geben und zu zwingen, sich baldmöglichst zu Wort zu melden, so daß das Eis in den ersten Minuten gebrochen wird.

Die Rednertypen

Denken — **A = Denken**, **B = Sprechen**

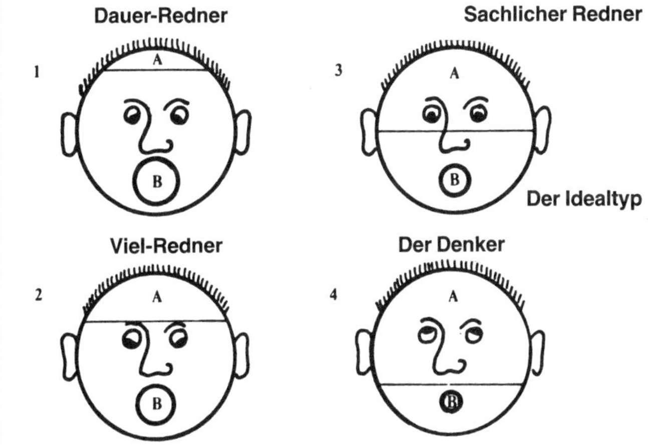

Andere sollen sich den Mund verbrennen.
Es stimmt, daß manch autoritärer Chef es nicht versteht, eine Gruppe zu lenken und zu leiten. Gute und positive Vorschläge aus der Gruppe werden einfach abgewürgt, so daß die Kollegen den Mut zum aktiven Mitarbeiten verlieren. Es ist ein schlechtes Zeichen, wenn eine solche Einstellung in einer Gruppe vorherrschend ist.

Ich komme bei anderen nicht an.
Diese Meinung ist meistens subjektiv, denn gerade die Teilnehmer, die dieser Ansicht sind, sind immer wieder positiv überrascht, wenn andere Seminarteilnehmer darüber gänzlich anderer Meinung sind. Manchmal sind es gerade die kleinen persönlichen Mängel (die bekanntlich jeder Mensch hat), die diesen Menschen sympathisch erscheinen lassen. Ein freundliches Wort der Teilnehmer wirkt hier oft Wunder.

Reden vor einer Gruppe ist für mich eine psychische Belastung.
Diese Aussage stimmt. Wie Sie schon aus dem Kapitel über Ängste, Lampenfieber und Erwartungsangst ersehen konnten, bedeutet der

Vortrag für jeden Redner eine starke psychische Belastung. Deshalb ist es auch gar nicht immer leicht, Redner für bestimmte Anlässe zu gewinnen. Diese Streßsituation, die sich unweigerlich bei der Stoffsammlung, Ausarbeitung und vor allem bei der Präsentation ergibt, wollen viele lieber nicht eingehen. Doch diese Menschen erleben dann natürlich auch nie das Erfolgserlebnis. *»Wer nicht wagt, der gewinnt nicht.«*

Ich drücke mich schon seit Jahren um das Reden vor einer Gruppe herum.
Tausende von Menschen senken ihren Blick, wenn es darum geht, jemanden zu finden, der freiwillig eine Rede halten soll. Es ist schlimm, wie viele Menschen vor dem Reden flüchten. Reden kann man aber nur durch häufiges Üben lernen.

▶ Deshalb sollten Sie so bald wie möglich die nächste sich bietende Gelegenheit ergreifen, um zu sprechen, denn nur durch die Praxis wird es Ihnen möglich sein, das Eis zu brechen.

Ich spreche einen zu starken Dialekt.
Viele Menschen geben zu, daß sie unter ihrem Dialekt leiden. Ein verständlicher Dialekt aber ist etwas durchaus Positives und trägt zur Prägung der persönlichen Note bei. (Bayern sind in Hamburg begehrte Redner und umgekehrt).
Der Mensch muß lernen, sich selbst zu akzeptieren und sich nicht ständig defensiv zu verhalten.

Warum soll ich mich vor anderen Menschen blamieren?
Die Furcht vor einer Blamage spielt eine große Rolle bei der Ablehnung, eine Rede zu halten. Diese Furcht kann man aber durch eine gründliche Vorbereitung, das Geheimnis jeder guten Rede, überwinden. Auch die besten Redner können Pannen erleben, sie haben allerdings gelernt, damit umzugehen, und fassen eine solche Panne nicht gleich als Niederlage oder Blamage auf.

Wenn ich einen Vortrag zu halten habe, leide ich infolge innerer Unruhe an Schlaflosigkeit.
Dies trifft besonders dann zu, wenn man zuwenig Zeit für die Vorbereitung hatte.

▶ *Deshalb:*
frühzeitig beginnen, und Sie fühlen sich freier und sicherer. Am schlimmsten ist die Schlaflosigkeit am Vorabend des Vortrags. Deshalb ein Tip dazu: Schauen Sie niemals mehr am letzten

Abend vor dem Vortrag Ihr Manuskript an, denn ändern können Sie jetzt sowieso nicht mehr viel! Gehen Sie statt dessen lieber spazieren, oder entspannen Sie sich.

Ich habe Angst, mich in den Vordergrund zu stellen.
Es gibt sehr tüchtige Menschen, echte Könner auf ihrem Gebiet, die die Tugend der Bescheidenheit in so überhöhtem Maße besitzen, daß sie dadurch fast schon zur Untugend wird. Diese Menschen sind meistens schüchtern und leiden unter starken Hemmungen. Schade, denn gerade sie haben häufig viel zu bieten.

Sobald ich aus der Anonymität hervortreten muß, ist mir das unangenehm.
Die meisten Seminarteilnehmer bestätigen, daß sie sich *in* der Gruppe wohl fühlen; immer wieder stellt man fest, daß diese Teilnehmer ohne Schwierigkeiten in der Gruppe reden können, jedoch nur so lange, bis sie gebeten werden aufzustehen. Dieses »Sich-aus-der-Gruppe-Herausheben« bereitet ihnen dann auf einmal große Schwierigkeiten.

Ich bekomme weiche Knie und ein unangenehmes Gefühl in der Magengegend.
Im Englischen nennt man dieses Gefühl: *»butterflies«* = Schmetterlinge. Viele können dann vor Aufregung nichts essen, da ihre Magennerven zu sehr in Anspruch genommen sind. Andere wiederum verspüren einen wahren Heißhunger. Wir sehen immer wieder, daß sich Beklemmungen bei jedem Menschen unterschiedlich äußern. Manche bekommen Schweißausbrüche unter den Achseln, an den Händen, andere bekommen einen steifen Nacken, so daß sie ihren Kopf kaum bewegen können.

Ich habe besonders große Angst, wenn einer meiner Vorgesetzten anwesend ist.
Sehr häufig bekomme ich vor den Seminaren die Frage gestellt, ob der Vorgesetzte anwesend sein wird oder nicht. Normalerweise rate ich aus Erfahrung davon ab, daß der Vorgesetzte dem Seminar beiwohnt, weil die Teilnehmer sich zu stark beobachtet fühlen und dadurch um so mehr Angst haben, Fehler zu machen. Die Problematik liegt eben darin, daß man einen Fehler meistens nicht mehr gutmachen kann, und dieser Eindruck bleibt dann mitunter in Erinnerung – beim Vorgesetzten! Andere wiederum, die mit schauspielerischem Talent ausgestattet sind, können vor dem Chef eventuell eine »große Schau« abziehen, die einen nachhaltigen Eindruck hinterläßt, obwohl sie oftmals im geschäftlichen Alltag gar nicht so tüchtig sind.

Angst vor Leistungsdruck:
Das Gespräch von Mensch zu Mensch und die Kommunikation mit einer Gruppe sind heute außerordentlich wichtig, um Informationen und Ideen weiterzugeben und auch zu empfangen. Menschen, die sich schlecht ausdrücken können, spüren den Leistungsdruck immer mehr, weil sie ohnehin geneigt sind, eine defensive Haltung einzunehmen.

Angst, vor den Menschen nicht bestehen zu können:
Schüchterne und introvertierte Menschen fühlen sich förmlich gefesselt. Sie sind unfähig, aus sich herauszugehen. Sie fürchten, die Erwartungen der Zuhörer nicht erfüllen zu können, und befürchten einen möglichen »Gesichtsverlust«. Diese ständige Angst, versagen zu können, hat eine lähmende Wirkung.

Angst vor der Überlegenheit einiger Zuhörer:
Oft ist dem Redner die Zusammensetzung des Zuhörerkreises unbekannt. Diese Ungewißheit läßt ihn befürchten, daß er einigen Zuhörern in der Diskussion unterlegen sein könnte. Er hat Angst, von Persönlichkeiten angegriffen zu werden, die versuchen, seine Aussagen zunichte zu machen.

Ich habe stets die Befürchtung, beim Vortrag steckenzubleiben.
Diese Vorstellung bedrückt häufig Leute, die nur über wenig Redeerfahrung verfügen. Für sie bedeutet es gleich eine Blamage, im Gespräch steckenzubleiben oder sich zu verhaspeln. Selbst wenn – dies ist gar nicht so schlimm –, sobald derjenige nur einige Kunstgriffe zur Überbrückung eines wirklichen Steckenbleibens kennt.

Ich habe schon manchmal die Erfahrung gemacht, daß meine Ausarbeitung zu kurz/zu lang war.
Dieses Problem haben vor allem diejenigen Redner, die dazu neigen, ihr ganzes Manuskript wortwörtlich abzulesen. Wer gelernt hat, mit einem Stichpunktsystem zu arbeiten, wird diese Schwierigkeit nicht kennen.

► Die Stichpunkte regen nur zu den verschiedenen Ideen und Redeausführungen an. Man kann leichter den einen oder anderen Punkt »überspringen« (wenn man bemerkt, daß die Redezeit zu knapp wird) oder auch durch angeregte Assoziationen weitere Gedankengänge unterbreiten, wenn man spürt, daß noch eine relativ lange Redezeit zur Verfügung steht. Es ist dadurch eine größere Flexibilität in der Darbietung gegeben.

Negative Selbstbeeinflussung:
Diese Einstellung ist psychologisch völlig falsch, weil sie eine geistige Blockade verursacht. Ein Redner sagte mir einmal am Vorabend seines Vortrags, daß er an einer bestimmten Stelle seines Textes steckenbleiben wird. Als er am nächsten Tag redete, blieb er wirklich genau an dieser Stelle stecken! Er hatte durch seine negative geistige Programmierung das Problem herbeigeführt.

Ich vergesse leicht, das zu sagen, was ich mir ursprünglich vorgenommen habe.
Oft hört man Redner im nachhinein sagen: »Eigentlich wollte ich etwas ganz anderes sagen.« Natürlich ist dies nicht der Sinn der Sache. Deshalb muß jeder Redner lernen, sich an den »roten Faden« zu halten. Hier kann Übung und Training helfen.

Mir ist nie recht klar, was die Teilnehmer eigentlich von mir erwarten.
Auch hier sehen wir wieder, wie groß die Bedeutung der Zuhörervorinformation ist. Meistens wird der Auftrag, einen Vortrag zu halten, zu schnell angenommen; ohne nähere Fragen gestellt zu haben, die für eine Vorbereitung und auch für die Entscheidung über die Annahme des Auftrags von Bedeutung sind. Selbstverständlich sind die Teilnehmererwartungen recht unterschiedlich und diffizil, jedoch können und sollten Sie schon gleich zu Anfang einige interessante Fakten und Daten erfragen.

Ich komme während der Rede vom Hundertsten ins Tausendste.
Wer diesen Fehler erkannt hat, ist bereits auf dem richtigen Weg. Viel schlimmer ist es nämlich, wenn ein Redner gar nicht bemerkt, daß er ausschweifend und weitherholend daherredet! Sicher: Eine Idee führt oft zur nächsten und eine Ausführung zur anderen. Aber hier hilft nur eins: ein gut durchgearbeitetes Manuskript, das sich auf die wichtigsten Aussagen beschränkt und vielleicht auf der einen oder anderen Seite des Manuskripts folgender Vermerk: »Achtung, roter Faden!« oder: »Achtung, nicht abschweifen!«

► Eine gute Übung hierfür ist übrigens eine »Dreiminutenrede«. Durch die stark limitierte Zeitspanne und durch ein vorgegebenes Thema wird automatisch geübt, sich Beschränkungen aufzuerlegen! Denn bekanntlich ist es schwerer, eine Rede von nur drei Minuten Dauer zu halten als eine von dreißig Minuten!

Ich glaube, ich habe keine geeignete Stimme zum Reden.
Das sagen viele Menschen – obwohl sie sich selbst ja gar nicht so hören, denn die Resonanz im Kopf läßt unsere Stimme für unser

Ohr anders klingen als für die Ohren unserer Zuhörer. Sie können also auch nicht entscheiden, ob ihre Stimme zum Reden geeignet ist oder nicht. Dazu bedarf es schon eines Tests mittels einer Tonbandaufnahme.
Und selbst wenn eine Kritik an der eigenen Stimme angebracht ist, gibt es genügend Mittel, um seine Stimme zu trainieren! In diesem Buch finden Sie im Kapitel »Training der Übermittlungsinstrumente« (vgl. S. 106ff.) genügend Tips und Hinweise.

Ich fühle mich ständig beobachtet, kritisiert und bin deshalb gehemmt.
Eine zu kritische Selbstbeobachtung ist nur von Nachteil, weil Sie dadurch nicht genügend an die Übermittlung Ihrer Botschaft denken. Sie beeinflussen sich nur negativ, wenn Sie ständig versuchen, sich mit den Augen der Teilnehmer zu sehen. Denken Sie lieber daran, daß Ihre Zuhörer durchaus nicht Ihre Feinde sind, sondern wahrscheinlich froh darüber sind, daß sie nicht selbst am Rednerpult stehen müssen.

Ich befürchte eine Diskrepanz zwischen dem Gesagten und dem, was tatsächlich aufgenommen und verstanden wird.
Gerade hierin liegt das Problem der Botschaftsübermittlung. Was verbal aufgenommen wird, läuft durch verschiedene Filter, und die Endbotschaft wird von Mensch zu Mensch sehr unterschiedlich aufgenommen. Diese Befürchtung ist nur allzu berechtigt, und gerade aus diesem Grunde sollten wir uns alle bemühen, eine bessere Verständigung durch die verbale und nonverbale Sprache zu erreichen, um so Fehler und Mißverständnisse auf ein Minimum zu reduzieren.

Ich bekomme manchmal nicht genug Luft und habe deshalb Schwierigkeiten beim Reden.
Einer der wohl bekanntesten Fehler vieler Anfänger ist der, daß sie zu schnell sprechen, nach dem Motto: Je schneller ich spreche, desto eher habe ich es hinter mir! Der Nachteil ist, daß die Zuhörer nichts mitbekommen.

► Versuchen Sie einmal, bewußt langsamer zu sprechen, hinreichend Pausen einzubauen, und Sie werden sehen, daß Sie genügend Luft haben!

Auch in diesem Punkt bedarf es des Trainings. Nützliche Hinweise finden Sie unter dem Kapitel »Richtig atmen muß gelernt sein« (vgl. S. 101ff.).

Ich fürchte, nicht richtig auf die Fragen und Einwände aus dem Zuhörerkreis zu reagieren.
Auch dieses Problem kann durch die Zuhöreranalyse und durch die Erfahrungen aus der Praxis gelöst werden. Routinesprecher wissen, daß die Fragen, die auf einen zukommen, sich meistens wiederholen, und haben sich deshalb schon die passenden Antworten zurechtgelegt.

Ich bin unsicher, wie lang mein Manuskript sein muß, damit ich die Redezeit einhalten kann.
Das ist eine berechtigte Unsicherheit. Meistens erfährt der Redner, daß er zuviel Stoff hat; die große Gefahr besteht in diesem Fall darin, daß er seinen Stoff einfach durchpeitscht. Die Zuhörer haben dann häufig Schwierigkeiten mitzukommen. 15 Zeilen sind die Obergrenze für eine Minute Rede.

Ich leide stets am Beginn meiner Rede unter akuter Atemnot, die sich erst nach einer Weile legt.
Auch hier ist es sehr wichtig, die entsprechenden Übungen durchzuführen: Das Ausatmen ist genauso wichtig wie das Einatmen (vgl. das Kapitel »Richtig atmen muß gelernt sein«, S. 101 ff.). Immer daran denken, daß wir mit dem Luftstrom des Ausatmens sprechen.

Oft bemerke ich, daß mir mitten im Satz die Luft ausgeht.
Auch hier haben wir es ganz klar und deutlich mit der Tatsache zu tun, daß sich der Sprecher die richtige Atemtechnik noch nicht angeeignet hat.

Mein Mund ist total ausgetrocknet.
Wie viele Menschen darunter leiden, können Sie aus der Tatsache ersehen, daß fast immer etwas Trinkbares (Mineralwasser oder ähnliches) auf dem Rednerpult steht. Außerdem sollten Sie direkt vor Ihrem Auftritt noch etwas trinken.

Ich habe Angst, das Thema nicht richtig zu beherrschen.
Auch diese Angst ist berechtigt. Der erfahrene Redner sagt nur allzu häufig bei einem ihm gestellten Thema zu. Er tröstet sich damit, daß der Gang in die Bibliothek erfolgreich ist. Doch erstens erfordert es sehr viel Zeit, die der Ungeübte häufig nicht zur Verfügung hat, und zweitens hat man große Schwierigkeiten, mit nur »fremdem Gedankengut« eine Thematik wirklich zu beherrschen. Die Erfahrung zeigt deshalb, daß man doch lieber den Mut haben soll, einen Vortrag abzulehnen, wenn man sich dem Thema nicht gewachsen fühlt.

Wie kann ich mein Manuskript leseleicht anfertigen?
Die richtige Manuskriptanfertigung ist eminent wichtig. Die meisten Redner haben ihr Manuskript viel zu eng beschrieben. Dadurch ist ein guter und häufiger Blickkontakt fast unmöglich.

- ▶ Die Schrift sollte möglichst groß sein. Hierbei bitte nicht den Augenabstand vergessen (Pult – Augen). Wichtige Sätze unbedingt unterstreichen! Jeder Satz sollte mit einer neuen Zeile beginnen. Bei sehr langen Sätzen sollten Sie sogar nach einem Komma eine neue Zeile anfangen. Sparsamkeit ist etwas sehr Lobenswertes. Manuskriptpapier sollten Sie allerdings von dieser Tugend ausschließen.

Ich werde bei der Ausarbeitung oft gestört.
Es ist ein großer Fehler, die Ausarbeitung in der täglichen beruflichen Umgebung vorzunehmen. Dort gibt es ständig irgendwelche Störungen. Denken Sie an die Telefonanrufe, unerwartete Besucher usw. Diese Störfaktoren wirken sich negativ auf die zu erledigende Arbeit aus. Notieren Sie deshalb in den »Störzonen« lediglich Blitzideen und kurze Gedankengänge. Beginnen Sie beizeiten mit der Ausarbeitung, und zwar an einem ruhigen Arbeitsort, wo Sie vor Störungen und Unterbrechungen sicher sind.

Ich empfinde eine Leere zwischen mir und meinen Zuhörern.
Vielleicht liegt es daran, daß Sie nicht versuchen, menschlich zu sein? Ist es Ihr Lampenfieber oder etwa eine gewisse Arroganz? Oder versuchen Sie, ein Perfektionist zu sein? Dann haben Sie es natürlich nicht leicht, denn Sie sind wahrscheinlich ziemlich verkrampft, zu steif und unnatürlich. Etwas lockerer bitte! Eine kleine Panne, ein kleiner Fehler sorgen mitunter sogar für eine gewisse Heiterkeit und tragen damit zur Entspannung der Atmosphäre bei.

Mir kommen die besten Ideen, wenn ich unterwegs bin, am Schreibtisch fällt mir nichts ein.
Sie dürfen sich beglückwünschen, daß Ihnen gute Ideen einfallen. Der Ort ist dabei gar nicht so entscheidend! Notieren Sie sich die Ideen kurz in Stichpunkten, oder falls Sie ein Diktiergerät bei sich haben (erfolgreiche Menschen tragen stets ein Diktiergerät bei sich), sprechen Sie Ihre Einfälle kurz auf Band. Am Schreibtisch brauchen Sie dann nur noch die Ideen weiter auszuarbeiten.

Nach einem guten Redner fürchte ich mich vor meinem Auftritt besonders, selbst dann, wenn ich mich gut vorbereitet habe.
Bei Redeveranstaltungen neigt man schon dazu, sich mit den Vorrednern zu vergleichen. Sind deren Darbietungen gut, hat man ganz

selbstverständlich Befürchtungen, die Niveauhöhe eventuell nicht zu erreichen. Es kommen einem schon Zweifel. *Wichtig ist deshalb*: Lassen Sie sich nicht beirren, und meiden Sie Vergleiche.

Mein Blickkontakt mit den Zuhörern müßte besser sein.
Wer diesen großen Fehler erkannt hat, befindet sich schon auf dem richtigen Weg. Natürlich wird der Redner, der einen schlechten Blickkontakt hat, häufig wichtige Signale der Zuhörer nicht erkennen und dadurch mitunter an den Teilnehmern vorbeireden. Ein Kontakt zu den Zuhörern ist ohne Blickkontakt nicht möglich. In Rhetorikseminaren wird deshalb die Fähigkeit, Blickkontakt zu erreichen, geübt und trainiert.

Ich habe große Schwierigkeiten mit der passenden Mimik und Gestik.
Der gute Redner übt seine Mimik und Gestik vor dem Spiegel, denn hierbei ist Vorsicht geboten; es werden häufig grobe Fehler begangen. Ein Zuviel macht die Zuhörer leicht nervös, ein Zuwenig läßt Sie steif und langweilig erscheinen. Wohldosiert sollen Gesichtsausdruck und Gesten das Gesagte unterstreichen. Falsch ausgeführte Körperbewegungen können dagegen leicht zu einer verwirrenden Interpretation des Vorgetragenen führen. Die Grundregeln der Anwendung von Mimik und Gestik gehören einfach zum Muß jeden Redners.

Ich vermisse die Zuhörerrückkopplung.
Um dies zu ändern, ist in erster Linie ein ständiger Blickkontakt mit den Zuhörern notwendig. Durch den Rundumblick können Sie ständig den Grad der Aufmerksamkeit Ihrer Zuhörer erkennen. So haben Sie die Möglichkeit, Ihre Darbietung gegebenenfalls etwas zu korrigieren. Eine positive Rückkopplung gibt Ihnen die Gewißheit, in dem bisherigen Stil fortfahren zu können. Sie dürfen während des Vortrags fast alles, nur nie Ihre Zuhörer ermüden.

Wie formuliere ich meinen Dank an die Zuhörer?
Unsere Welt wird zunehmend sachlicher. Nicht alle mögen deshalb endlose, überschwengliche Dankesbezeugungen. Am Ende des Vortrags sollten Sie deshalb ganz kurz und knapp »Vielen Dank!« sagen. Natürlich gehen hier sicherlich die Meinungen auseinander. Bevor Sie mit Ihrem Vortrag beginnen, sollten Sie auch dem Sie Vorstellenden kurz für die Gelegenheit danken, sprechen zu dürfen.

Mein Wortschatz erscheint mir zu begrenzt.
Es gibt den aktiven und den passiven Wortschatz. Ein Redner, der über einen umfangreichen aktiven Wortschatz verfügt, hat es natürlich bedeutend leichter beim Vortragen. Es sollte deshalb immer unser aller Bestreben sein, durch die Wortaktivierung die Redegewandtheit zu verbessern. Synonymbücher sind hier eine nützliche Hilfe.

Ich benutze zu oft Fremdwörter und Fachausdrücke.
Mit dieser schlechten Angewohnheit stehen Sie nicht allein da. Redner demonstrieren auf diese Art gern ihr Wissen. Besonders englische Wörter erfreuen sich in unseren Tagen großer Beliebtheit. Leute, die kein oder nur wenig Englisch sprechen, scheinen besonders gern bereit, englische Begriffe zu benutzen. Man geht nicht zur Konferenz, wenn man »in« sein will, nein, es ist ein »meeting«, an dem man teilnimmt, oder ein »hearing«. Ich meine, daß unsere Sprache genügend Wörter bereithält, wozu also ständig die Verwendung von Fremdwörtern? Dasselbe gilt für die vielen Fachausdrücke. Nicht alle Menschen können sich in Ihrem speziellen Fachgebiet auskennen. Wollen Sie also ankommen, dann sprechen Sie publikumsverständlich. Natürlich gibt es einige wenige Fremdwörter, die sich einfach nicht so recht in eine treffende deutsche Formulierung übersetzen lassen. Diese sollten dann erklärt werden. Dazu können Sie bei der Redevorbereitung ein Fremdwörterbuch zu Hilfe nehmen.

Ein großer Zuhörerkreis versetzt mich in Panik, während ich vor einer kleineren Gruppe kaum Schwierigkeiten habe.
Dies ist ein nur allzu bekanntes Problem. Selbst Trainern geht es mitunter so. Bei einem kleinen Kreis haben Sie den Vorteil, daß Sie mehr Zuhörerrückkopplung erhalten. Die Teilnehmer reden sozusagen mit. Bei einem großen Publikum sehen Sie dagegen meistens nur die ersten Reihen bewußt, danach nur die Masse. Sie sprechen, meinen Sie, ins Leere, und das beunruhigt Sie. Deshalb beginnen Sie möglichst mit kleineren Gruppen. Langsam sollten dann die Teilnehmerzahlen steigen, so haben Sie die Möglichkeit mitzuwachsen.

Ich habe Angst vor der Kritik.
Wer über eine gesunde Selbstsicherheit verfügt, ist weniger abhängig von der Meinung anderer.
Wer alles sehr persönlich nimmt, wird empfindlich unter einer Kritik leiden. Ich meine, daß man berechtigte Kritik positiv sehen

sollte, denn wohl niemand kann von sich behaupten, daß er »ausgelernt« hat.
Begrüßen Sie deshalb ehrliche Kritik, denn aus unseren Fehlern können und müssen wir lernen. Unberechtigte Kritik sollten Sie dadurch bewältigen, daß Sie daran denken: »Es recht zu machen jedermann ist eine Kunst, die niemand kann«.

Ich kann die Teilnehmer nicht mitreißen und begeistern.
Erstaunlich vielen Rednern gelingt dies nicht! Es fehlt am eigenen Engagement, der Begeisterung, der Überzeugungskraft, an Höhen und Tiefen, an Kontrasten und an Wortspielen. Die Pausentechnik wird möglicherweise nicht optimal angewandt. Spannung und Neugierde zu wecken wird zuwenig angestrebt. All diese Techniken kann ein Redner natürlich nicht über Nacht beherrschen lernen. Es ist schon ein langer Weg, bis man gekonnt vortragen kann. Selbst Profis müssen ständig in Übung bleiben und sich auch fortwährend korrigieren. Wichtig und hilfreich ist es zu analysieren, weshalb die Begeisterung nachläßt. Lesen Sie ab, oder sprechen Sie frei? Der Redner, der das Manuskript nur abliest, wird es aus vielerlei Gründen schwer haben, sein Publikum mitzureißen. Aus diesem Grunde propagieren wir ja die »Stichpunktkartenmethode«. Sie finden sie auf den Seiten 61 f.

Ich habe manchmal viel zu viele Unterlagen vor mir liegen, in denen ich mich während des Vortrags nicht schnell genug zurechtfinde.
Das ist kein Wunder, wenn Sie so viele Unterlagen auf dem Rednerpult liegen haben. Versuchen Sie, die Unterlagen auf das notwendige Minimum zu beschränken. Vor allen Dingen numerieren Sie alle Manuskriptblätter, und legen Sie sie Seite für Seite ab. Wenn Sie sich strikt hieran halten, werden Sie keinen »Blättersalat« mehr haben.

Ich habe Schwierigkeiten, einen guten Schluß oder auch einen guten Anfang zu finden.
Wie wichtig es ist, einen »guten« Einstieg oder Schluß zu finden, haben Sie erkannt. Sie sind also schon auf dem Weg zum Erfolg, denn vielen Rednern ist die Bedeutung dieser Phasen noch gar nicht so ganz klar geworden. Ein guter Anfang ist wichtig, um die Aufmerksamkeit der Zuhörer zu gewinnen.

▶ Hilfreich können hier ein Zitat, ein persönliches Erlebnis, ein Zuhörerkompliment sein (es muß allerdings ehrlich gemeint sein) oder eine interessante Transparentfolie.

Zum guten Abschluß sei gesagt, daß Sie versuchen sollten, einen »Zuhörerappell« zu bringen. Dieser Schlußsatz muß besonders gut sein und die Zuhörer zum sofortigen Applaus anregen.

Zwischenrufe, zur Schau gestelltes Desinteresse und andere Reaktionen bringen mich völlig aus dem Konzept.
Warum fürchten Sie Zwischenrufe? Wenn man den roten Faden verloren hat, können Zwischenrufe manchmal sogar die Rettung bedeuten! Sie sind auch hilfreich, weil sie mitunter zur Auflockerung beitragen. Mit der Zeit gewöhnt man sich auch eine gewisse Schlagfertigkeit an. Desinteresse ist für den Redner allerdings ein Alarmsignal. Sie sollten überprüfen, ob Sie dynamisch genug sind, und Sie sollten auch daran denken, wie Stimmführung, Mimik und Gestik Ihren Vortrag beleben. Auch die Fragetechnik ist hier angebracht. Natürlich sollte Ihr Vortrag auch Aussagekraft haben, eine Botschaft übermitteln.

Wir haben hier nur die wichtigsten Probleme und Schwierigkeiten vieler Redner aufgezeigt. Wie Sie gesehen haben, gibt es für jedes Problem eine Lösung. Rhetoriktrainer können Ihnen ganz sicher gute Ratschläge, Tips und wichtige Hinweise vermitteln. Einen Großteil der Schwierigkeiten kann man aber auch durch eigene

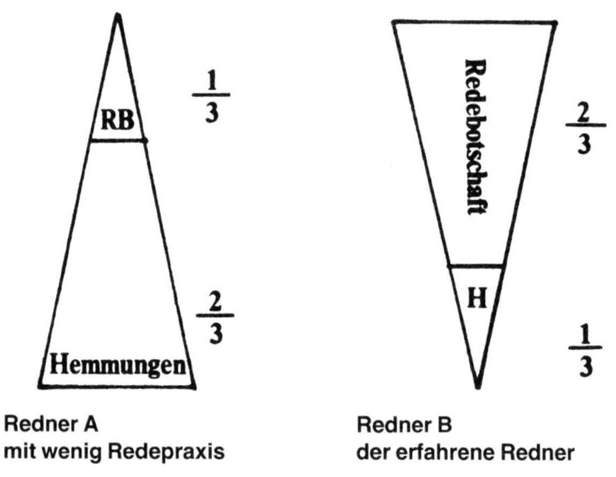

(Erklärung der Abkürzungen: RB = Redebotschaft; H = Hemmungen)

Einsicht und durch Selbsttraining überwinden. Wer dieses Buch gründlich durcharbeitet, wird sicherlich viele nützliche Antworten auf seine eigenen Fragen bekommen.

Was bisher über die Redeangst, die Spannungen und die Erwartungsangst gesagt wurde, hat Sie sicherlich überzeugt, daß nicht nur Sie allein unter Redeschwierigkeiten und -problemen leiden. Es ist psychologisch wichtig zu wissen, daß Sie durchaus nicht allein dastehen.

» **Merke:** Denken Sie mehr an die zu übermittelnde Botschaft und an die Zuhörer. Dann haben Sie es bedeutend leichter!

Irgendwann und irgendwie, bei irgendeiner Gelegenheit werden Sie auf einmal ein Durchbruchserlebnis und das Gefühl haben: Jetzt habe ich es geschafft! Um die Angstphase zu überwinden, müssen Sie jede Gelegenheit wahrnehmen zu sprechen. Übung macht den Meister!

Richtige psychologische Einstellung und Einstimmung

VINCENT PEALE sagt: “*What the mind can conceive and believe it can achieve*”. – *»Was der Geist sich vorstellen, woran er glauben kann, das kann er auch verwirklichen«*. Bedenken Sie immer wieder, daß DEMOSTHENES, der ja an einem Sprachfehler litt, diesen Mißstand nur durch ständiges Üben überwand. Verwenden Sie die Technik der Selbstgespräche, machen Sie sich selbst Mut. Sage JA – und du kannst!

► Versuchen Sie, vor Beginn Ihres Vortrags schon mit dem einen oder anderen Zuhörer ein kurzes Gespräch zu führen. Diese Gespräche helfen Ihnen, sich beim Einstieg schon einen kleinen Kontaktkreis geschaffen zu haben. Das gibt Ihnen eine gewisse Sicherheit. Denken Sie außerdem an die Selbstmotivationsformel: *»Du bist stärker, als du denkst!«* (VINCENT PEALE).

Die richtige Grundeinstellung ist wichtig

Wenn Sie können, versuchen Sie, bei Kurzvorträgen frei zu sprechen.

Kopieren Sie niemals andere Redner, obwohl die Versuchung oft naheliegt. Eine Kopie wird immer eine Kopie bleiben!

Denken Sie daran, daß es so einen Menschen, wie Sie einer sind, nur einmal gibt. Sie sind »einmalig«! (Siehe Abbildung Daumenabdruck.)

► Analysieren Sie, zu welchem Lerntyp Sie gehören, das ist für die Ideenfindung wichtig.

»Die Menschen erkennen uns nicht daran, wie wir sind, sondern daran, wie wir erscheinen« (OSKAR SCHELLBACH).

Sehr viele Menschen haben eine Scheu vor dem Reden.
»Das, was man befürchtet, sollte man bekämpfen, und die Furcht stirbt einen sicheren Tod« (DALE CARNEGIE).

Viele Menschen haben in ihrer Schulzeit beim Vortragen eines Gedichtes oder ähnlichem eine Blamage vor einer Gruppe erlebt. Seitdem haben sie eine besonders große Scheu, vor Gruppen zu sprechen.

Sehen Sie die angebotene Redemöglichkeit als Chance zum Erfolg.

Es ist sehr wichtig, daß Sie sich frühzeitig für eine Rede und ihre Thematik entscheiden, denn Unentschlossenheit ist Ihr größter Feind.

Viele Redner haben Angst, vor höhergestellten Personen zu sprechen, weil mitunter nur wenige Minuten über Erfolg oder Mißerfolg der beruflichen Laufbahn entscheiden können.

Vermeiden Sie Gespräche mit Menschen, die dazu neigen, Sie persönlich negativ zu beeinflussen. Hinter einer solchen negativen Haltung stehen oft nur Neid und Mißgunst.

Man muß stark sein, wenn man sich in dieser Welt behaupten will. Legen Sie sich deshalb innere Widerstandskraft, einen regen Geist und ein starkes Gemüt zu.

Glauben Sie an Ihren Erfolg

Denken Sie an Ihren Erfolg, glauben Sie an ihn, und Sie werden ihn ernten.

Sie werden sehr viel besser ankommen, als Sie glauben. Wer den Mut hat, es zu versuchen, ist schon auf dem Wege, ein guter Redner zu werden.

Jeder Mensch schwankt zwischen negativen und positiven Gedanken.

Glauben Sie an die Macht des positiven Denkens, und Sie werden bestimmt mehr erreichen.*

Sehen Sie nicht nur Ihre Unzulänglichkeiten, sondern mehr Ihre Stärken, und bauen Sie diese aus und auf. Der Mensch, der fest an seinen Erfolg glaubt, wird ihn auch erringen.

Es gibt zu jedem Problem eine Lösung!

Der Mensch wird so, wie er sich selbst sieht.
»Gedanken sind Kräfte« (OSKAR SCHELLBACH).

Reden kann man nur durch Reden lernen.

Manche Menschen haben Scheu wegen ihres Dialekts. Sie sollten Ihren Dialekt akzeptieren. Viele Redner sind erstaunt, wenn Ihr Vortrag – trotz Dialekt – gut aufgenommen wird.

Erinnern Sie sich immer wieder an die kleineren Erfolge, die Sie bereits hatten.

Eine gründliche Vorbereitung lohnt sich

Sie können bei einem Vortrag niemals früh genug mit der Ausarbeitung beginnen.

Sie müssen Pauschalierungen vermeiden. Ihre Erläuterungen müssen genau und exakt sein.

Seien Sie besonders vorsichtig, wenn Sie Witze einstreuen. Es ist möglich, daß Sie nicht unbedingt ein Talent auf diesem Gebiet sind.

Ein psychologischer Kunstgriff ist der, sich frühzeitig auf Fachthemen und -gebiete zu spezialisieren.

Unterbreiten Sie in Ihren Vorträgen mehr Vorschläge als Befehle.

Versuchen Sie immer, so viel eigenes Gedankengut und so wenig Fremdstoff wie irgend möglich zu verwenden. Dadurch tragen Sie mit mehr Überzeugungskraft vor.

Wählen Sie vor allem Themen, die Sie persönlich beherrschen. Lassen Sie auch Ihre Emotionen sprechen, dann wird Ihre Redebotschaft die Herzen und den Verstand Ihrer Zuhörer erreichen.

---

* Vgl. hierzu »Positiv denken und leben« (Bd. 622), erschienen im Humboldt-Taschenbuchverlag, München.

Sprechen Sie zuhörerorientiert

Bedenken Sie immer, daß es für die Zuhörer schwer ist, lange und konzentriert zuzuhören. Menschen wollen sich gern beteiligen, geben Sie deshalb Ihren Zuhörern dazu Gelegenheit.

Zuhörer wollen immer das Neueste erfahren. Versuchen Sie deshalb, wirklich Neues zu bieten.

Versuchen Sie nicht, durch den häufigen Gebrauch von Fremd- und Fachwörtern mit Ihrem Wissen zu protzen. Sie kommen dann leicht in den Ruf, arrogant und eingebildet zu sein.

Sprechen Sie immer von Dingen, die die anderen interessieren. Wer sich um andere kümmert, gewinnt an Bedeutung.

Kreuzen Sie in folgendem Test das für Sie Zutreffende an.

Selbsttest: Wie ist Ihre psychologische Einstellung zum Reden?

Fragen	Positiv	Neutral	Negativ
1. Wie ist meine Grundeinstellung zum Reden?			
2. Habe ich Angst vor Blamage und Mißkredit?			
3. Glaube ich an meinen Redeerfolg?			
4. Kann ich mich selbst positiv motivieren?			
5. Bin ich ehrgeizig?			
6. Bereite ich mich immer gründlich vor?			
7. Habe ich Angst bei Besprechungen und Konferenzen?			
8. Überzeuge ich Menschen gern?			
9. Hänge ich sehr von der Meinung anderer ab?			
10. Kann ich auf andere Menschen eingehen?			

Kleine Psychotips für die Praxis

Achten Sie genau auf den richtigen Zeitpunkt, wenn Sie problematische und schwierige Themen anschneiden wollen. Manchmal ist es gut, gleich damit zu beginnen, ein andermal ist es angebracht, sie erst zum Schluß zu bringen; das ergibt sich aus der Situation.

Sprechen Sie möglichst über ein Thema, über ein Ereignis, über einen Eindruck, an dem Sie andere Menschen teilhaben lassen wollen.

Sie haben weniger Lampenfieber, wenn Sie das sichere Gefühl haben, daß Sie dem Thema wirklich gewachsen sind.

Wer andere Menschen gewinnen will, muß selbst ein guter Zuhörer sein.

Wenn Sie schon einen anderen unbedingt tadeln oder kritisieren müssen, dann tun Sie es vorsichtig.

Versuchen Sie stets, die Ansichten anderer zu achten, und vermeiden Sie es, andere immer zu belehren.

Nutzen Sie jede sich bietende Gelegenheit, um bei Firmenbesprechungen, privaten Anlässen, Konferenzen usw. ein paar Worte zu sagen.

Die Praxis zeigt immer wieder, daß diejenigen, die sich zu Beginn einer Konferenz zu Wort melden, meistens auch weiter aktiv daran teilnehmen. Diejenigen aber, die noch kein Wort gesprochen haben, finden den Einstieg immer schwerer. Deshalb sollte man versuchen, sich schon in den ersten fünf Minuten zu Wort zu melden.

Versuchen Sie, sich so oft wie möglich aus dem schützenden Verband der Gruppe zu lösen. Gerade diese Übung ist sehr wichtig für Sie, weil Sie dadurch freier werden.

Stellen Sie sich vor, wie Sie vor einer Gruppe mit Erfolg sprechen. Die geistige Visualisierung hilft Ihnen, gedanklich einen optimalen Ablauf zu sehen.

Selbstmotivation

➽ Eine Formel, die schon vielen Rednern geholfen hat, ist: Ich muß reden, ich will reden, ich kann reden.

► *Kurz vor Beginn Ihres Vortrags sollten Sie sich folgende Tips ins Gedächtnis rufen:*

Ich nehme Kopf und Schulter zurück, atme tief aus beziehungsweise ein und entspanne meine Arme.

Meine Zuhörer sind nicht meine Feinde. Ich habe ihnen eine wichtige Botschaft zu übermitteln, auf die sie warten!

Ich werde mein ganzes Können, meine Mimik und meine Gestik einsetzen!

Ich werde es schaffen!

Wichtige Betrachtung: die beste Redezeit		
Uhrzeit		Situation
A	8–9	Die Einstimmung ist oft besonders schwierig.
B	9–10	Eine gute Zeit für Redner. Zuhörer sind schon etwas eingestimmt.
C	10–11	Schlechte Zeit, wenn der Vorredner besonders gut war.
D	11–12	Starke persönliche Erwartungsangst. Zuhörer-Ermüdungserscheinungen beginnen vor dem Mittagsessen.
E	14–15	Zuhörer-Aufmerksamkeit am schlechtesten (nach dem Mittagessen). Erfordert starkes Redner-Engagement.
F	15–16	Eine bessere Zeit.
G	16–17	Zuhörer ermüden, ungeduldig, wollen nach Hause – sehr starke Erwartungsangst und mangelnde Konzentration.

Die Hauptfehler der rhetorischen Praxis

Wissen Sie, was Sie falsch machen? Denn nur derjenige, der genau weiß, was er falsch macht, kann sich auch korrigieren.

Zehn Todsünden

1. Die zu schnelle Zusage und eine mangelnde Vorinformation über die Zuhörer.
2. Der Zeitdruck und die dadurch mangelhafte Vorbereitung.
3. Der schlechte Beginn und Einstieg.
4. Zu starke Manuskriptgebundenheit und deshalb kein oder nur sehr mangelhafter Blickkontakt.
5. Es herrscht eine ungenügende Zuhörerbezogenheit.
6. Der rote Faden und ein klares Dispositionskonzept fehlen.
7. Sie sprechen zu schnell, zu langsam, zu leise oder zu laut.
8. Die Darbietung ist zu langatmig und langweilig.
9. Es fehlt an Engagement und Begeisterung.
10. Es ist kein Schlußappell vorhanden.

Prüfen Sie sich selbst

Um auf diese Thematik tiefer eingehen zu können, haben wir für Sie eine ausführliche Checkliste erarbeitet. Beginnen Sie nun mit der kleinen Selbstüberprüfung, und kreuzen Sie das für Sie Zutreffende an.

Checkliste:

	ja	nein
Die richtige Einstellung ist wichtig:		
Sie haben übergroßes Lampenfieber.	☐	☐
Sie akzeptieren sich selbst wegen Ihres Dialektes nicht.	☐	☐
Ihnen fehlt menschliche Wärme.	☐	☐
Spezifische Zuhörerinformationen lohnen sich:		
Sie berücksichtigen die Zuhörer nicht genügend.	☐	☐
Sie haben zuwenig Informationen über die Zuhörer eingeholt.	☐	☐
Die Zuhörer muß man ernst nehmen:		
Sie sprechen über die Köpfe der Zuhörer hinweg.	☐	☐
Sie beherrschen die Thematik nur mangelhaft.	☐	☐
Sie haben die falsche Redeform gewählt.	☐	☐
Wissenswertes für den Redner:		
▶ Eine allzu perfekte Darbietung bringt nicht immer den gewünschten Erfolg.		
▶ Vermeiden Sie die Verwendung von zu vielen Superlativen.		
▶ Vermeiden Sie starke Übertreibungen.		
Ein guter Einstieg verhindert den gedanklichen Ausstieg:		
Sie haben eine falsche Arbeitsweise bei der Ausarbeitung verwendet.	☐	☐
Sie haben zuwenig eigene Ideen eingebracht.	☐	☐
Sie beginnen mit einer Entschuldigung.	☐	☐
Der erste Satz sitzt nicht, das schafft zuwenig Aufmerksamkeit beim Redebeginn.	☐	☐
Bei Sachvorträgen herrscht keine Übersicht.	☐	☐

	ja	nein
Eine gute Ausarbeitung ist schon der halbe Erfolg:		
Zuwenig Zeit für die Vorbereitung.	☐	☐
Zu viele Wiederholungen.	☐	☐
Sie arbeiten zuwenig mit dem Stichwortsystem.	☐	☐
Ihr Manuskript ist unübersichtlich.	☐	☐
Sie verwenden zu lange und dadurch mitunter unverständliche Schachtelsätze.	☐	☐
Sie heben wichtige Aussagen nicht genügend hervor.	☐	☐
Das Stoffangebot ist zu groß.	☐	☐
Anekdoten, Geschichten und sonstige Auflockerungen fehlen.	☐	☐
Die Fülle der Fakten, Daten und Zahlen ist zu groß.	☐	☐
Sie wenden Zitate falsch an.	☐	☐
Es fehlen Visualisierungen.	☐	☐
Am schlimmsten ist es vor dem Vortrag:		
Die Bereitstellung und der Einsatz der technischen Hilfsmittel sind mangelhaft.	☐	☐
Oft fehlt ein Zweitmanuskript.	☐	☐
Es fehlen Teilnehmerunterlagen, oder Sie sind ungenügend vorbereitet.	☐	☐
Der einsame Redner an der Zuhörerfront:		
Sie besitzen zuwenig Persönlichkeit und Ausstrahlung.	☐	☐
Ihnen fehlen die Begeisterung und Selbstmotivation.	☐	☐
Mit der Stimme kann man Stimmung machen:		
Sie beherrschen die Stimmtechnik ungenügend.	☐	☐
Das Mikrofon ist falsch eingestellt.	☐	☐
Ihre Stimmlage ist zu gleichmäßig und zu monoton.	☐	☐

	ja	nein
Sie beherrschen die Pausentechnik noch nicht richtig.	☐	☐
Häufige Unzulänglichkeiten in der Sprechweise.	☐	☐
Eine wichtige Kopplung ist die Rückkopplung:		
Sie achten zuwenig auf Zuhörersignale.	☐	☐
Sie lassen sich zu leicht negativ beeinflussen.	☐	☐
Sie bereiten sich auf zu erwartende Einwände nicht genügend vor.	☐	☐
Sie strapazieren die Zuhörergeduld durch Monologe.	☐	☐
Ihre Darbietung ist zu trocken, zu langweilig, ohne eine Prise Humor.	☐	☐
Sie sind zu angespannt und verkrampft.	☐	☐
Auch mit dem Körper sprechen:		
Die Beherrschung der Mimik und Gestik fehlt.	☐	☐
Sie kennen Ihre schlechten Angewohnheiten nicht genügend.	☐	☐
Sie wissen nicht, wohin mit den Händen.	☐	☐
Einige Todsünden:		
Sie sprechen zu schnell, man kann Sie nicht verstehen.	☐	☐
Ihre Aussagen werden nicht verstanden, da sie nicht zuhörergerecht sind.	☐	☐
Sie überschreiten die Redezeit.	☐	☐
Es mangelt an Praxisbeispielen.	☐	☐
Sie lernen den Vortrag auswendig.	☐	☐
Ende gut – alles gut:		
Sie achten nicht genügend auf einen hervorstechenden Abschluß.	☐	☐

Zielsetzungen und Zuhöreranalyse

Die Zielsetzungen und die Zuhöreranalyse sind sehr wichtig. Bevor Sie anfangen, Ihren Vortrag auszuarbeiten, ist es klug festzulegen, was Sie bei dem Zuhörer erreichen wollen. Sie möchten die Akzeptanz Ihrer Ideen und Gedanken erreichen und den Zuhörer dadurch zum Handeln auffordern. Unterhalten wollen Sie den Zuhörer natürlich auch dabei. Dazu müssen Sie zuerst einige Analysen durchführen.

Folgende vier Bereiche spielen dabei eine entscheidende Rolle:

1. Die Erwartungen und das Ziel des Auftraggebers.
2. Ihre eigenen Erwartungen und Ihre Zielsetzung.
3. Die Erwartungen und die Wünsche der Zuhörer.
4. Allgemeine Organisation und der Ort der Durchführung.

Diese mitunter sehr unterschiedlichen Ziele und Erwartungen lösen Probleme und Schwierigkeiten aus. Der unerfahrene Redner kann gar nicht ermessen, was so alles auf ihn zukommen kann. Selbst bei intensivem Durchdenken der Punkte passieren noch unerwartete Dinge.
Eine entscheidende Frage ist, wie Sie zu dem Auftrag stehen.

Hier deshalb einige Fragen, die Sie sich selbst stellen und beantworten sollen:

- Warum soll ich diesen Vortrag, diese Rede, diese Präsentation halten?
- Wurde ich als Redner empfohlen? Wenn ja, durch wen?
- Soll meine Darbietung eine Chance oder eine Falle sein?
- Werde ich durch die Behandlung dieses Themas Erfolg oder Mißerfolg ernten?
- Welche Gefahren und Risiken muß ich einkalkulieren?
- Welche Chancen und Möglichkeiten habe ich durch die Ausführung dieses Auftrags?

Die Betrachtung dieser Punkte ist für Sie sehr wichtig. Dabei sollten Sie auch noch bedenken, daß Ihnen nicht alle Menschen Wohlwollen entgegenbringen. Es gibt genug Neid und Mißgunst. Einige Vorgesetzte und einige Kollegen meinen es nicht immer unbedingt gut mit Ihnen. Sie können Ihren guten Namen schnell verlieren. Aber Sie können sich ebenso schnell einen guten Namen machen! Stellen Sie sich also die wichtige Frage: Besitze ich wirklich die notwendigen Fähigkeiten und Voraussetzungen, diese Darbietung zu bringen?

Psychologische Gesichtspunkte, die eine Betrachtung wert sind

Sie haben bisher die Aufgaben mit den Augen Ihres Auftraggebers angesehen. Haben Sie schon bedacht, daß Sie noch stärker durch die Zuhörer beurteilt, gelobt oder kritisiert werden? Aus diesem Grunde sollten Sie immer wieder den Zuhörerkreis und seine Erwartungen durchdenken und analysieren. Dadurch vermeiden Sie gleich zu Beginn Ihrer Arbeit grobe und fahrlässige Fehler.

Beantworten und beleuchten Sie deshalb auch noch die folgenden Fragen:

- Kommen die Zuhörer freiwillig, oder werden sie geschickt?
- Habe ich persönliche Konkurrenten in der Gruppe?
- Sind meine Zuhörer mir gegenüber negativ oder positiv eingestellt?
- Werden höhergestellte Personen wie Chefs, Vorstandsmitglieder usw. an dieser Veranstaltung teilnehmen?
- Habe ich mit Vorurteilen zu rechnen?
- Welche störenden »Leithammel« sind zu erwarten?
- Stehen die Teilnehmer unter Zeitdruck?
- Wird mein Vortrag möglicherweise aus Zeitmangel gekürzt?

Sie sehen, es sind viele Punkte, die genau durchdacht werden sollten. Aber noch einmal zurück zur Zielsetzungsfrage. Die Struktur einer Darbietung kann recht unterschiedlich beschaffen sein.

Hierzu darum einige unterschiedliche Punkte:

- Will ich die Zuhörer informieren?
- Will ich eine Entscheidung herbeiführen?
- Will ich neue Ziele bekanntgeben?
- Will ich die Zuhörer sachlich oder emotionell ansprechen?

Eine falsche Einschätzung hierbei kann den Erfolg in Frage stellen.

Was soll die Thematik beinhalten?

- Wie lautet das Thema genau?
- Wieviel Zeit steht maximal und minimal zur Verfügung?
- Welche Hauptinhalte werden gewünscht und erwartet?
- Welche Schwerpunkte sollten herauskristallisiert werden?
- Wie soll der Stoff übermittelt werden, als Rede, Vortrag oder Präsentation?
- Soll die Thematik zwecks besseren Verständnisses visualisiert werden, und bestehen hierfür die Voraussetzungen?
- Wird erwartet, daß der Redner nach dem Manuskript oder frei spricht?

Die vorangegangenen Fragen sind alle wichtig. Sie sollten sie unbedingt bei der Aufgabenerteilung oder der Vortragsannahme abgeklärt haben, um dadurch schon frühzeitig Schwierigkeiten, Mühe, Mißstimmung und Ärger auszuschließen.

Wie müssen Sie vorgehen, um Ihr Ziel zu erreichen?

- Welche Übermittlungsinstrumente setze ich ein?
- Wie kann ich mich am besten verständlich machen?
- Wie muß ich psychologisch vorgehen?

- Welche neuen Erkenntnisse und Informationen kann ich vermitteln?
- Kann ich mich durch Visualisierung besser verständlich machen?
- Welche Unterlagen, Skizzen und Diagramme kann ich mitgeben?
- Welche praktischen Erfahrungen kann ich weitergeben?
- Wie kann ich die Merkfähigkeit der Zuhörer verbessern?
- Welche Maßnahmen sind wichtig, damit die Erkenntnisse auch in die Praxis umgesetzt werden?
- Welche Wiederholungen sind notwendig?
- Welche weiteren Stufen und Vorgehensweisen sind nötig?

Diese und noch weitere Fragen sind bei der Zielsetzung zu berücksichtigen und zu beantworten.

➽ Eine wichtige Regel dabei ist: Es kommt nicht nur darauf an, was man sagt, sondern auch, wie man es sagt.

Nach Berücksichtigung der gerade angeschnittenen Punkte kommen nun die Vorinformationen über Ihre Zuhörer und Informationen, die die allgemeine Organisation betreffen.

Für ein Gelingen sind beide eminent wichtig. Redner unterschätzen häufig gerade diese wichtigen Voraussetzungen. Beschäftigen wir uns mit dem Zuhörer, dem Mittelpunkt Ihrer Bemühungen. Mangelnde Vorinformationen über den Zuhörerkreis können dem Vortragenden später eventuell große Schwierigkeiten bereiten. Vor Ihrer Zusage, als Redner zu fungieren, sollten Sie deshalb einen Fragenkatalog über den Zuhörerkreis zu Rate ziehen.

Die Ansprüche, die an den Vortragenden gestellt werden, sind bekanntlich recht differenziert. Es ist deshalb zweckmäßig, die Zuhörererwartungen bereits frühzeitig herauszufinden und diese dann natürlich in Ihrer Darbietung entsprechend zu berücksichtigen.

Wie oft schon hat ein Redner keinen Erfolg gehabt, weil er die Zuhörererwartungen nicht erfüllte. Die Zuhörer wägen nämlich sehr gut ab, ob sich die Zeit für das Zuhören auch wirklich gelohnt hat!

Fragenkatalog, die Zuhörer betreffend

- Wie setzt sich der Zuhörerkreis zusammen?
- Welche Grundkenntnisse sind zu erwarten?
- Wie ist der Ist- und wie der Soll-Zustand?
- Wie ist die Einstellung zum Vortrag?
- Wie könnte die Einstellung zum Referenten sein?
- Welches sind die speziellen Interessen?
- Mit welchen besonderen Schwierigkeiten kann und muß gerechnet werden?
- Wie ist die Altersstruktur?
- Wie ist die allgemeine Einstellung der Zuhörer zum Thema?
- Welche Hauptprobleme haben die Zuhörer?
- Welche Erwartungen haben die Zuhörer?
- Wie können die Zuhörer das Gebotene in die Praxis umsetzen?
- Entspricht der Vortrag dem Niveau der Zuhörer?
- Sind die Zuhörer mehr emotionell oder mehr sachlich orientiert?
- Welche spezifischen Wünsche könnten vorgebracht werden?
- Sind Spezialisten anwesend?

Das sind einige Fragen, die jedem Redner unbedingt vor der Ausarbeitung durch den Kopf gehen sollten. Notieren Sie sich noch weitere Fragen, die für Sie speziell wichtig sind.
Danach beginnen Sie dann, Ihren Vortrag auszuarbeiten, der natürlich bei Ihrem Zuhörerkreis ankommen soll. Aber ankommen wird er nur, wenn Sie nicht an Ihrem Publikum vorbeireden.

Mögliche Zuhörererwartungen

Organisation:

- Pünktlicher Anfang und Schluß.
- Exakte Einhaltung der Redezeit.
- Genügend Zeit, um selbst Fakten und Daten notieren zu können.

- Richtige Temperierung des Raumes.
- Störungsfreiheit.

Form:

- Kurze Sätze.
- Sachliche, fachliche Darstellung.
- Möglichst die Verwendung von Visualisierungstechniken.
- In Inhalt und Form zuhörerbezogen.

Zuhörer-Bezogenheit

(Nicht über die Köpfe hinweg sprechen)

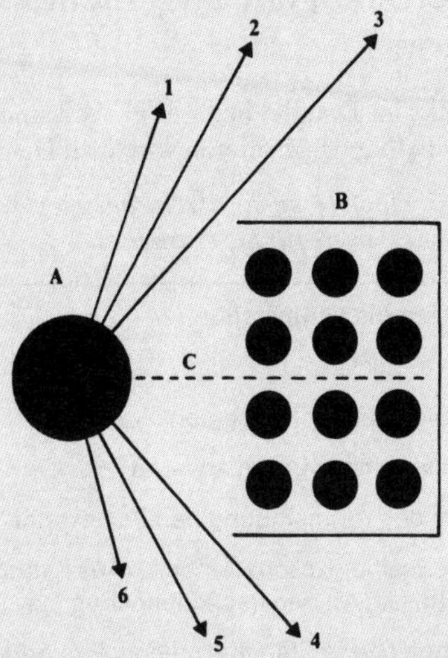

Diagramm-Erklärung

A = Sender, Sprecher, Redner,
B = Empfänger
C = Mittleres Zuhörer-Verständnis-Niveau

1 = Zu technisch
2 = Thematik zu hoch angesiedelt
3 = Zu viele Fremdwörter
4 = Thematik nicht zuhörerbezogen
5 = Inadäquate Übermittlung durch Redner
6 = Allgemeine Störfaktoren

Vortragsweise:

- Interessante Darlegungsweise.
- Glaubwürdigkeit und Vertrauen.
- Sympathieausstrahlung.
- Möglichst eine freie Rede und kein Ablesen.
- Keine Überheblichkeit und Arroganz.
- Etwas Humor und Schlagfertigkeit.
- Menschlichkeit und Natürlichkeit.
- Wirken Sie unterhaltend!

Die zuhörerbezogene allgemeine Organisation

»Der Teufel steckt im Detail«, heißt es im Volksmund. Vieles kann schiefgehen. Ihr Erfolg hängt oft von winzigen Dingen ab.

Um Sie vor dem »Teufel« zu schützen, haben wir eine allgemeine Auflistung diverser Punkte für Sie erarbeitet:

- Wer organisiert die Veranstaltung?
- Wer ist für was zuständig?
- Gibt es für Sie eine Kontaktperson?
- Wie viele Teilnehmer werden erwartet?
- Ist der Raum der Veranstaltung bereits bekannt?
- Kennen Sie seine Beschaffenheit (Ausstattung, Belüftung, Lichtverhältnisse, Art der Tischaufstellung usw.)?
- Welche technischen Hilfsmittel stehen zur Verfügung?
- Sind sie alle auf ihre Funktionstüchtigkeit überprüft?
- Müssen Sie selbst noch etwas mitbringen. Wenn ja, was?
- Welche unerwarteten Belastungen könnten eintreten?
- Welche Unterlagen benötigen Ihre Zuhörer?
- Vor oder nach welchem Redner werden Sie sprechen?
- Versuchen Sie, eine »günstige Vortragszeit« zu bekommen.
- Besteht nach dem Vortrag noch die Möglichkeit zu einer Diskussion?

Sie sehen, wie viele organisatorische Faktoren berücksichtigt und bedacht werden müssen. Schon die Nichtbeachtung von nur einem oder zwei Faktoren kann Ihren Erfolg in Frage stellen.

Wichtige Fragen auf einen Blick

WAS	1. Zuhöreranalyse 2. Erwartungen 3. Hauptzielsetzung 4. Was will ich bringen? 5. Welches Material habe ich zur Verfügung? 6. Was muß ich neu erarbeiten? 7. Was will ich erreichen?
WOMIT	1. Womit will ich anfangen? 2. Womit möchte ich enden? 3. Womit kann ich die Zuhörer gewinnen? 4. Womit kann ich arbeiten?
WIE	1. Wie will ich vorgehen? 2. Wie will ich überzeugen? 3. Wie sieht meine Strategie aus? 4. Wie sehen die Höhepunkte aus? 5. Wie kann ich Einwänden begegnen?
WANN	1. Genaues Datum 2. Uhrzeit 3. Bis wann muß das Manuskript fertig sein? 4. Bis wann müssen die technischen Hilfsmittel installiert sein? 5. Arbeitshilfsmittel anfordern. 6. Wann muß ich beginnen?

Techniken und Methoden der Ideenentwicklung und -verarbeitung

Nach dem Motto »Die wichtigste Kartei ist die Ideenkartei« sollten Sie sich eine solche unbedingt zulegen. Richtig angelegt, mit Bedacht und Überlegung geführt, nach Themen geordnet, wird sie Ihnen als kleines Archiv stets ein willkommener Helfer sein, wenn es gilt, einen Vortrag auszuarbeiten, eine Festrede zu halten oder ähnliche Präsentationen vorzubereiten.

Natürlich darf diese Kartei neben sachlichen und kühlen Fakten und Daten, statistischem Material, Pressenotizen und dergleichen auch Gags, gute Witze, Lebensweisheiten, Bonmots berühmter Zeitgenossen* und ähnliches enthalten. Denn dies alles benötigen Sie, um Ihre Rede etwas aufzulockern und lebendiger zu gestalten.

Wir finden es überall, wenn wir bewußt danach Ausschau halten.

Zum Beispiel in:
Zeitschriften, Tageszeitungen (national und regional), Fachzeitschriften, Firmenarchiven, Bibliotheken, Fachbüchern, Katalogen und Broschüren und Ausstellungen, Messen usw.

- Erstellen Sie sich selbst eine Quellenliste, die Sie bei Bedarf ergänzen sollten.

- Wenn Sie Zeitungen, Zeitschriften, Bücher oder Broschüren lesen, dann lesen Sie bewußt, am besten gleich mit Farbstift zum Markieren entsprechender Stellen.

Wenn Sie die Liste der Personen zusammenstellen, die Ihnen als Ideenspender dienen könnten, dann denken Sie vor allen an:

Ihre Kollegen, Mitarbeiter, Mitglieder von Organisationen, Unternehmensberater, Seminarteilnehmer, Dozenten und Referenten, Familienangehörige und Freunde.

---

* Vergleiche dazu »4000 Sprichwörter und Zitate« (Bd. 603), erschienen im Humboldt-Taschenbuchverlag, München.

- ▶ Halten Sie auch Ihre Augen offen, wenn Sie sich in Büros, Wartezimmern usw. aufhalten. Hier finden Sie oft interessante Zitate, Sprüche oder Gedichte.
- ▶ Eine weitere interessante Quelle ist der Literaturhinweis am Ende vieler Bücher, der über andere Bücher in der entsprechenden Fachrichtung Aufschluß gibt.

Doch alle guten Fundgruben nützen nichts, wenn Sie nicht die daraus gewonnenen Resultate notieren und sinnvoll archivieren.

Wichtige Voraussetzungen

Wie bereits mehrfach erwähnt, sollten Sie so früh wie möglich mit der Ausarbeitung Ihrer Rede, Ihres Vortrags oder Ihrer Präsentation anfangen, denn trotz bester Zeitplanung kommen unvorhergesehene und deshalb unberechenbare Störungen dazu.

- ▶ Um eine optimale Ideenentwicklung und -bearbeitung sicherzustellen, sollten Sie herausfinden, wann Sie am aktivsten sind.

Manche sind Morgenmenschen und schaffen in den Vormittagsstunden das Hauptvolumen ihres Tagespensums, andere entfalten ihre Hauptaktivitäten am Nachmittag, wieder andere sind in den Nachtstunden am produktivsten. Testen Sie, zu welcher Kategorie Sie gehören, und richten Sie sich mit Ihrer Zeiteinteilung danach.

- ▶ Eine sehr wichtige Voraussetzung ist ein Raum mit Ruhe. Wer in der Stille arbeiten kann, kann bestimmt das Dreifache leisten.

Deshalb ist es ratsam, wichtige Ausarbeitungen zu Hause, am Wochenende, in Angriff zu nehmen. Räumen Sie zuvor Ihren Schreibtisch auf, befreien Sie ihn von jedem unnötigen Ballast.

Technik der Ideensammlung

- ▶ Nehmen Sie sich zuerst einmal genügend Zeit, die Ihnen gestellte Aufgabe in allen Konsequenzen zu durchdenken, damit Sie sich Klarheit über Ihre Vorgehensweise verschaffen.

Entsprechende Ideenanregungen und Denkimpulse stellen sich ein, sobald sich das festgelegte Thema fest in Ihrer Gedankenwelt eingenistet hat.

- ▶ Unterhalten Sie sich mit Ihren Bekannten und Freunden über Ihre Ausarbeitung: Vielleicht erhalten Sie auf diese Weise noch wertvolle Tips zur Erweiterung, Vertiefung oder Vervollkommnung des Themas.

Sobald Sie erst den Anfang zu Ihrem Thema haben, werden Sie spüren, daß sich Ihnen eine neue Welt auftut. Sie werden zunehmend Freude daran haben, weiter an dem Konzept zu arbeiten.

▶ Versuchen Sie, bei der Erarbeitung Ihres Referats, Ihrer Präsentation oder Ihres Vortrags so wenig fremdes Gedankengut wie möglich einzubringen.

▶ Transparente und Folien ersparen Ihnen manchmal viele erklärende Ausführungen und verschaffen eine bessere, weil visuelle, Übersicht und Verständlichkeit.

Das Grundprinzip für die Ideengewinnung läßt sich auf eine einfache Formel bringen:

➽ Zunächst Ideen produzieren. Erst später kritisch urteilen.

Durch dieses Prinzip des verzögerten Urteils wird ein vorzeitiges kritisches Urteil, das eine blockierende Wirkung haben kann, vermieden.

ABC der Ideenquellen und -fundgruben

Kleine Inspirationsprüfliste:

A

Adreßbücher
Almanache
Anekdoten-sammlungen
Anzeigen
Archive
Auskunfteien
Auslandspresse
Ausstellungen

B

Bekanntmachungen
Beobachtungen
eigene Berichte
Berufsverbände
Besprechungen
Bibliotheken
Bilder
Broschüren
Bücher

D

Datenbanken
Diskussionsaspekte
Dokumentationen
Dozenten

E

EDV-Statistiken
Empfehlungen
Erlebnisse, eigene und fremde

F

Fachbücher
Fachverbände
Fachzeitschriften
Fernsehsendungen
Filme
Firmenarchive

G

Gedankenaustausch
Geschichten
Geschichtliches
gesellschaftliche Ereignisse

H

Hausmitteilungen
Hauszeitschriften

I

Ideenblitze
Ideenkartei
Illustrierte
Industrie- und Handelskammern

J

Jahresbücher
Jahresstatistiken
Jahrestagungen
Journale

K

Kataloge
Klubtreffen
Kollegen
Konferenzen
Kongresse
Kunden

L

Lehrer
Literaturhinweise
Literaturverzeichnisse

M/O

Manuskripte
Meinungsberichte
Messen
Organe
Organisationen

P/Q

persönliche Erfahrungen
pfiffige Zitate
Presse
Pressestellen
Professoren
Public-Relations-Abteilungen
Quellenverzeichnisse

R

Radiosendungen
Redakteure
Referenzen
Reisen
Reportagen
Repräsentanten

S

Sachberichte
Sachvorgänge
Seminare
Spezialisten
Statistiken
Stichpunktkarteien

T

Tageszeitungen
Tagungen
Tatsachenberichte
Telefonauskünfte

U/V

Universitäten
Verbände
Vereinigungen
Verlage
Vorgesetzte

W/Z

Wirtschaftsverbände
Witzblätter
Zahlen
Zitate für Redner

Wenn Sie alles gründlich erforscht (siehe auch Literaturhinweise im Anhang auf Seite 250f.) und durchdacht haben, können Sie jetzt an die Erstellung von Informationsarbeitsblättern denken. Hier nun eine kleine Auswahl einiger Möglichkeiten:

Informationsarbeitsblätter

1) Das Manuskript

Das gebräuchlichste Hilfsmittel ist und bleibt nun einmal das Manuskript. Allerdings birgt die Verwendung dieses Hilfsmittels nicht nur Vorteile, sondern auch einige Gefahren in sich, die besonders dem Anfänger nicht immer bekannt sind. Wir werden darauf später noch kurz zurückkommen.

▶ *Zuerst einmal: Wie gehen Sie vor?*

Ganz einfach: Sie nehmen ein Blatt Papier und schreiben! Am besten mit Bleistift oder mit der Schreibmaschine. Radiergummi und Tipp-Ex gleich bereithalten!

Auf keinen Fall dürfen Sie zu eng schreiben oder das ganze Blatt, ohne Einhaltung großzügiger Randzonen, vollschreiben. Für Änderungen haben Sie dann nämlich kaum Platz, und die werden immer notwendig sein.

Ist das vorläufige Manuskript verfaßt, dann üben Sie Ihre Rede einige Male vor dem Spiegel. Schalten Sie dazu auch das Tonband ein.

Danach führen Sie Ihr »geistiges Produkt« einmal Ihren Familienmitgliedern, Freunden oder Bekannten vor.

Sie meinen, daß das Auswendiglernen eine sichere Methode ist, aber mit dieser Methode sind auch einige Probleme verknüpft. Ein unerwarteter Zwischenruf kann Sie leicht aus dem Konzept bringen.

Manuskript zum Ablesen (falsch):

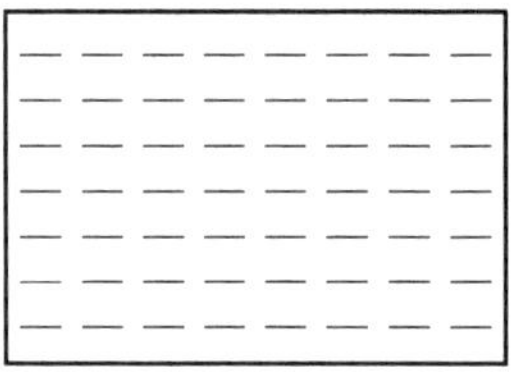

A

zuviel Text

Wenn schon ablesen, dann wenigstens so (richtig):

B

leichter abzulesen

▶ *Vorteile von B*

Übersichtlicher für den Redner.
Leichter abzulesen.
Bessere Atemtechnik ist gewährleistet.
Das Satzende tritt besser hervor, ein Signal, die Stimme zu heben oder zu senken.
Textstellen werden leichter gefunden.
Das zu schnelle Sprechen wird automatisch reduziert.
Wenigstens etwas Blickkontakt wird dadurch ermöglicht.

2) Stichpunktkarten

Sie haben schon viel von der freien Rede gehört, aber wie macht man so etwas?

Wenn Sie die Methoden und Techniken lernen und üben, die Ihnen hier angeboten werden, dann wird die freie Rede bald kein Problem mehr für Sie sein. Vor allem die Stichpunktkarten werden Ihnen dabei eine große Hilfe sein. Erstaunlicherweise ist dieses Hilfsmittel, so einfach es ist, wenig verbreitet.

► *Wie gehen Sie damit um?*

Kaufen Sie sich in einem Schreibwarengeschäft weiße oder auch farbige Kärtchen im Querformat 14,5 mal 10,5 (DIN A6) oder 21 mal 14,5 (DIN A5) Zentimeter. Wenn Sie farbige Karten wählen, ist Gelb zu empfehlen, weil es die Schrift deutlich hervortreten läßt.

Machen Sie es sich zur Gewohnheit, stets einige unbeschriebene Karten bei sich zu führen. Legen Sie auch einige ins Handschuhfach Ihres Wagens. Sie werden feststellen, daß Sie sehr oft einen interessanten Einfall haben, den Sie dann sofort auf einer dieser Karten notieren sollten.

Die Ideen, die Sie auf diese Weise sammeln, können Sie dann bei einer späteren Ausarbeitung eines Vortrags verwenden.

(Wie Sie eine solche Ideenkartei aufteilen, ersehen Sie aus den Skizzen auf den Seiten 62f.)

► *Das System bringt Ihnen unter anderem folgende Vorteile:*

Wenig Verwirrung, weil nur Schwerpunkte notiert sind. Sie brauchen sich nicht mit dem Ablesen herumzuquälen. Sie können frei und lebhaft sprechen.

Gute Archivierungsmöglichkeiten der Karten. Einfach ein Gummiband darumspannen. Die Karten verhindern, daß Sie den roten Faden verlieren.

Die Methode führt Sie auf den Weg zur freien Rede. Die Karten sind ganz besonders leicht zu handhaben. Sie können leicht sortiert oder ausgetauscht werden. Sie sind übersichtlich.

Natürlich sollten Sie neben Ihren Blitzideen auf diesen Kärtchen auch interessante Zitate, Anekdoten, Witze, Anfangs- und Schlußsätze, Erlebnisse usw. notieren. Eine Ideenkartei kann ein wahres Schatzkästchen für Sie werden.

▶ Schreiben Sie auf diesen Kärtchen groß und deutlich, und notieren Sie auf den Karten wirklich fast nur Stichpunkte, also so wenig Text wie möglich. Numerieren Sie alle Karten oben rechts, die zu einer Idee oder einem Thema gehören. Unterstreichen Sie die wichtigsten Punkte mit Farbstift.

▶ Haben Sie einen Punkt abgehandelt, legen Sie einfach die eine Karte beiseite und greifen nach der nächsten.

▶ Wenn Sie zu den Karten gleich noch ein Abc- oder Zahlenregister kaufen, können Sie die Sache noch übersichtlicher gestalten. Unter der Voraussetzung, daß Sie dieses Ideenarchiv stets auf dem laufenden halten, das heißt Überholtes entfernen und Aktuelles ergänzen, wird es Ihnen eine wirklich wertvolle Hilfe für manche Redesituation sein.

➽ Also: Verwenden Sie künftig die Stichpunktkartenmethode als Basis für die freie Rede.

Beispiel für eine Stichpunktkarte:

▶ ***Vorteile:***
Die Hauptideen sind übersichtlich und deutlich zu sehen.
Einzelne Nebenpunkte, die Sie noch erwähnen können, sind festgehalten, und Beispiele aus der Praxis ermöglichen stets ein besonders freies Reden.

Stichpunktkarte (Prioritätsmethode)

Einleitung		
Muß	Kann	Eventuell
•	•	•
•	•	•
•	•	•
•	•	
•	•	
Schluß		

► ***Vorteile:*** *Einleitung möglichst ausführlich notiert, klare und übersichtliche Gliederung der Prioritätspunkte.*
Die Punkte unter »Muß« müssen auf jeden Fall behandelt werden. (Im Manuskript müssen Sie diese erst suchen.) Die Punkte unter »Kann« und »Eventuell« stehen zur Verfügung für den Fall, daß Ihre Redezeit noch nicht abgelaufen ist.
Der Schluß ist ebenfalls ausführlich notiert.

Stichpunktkarte (Plus-Minus-Methode)

Hauptgründe	
Dafür	Dagegen
•	•
•	•
•	•
•	
•	

► ***Vorteile:*** *Übersichtliche Gliederung der positiven und negativen Faktoren (besonders nützlich für die Entscheidungsfindung). Die »Dafür«-Punkte sollten normalerweise überwiegen.*
Diese Karte ist nützlich, wenn Punkte einzeln an einen Flip-Chart geschrieben werden müssen.
Sie stellt eine gute Argumentationsstütze dar.

3) Die Rede-Vortrag-Kombimethode

Hier sehen Sie ein Vortragskonzept zum Thema »Der Ursprung der großen Ölgesellschaften«.

Auf der linken Seite stehen die wichtigsten Aussagen, die dem Referenten die Möglichkeit geben, sich nur an Hand eines ganz kurzen Blickes auf das Manuskript zu orientieren. Auf der rechten Seite sind Passagen ausformuliert, zum Ablesen, falls Bedarf dafür vorhanden ist. Auch diese Konzeptform hat sich in der Praxis außerordentlich gut bewährt.

Konzept

Vortrag:
Der Ursprung der großen Ölgesellschaften

A	B
Beginn 1859 erste Bohrung Titusville in Pennsylvanien von Edwin L. Drake.	Der Beginn der Mineralölindustrie wird allgemein in das Jahr 1859 gelegt, als Edwin L. Drake seine erfolgreiche Bohrung bei Titusville in Pennsylvanien niedergebracht hatte. Sie führte zur Entdeckung des ersten größeren Ölfeldes.
Es gab genug Nachahmer. Einziges Produkt aus Erdöl »Petroleum«.	Alle Welt wollte es ihm nachmachen. Produktions- und Verarbeitungsgesellschaften schossen aus dem Boden, oft genug Einmanngruppen. Knappheit und plötzlicher Überfluß charakterisierten in schnellem Wandel den Handel mit Petroleum, das damals das einzige interessante Produkt darstellte.

Weitere Arbeitsblätter sind die Redevorbereitungsbogen A und B, der Aufbau einer Rede nach Gedankenzellen, der Manuskriptbogen als Gesamtübersichtsbogen und das Manuskript mit Zeitkontrollplan, die alle im folgenden vorgestellt werden.

Redevorbereitungsbogen A	
(Für die Grob- und Feingliederung der Punkte)	
① ☐ ○ ○ ○	*__________ __________ __________ __________
② ☐ ○ ○ ○	__________ __________ __________ __________
③ ☐ ○ ○ ○	__________ __________ __________ __________
④ ☐ ○ ○ ○	__________ __________ __________ __________

① *Einleitung*
② + ③ *Hauptteil*
④ *Schluß*
* *Textteil als Manuskript oder Nebenpunkte*

Redevorbereitungsbogen B:
Dieser Redevorbereitungsbogen (B) wurde in die Punkte – Was, Wann, Wo, Weshalb, Warum, Wie – eingeteilt, die Ihnen helfen, wichtige Fragen zu beantworten. Mit dieser Methode können Sie Gründe dafür und dagegen in übersichtlicher Form aufschreiben.

Redevorbereitungsbogen B	
1. Was	○ Vortrag ○ Referat ○ Diskussion ○ Besprechung ○ Training
2. Wann	16. September, 19 ....., um 10.30 Uhr
3. Wo	Abc-Unternehmensberatung, Darmstadt Schubertstraße ... – Konferenzraum –
4. Weshalb	Podiumsdiskussion – 10 Teilnehmer –
5. Warum	Rationalisierungsideen für nächstes Jahrzehnt
6. Wie	• • • • •

Verständlichkeit von Botschaften erhöhen

Um Vortragsinhalte überzeugend aufzuarbeiten, haben sich aus langjähriger Erfahrung vier Dimensionen der Verständlichkeit – wie ich sie nenne – herauskristallisert.
Bei jedem Vortragsteil muß die Aufmerksamkeit der Zuhörer neu erworben werden. Deshalb ist es nützlich, die vier nachfolgenden Dimensionen bei der Vortragserstellung zu berücksichtigen:

Dimension 1: Einfachheit

- *Verständliches Deutsch verwenden!*
  Fremdwörter vermeiden.
  Kurzsätze mit wirksamen Verben formulieren.
  Themenbereiche mit Begriffen kennzeichnen.
  Schreiben, wie man spricht.

- *Überforderung der Zuhörer vermeiden!*
  Keine Überschätzung des Wissensstandes.
  Keine Unterforderung der Intelligenz.
  Keine Vollständigkeit anstreben, sondern wichtige Punkte getrennt abhandeln und in einen Zusammenhang stellen.

- *Die Anschaulichkeit von »Bildern« nutzen!*
  Im Fachbereich übliche Symbole verwenden.
  Die Faszination bildreicher Aussage mit ihrer ganzen Subjektivität einsetzen.

Dimension 2: Gliederung und Ordnung

- *Orientierungshilfen geben!*
  Der Zuhörer muß jederzeit wissen, an welcher Stelle des Vortrags er sich befindet.
  Zu jedem neuen Punkt eine Orientierungsphase einbauen, damit die volle Aufmerksamkeit wiedergewonnen wird.
  Agenda zum Vortragsablauf verteilen.

- *Gedankliche Übersichten schaffen!*
  Ziele, Ausblicke, Rückblicke, Zusammenfassungen geben.
  In Bereiche, Stufen, Phasen, Wege, Blöcke, Kapitel, Gruppen, Segmente, Teile und Aufgaben gliedern.
  Unterteilen in Grob- und Feinziele, Haupt- und Nebenpunkte, Primär- und Sekundärprobleme.

- *In logische Abläufe ordnen!*
  Komplizierte Zusammenhänge vereinfachen und gedanklich nachvollziehen lassen.
  Nacheinander vorgestellte »Einzelbilder« verschmelzen zu einem Gesamtbild.
  Aber keine Zerstückelung von Inhalten.

Dimension 3: Kürze und Prägnanz

- *Wenige Erklärungen geben – viel Nutzen aufzeigen!*
  Vorschläge machen, gegenüberstellen von Pro + Kontra, Vor- + Nachteilen, gut + schlecht, falsch + richtig, Empfehlung + Ablehnung.

Nicht nur positive, sondern auch negative Aspekte eines Vorschlags kritisch prüfen und vom Zuhörer nachvollziehen lassen. Hypothesen aufstellen und begründen.

- *Erkenntnisse schaffen!*
  Empfehlungen an Hand von Beweisen nachvollziehen lassen.
  Nicht zu viele Einzelideen vorstellen, sondern wenige kontrastreiche.
  Aha-Erlebnisse sowie Erfolgserlebnisse schaffen.

- *Aus Textinhalten Grafiken entwickeln!*
  Komplizierte Vorgänge in grafische Denkmodelle umsetzen.
  Schematische Übersichten schaffen.
  Klassische grafische Darstellungen verwenden.

Dimension 4: Zusätzliche Stimulanzien

- *Mit Fragen Interesse wecken!*
  Fragetechniken einsetzen.
  Fragen stellen und selbst beantworten.
  Vorschläge und Lösungen in Frage stellen und zur Eigenüberzeugung der Zuhörer Punkt für Punkt beweisen.

- *Motivieren durch Lob und Anerkennung!*
  Nicht nur Fakten bringen, sondern auch Gefühle ansprechen.
  Psychologische Bedürfnisse befriedigen.
  Bei nachlassender Aufmerksamkeit die Zuhörer mit Zitaten neu fesseln.

- *Wirksame Schlußsätze formulieren!*
  Hinführen zur Diskussion.
  Aufforderung zur Handlung.
  Appellieren an Mithilfe.
  Tips zum weiteren Vorgehen geben.
  Gemeinsam Vorsätze vereinbaren.

Die systematische Strukturierung von Inhalten berücksichtigen

Der Vortragende ist meistens genötigt, viele Einzelbilder darzustellen, die sich am Schluß im Kopf der Zuhörer wie ein Puzzlespiel zu einem Gesamtbild zusammensetzen sollen. Die mit Informationen überfluteten Zuhörer sind jedoch in den wenigsten Fällen geneigt, sich die »Puzzleteile« eines Vortrags am Schluß selbst zu einem Gesamtbild zusammenzusuchen. Deshalb muß der Vortragende systematisch strukturiert seine Botschaft vortragen.

- Am Anfang steht die Grobstruktur, die eine Art Inhaltsverzeichnis oder die Agenda des Vortrags darstellt.
- Die einzelnen Punkte der Grobstruktur werden dann in eine Mittelstruktur aufgelöst, die dann wiederum die Daten und Fakten einer Feinstruktur umfassen.
- Hat man die Darstellung der Feinstruktur abgeschlossen, werden alle Zuhörer wieder zum nächsten Punkt der Grobstruktur zurückgerufen. Damit wird selbst der Zuhörer, der die Feinstruktur nicht ganz verstanden hat, wieder für eine volle Aufmerksamkeit zurückgewonnen.

Die Grob-, Mittel- und Feinstruktur begleiten dann den gesamten Informationsinhalt bis zur Zusammenfassung am Schluß des Vortrags. Besonders bei der Visualisierung von Vortragsinhalten hat sich eine systematische Strukturierung bewährt.

Überzeugen durch Visualisierungstechniken

Eine Erkenntnis lautet: Niemand kann einen anderen überzeugen, das muß jeder für sich selbst tun.
Die Bedeutung dieser Erkenntnis macht bewußt, daß wir niemanden überzeugen können, aber jedem dabei helfen können, sich selbst zu überzeugen.

Deshalb: »Ein Bild sagt mehr als tausend Worte.«
Es ist eine alte Tatsache, daß neben der akustischen Aufnahme die optische Aufnahme von Informationen von gleich hoher Bedeutung ist. Die Aufnahme von Informationen kann um ein Vielfaches erhöht werden, wenn die akustische (Hören) und optische (Sehen) Aufnahme beim Zuhörer parallel erfolgen.

Eine Untersuchung der American Audiovisuell Society, Chicago, hat gezeigt, wie schnell gehörte und gesehene Informationen vergessen werden. Bereits nach drei Stunden ist ein erheblicher Abfall der Werte bei nur Gehörtem und nur Gesehenem zu verzeichnen. Bei parallel Gehörtem und Gesehenem jedoch werden selbst nach drei Tagen noch 65 Prozent der Informationen behalten.

Die Visualisierung erleichtert die Informationsaufnahme auch von komplexen Inhalten.

Es gibt verschiedene Bausteine, die man zur unterstützenden Visualisierung einsetzen kann: grafische Hilfsmittel, Diagram-

me, Funktionsabläufe, perspektivische Zeichnungen, Fotos und Systemabbildungen, Denkmodelle.
Als grafische Hilfsmittel bezeichnen wir die Schrift, Unterstreichungen, Einrahmungen, aber auch Punkte zur Aufzählung, Pfeile, um der Information eine Richtung zu geben, Sterne, um zu gliedern, Einrahmungen, um Wichtiges hervorzuheben, und Farbe, um optisch Informationen herauszustellen.

Bei der Verwendung von Diagrammen können wir auf verschiedene Diagrammformen zurückgreifen. Die gebräuchlichsten sind Kurvendiagramm, Kreisdiagramm, Säulendiagramm, Stabdiagramm. Darüber hinaus können wir jedoch auch Kreuzdiagramme, Körperdiagramme, Achsenkreuzdiagramme, Gebietsgrafiken und jede Form der Matrix zur bildhaften Aussage von Fakten und Daten verwenden. Wichtig ist für den Vortragenden zu überprüfen, welche Diagrammform die am besten zu verwendende und eindeutigste für den Zuhörer ist.

Da viele Informationen, die wir übermitteln wollen, nicht rein statisch sind, sondern sich besser in Prozeßabläufen darstellen lassen, können wir auf Funktionsabläufe nicht verzichten. Ein Kaufentscheidungsprozeß läßt sich schwerlich in einem Diagramm darstellen, jedoch leicht in einem Funktionsablauf von der Anregungsphase über die Informationsphase und Entscheidungsphase bis zur Bestätigungsphase eines Kaufakts. Bei Produktionsprozessen, die zu schildern sind, können wir auf Funktionsabläufe nicht verzichten.

Um Bildaussagen möglichst plastisch und wirkungsvoll vorzutragen, sollten wir perspektivische und räumliche Zeichnungen – dort, wo sie möglich sind – verwenden. Perspektivische Zeichnungen sind für die Wahrnehmung besonders reizvoll. Um Kästen, Pfeile und Stabdiagramme interessanter zu machen, ist es nicht schwer, perspektivische Zeichnungen hiervon anzufertigen.
Am wenigsten abstrakt sind Fotoabbildungen, die jedoch bei den verschiedenen visuellen Medien unterschiedlich schwer zu erstellen sind.

Komplexe Prozesse lassen sich leichter in Systemabbildungen verdeutlichen, die jedoch nicht immer gleich im vollen Umfang dargestellt werden sollten, sondern sich langsam für den Betrachter Stück für Stück mit einzelnen Lernschritten zu einem Gesamtbild ergänzen sollten.

Keine Präsentation gleicht der anderen. Jeder hat unterschiedliche Erfahrungen und Einstellungen zu den in der Tabelle aufgezeigten

Was alles möglich ist

Hilfsmittel	Technik	nicht vergessen
Audiokassetten	Kassettenrekorder	
Schallplatten	Plattenspieler	– Lautsprecheranlage
Audio-CD	CD-Abspielgerät	
Demonstrationsobjekt		(Tisch, Vitrine)
Schaubild, Notizen, Skizzen		Wand – Nadeln; Magnettafel – Magnete; Hafttafel; Pinnwand – Nadeln; Wandtafel – Kreide; Flip-Chart – Stifte
Folien	Overheadprojektor	
Vorlagen	Episkop	– Leinwand
Dias	Diaprojektor	
Multivision	Diaprojektoren oder Videorekorder	Leinwand/Monitore – und Lautsprecher
Film	Vorführgerät	
Videokassette	Videorekorder	Monitor

Medien. Eine pauschale Bewertung aller persönlichen Vortragsmedien gibt es nicht. Dafür sind die Vortragsinhalte und die Vortragenden zu verschieden. Die Auswahl des richtigen Mediums sollte nach den Kriterien der Handhabung, des Aufwands der Software-Eigenproduktion – also des Inhalts – und der Wirkung der Medien auf die Zuhörer erfolgen.

Zum Schluß die Kernfrage: Lohnt sich der Zeitaufwand der Visualisierung? Jeder Vortragende weiß nach der Visualisierung seines Vortrags, wie zeitraubend die Fertigstellung von visuellen Vorlagen ist. Aber diesem Zeitaufwand eines einzelnen oder einer kleinen Gruppe steht auch die enorme Zeiteinsparung durch schnelles Verstehen bei vielen Zuhörern gegenüber. Generell kann man sagen, der Zeitaufwand und persönliche Einsatz lohnen sich.

» *Denn es gilt:* Wer die Chance bekommt vorzutragen, hat auch die Chance, sich selbst zu profilieren. Das Geheimnis des Erfolgs liegt dabei in der visuellen Vorbereitung des Vortrags.

Handhabung

- Einfach.
- Flexibel im Vortrag.
- Mobil.
- Ständiger Blickkontakt zum Zuhörer.
- Umfang begrenzt.
- Zu klein bei großem Zuhörerkreis.

- Nach kurzer Einübung leicht.
- Ergänzungen während des Vortrags machbar.
- Rückblenden jederzeit möglich.
- Diskussionsbeiträge sofort festhaltbar.
- Blickkontakt wird beim Schreiben unterbrochen.
- Begrenzte Abfolge.

- Stellwände oder spezielle Wandbeschaffenheit nötig.
- Technik der Haftung beachten (Magnet, Kleber, Nadel usw.).
- Kärtchentechnik zur Einbeziehung der Zuhörer setzt Übung und Erfahrung voraus.
- Vortragsform mit anschließendem Szenario möglich.

- Vortragsübung erforderlich für Schreibprojektion auf Endlosfolie.
- Mit ausgearbeiteten Folien leichter Vortrag.
- Ständiger Blickkontakt.
- Die Darstellung verlangt einen strukturierten Inhalt.
- Mobil und stationär.
- Spezialleinwand erforderlich.

- Nach kurzer Übung leicht.
- Die Technik erfordert das Bedienenkönnen.
- Referent muß sich in verdunkeltem Raum durchsetzen können.
- Mit Zusatzgerät schnelle Bildwahl möglich.
- Bei Doppelprojektion weiche Überblendung ohne Dunkelphasen.

Visuelle Geräte zum persönlichen Vortrag mit Auswahlkriterien

Eigenproduktion der Software	Wirkung auf die Zuhörer
– Leicht bei Schemata. – Schriften und Zeichnungen erfordern Übung. – Grafiker zu Hilfe nehmen. – Bildmontage möglich. – Fotografische Vergrößerungen verwendbar.	– Überschaubar auch für komplexe Inhalte. – Erleichtert Informationsaufnahme auch bei kurzen Konferenzen. – Verstärkt das Wichtige. – Vorteil: Für die Diskussion können alle Charts nebeneinandergestellt werden.
– Die erforderlichen Großschriften setzen zeichnerische Fertigkeiten voraus. – Vorgefertigte Charts möglich. – Grafiker zu Hilfe nehmen. – Für komplexe Darstellungen (Abläufe) empfehlenswert. – Korrekturen aufwendig. – Nicht fotokopierfähig.	– Aktuell und aktiv. – Plakative Übersicht auch bei komplexen Inhalten. – Sicherer Rückgriff auf dargestellte Fakten. – Vorteil: Für die Diskussion können alle Blätter an eine Wand geheftet werden.
– Gut für wachsende Darstellungen mit vorbereiteten Einzelbildern (Kärtchen) zu komplexen Übersichten. – Zuordnung der Kärtcheninhalte zueinander leicht veränderbar durch Umstrukturierung.	– Moderne Kommunikationstechnik. – Der Lösungsprozeß wird miterlebt. – Aktiviert und fordert zur Ergänzung auf. – Einbeziehung der Teilnehmer schafft Vertrauen.
– Folienfolge verlangt strukturierten Ablauf. – Angebot von fertigen Folien nutzen. – Papiervorlagen auf Folie fotokopierbar. – Vorlagen können auch auf PC erstellt und direkt vom PC mittels eines geeigneten Projektors und eines Projektionsdisplays auf die Leinwand gebracht werden.	– Text ist abstrakt. – Grafik ist anschaulich. – Bei parallelem Vortrag von Bildteil und Sprechtext leichte Informationsaufnahme. – »Zahlenfriedhöfe« verwirrend. – Informativ, aber bei zu vielen Folienmotiven ermüdend. – Folien fotokopierfähig als Diskussionsunterlage.
– Diafolge verlangt strukturierten Ablauf. – Diaerstellung erfordert Fotograf und Kopieranstalt. – Diamotive brauchen Bilder und Farbe. – Gut für Abläufe von sich ändernden realen Situationen.	– Sehr anschaulich. – Hohe Bildqualität. – Repräsentativ. – Spricht neben der Vernunft auch das Gefühl an. – Der apparative Aufwand kann störend wirken.

Die wichtigsten Redeformeln der Redepraxis

»Alle Fehler verzeihe ich gern,
nur nicht Fehler in der Disposition.«
(HERDER)

Wer kennt nicht die bange Frage: »Wie soll ich den Vortrag – oder die Präsentation – in der Kürze der Zeit vorbereiten?« Und außerdem: »Was bringe ich überhaupt?« Schon viele saßen vor einem leeren Blatt Papier und haben sich diese Fragen mit Recht gestellt. Eine verhältnismäßig wenig bekannte Methode ist die Anwendung von Redeformeln.

Sie sind ein nützliches Gerippe, nach dem Sie sich richten können, denn die Redeanlässe wiederholen sich häufig. Der Ort, die Personen, die Fakten und die Daten ändern sich natürlich. Wenn Sie also wieder einmal reden müssen, dann schauen Sie sich ruhig einmal diese Formeln an. Sie sind als kleine Hilfen gedacht. Auf den Seiten 61 ff. haben wir Ihnen sehr ausführlich einige Ideen zur Stichpunktkartei und zu diversen Themenbearbeitungsblättern vorgestellt. Nützen Sie diese Anregungen für Ihre Ausarbeitungen aus.

Fangen Sie zuerst einmal mit dem folgenden Themenausarbeitungsbogen an. Die verschiedenen Punkte sollen Ihnen bei der Strukturierung Ihres Vortrags helfen. Suchen Sie sich dann die für Sie in Frage kommenden Redeformeln heraus. Die wichtigsten und gebräuchlichsten Redeformeln der Rednerpraxis sind aufgelistet. Mit zunehmender Erfahrung und Routine können Sie sich mit der Zeit selbst ähnliche Formeln, für Ihre speziellen Belange, stichpunktartig ausarbeiten und in Ihrer Vortragsideenkartei archivieren.

Ausarbeitung eines Referats

Einleitung:
Sie muß schnell zum Thema hinführen.

Hauptteil:
Was wesentlich ist, sollte gleich gebracht werden.

Schluß:
Bringen Sie die wirkungsvollsten Gedanken an das Vortragsende (Appell).

Themenausarbeitungsbogen **(Eine kleine Themenbearbeitungsübersicht)**	
Was	Titel Untertitel Definition Einstieg – Einleitung
Warum	Hauptproblem Fragen Hauptfehler Test: Ist/Soll
Wann	Zeit Ort Privat – Beruf
Wie	Regeln Skizzen Erklärungen Tips und Hinweise Zitate Ratschläge Zusammenfassung Übungen
Wo	Erlebnisse Beispiele Anekdoten Personen Quellen und Fundgruben
Weshalb	Vor- und Nachteile Plus – Minus Nutzen Ist/Soll-Vergleich
Wieso	Vorteile Verbesserung

Die AIDA-Formel

A – Aufmerksamkeit erregen

I – Interesse wecken

D – Definition der Grundgedanken (Wünsche wecken)

A – Abschluß; zum Handeln auffordern

Wenn Sie nach diesem Grundprinzip die Zuhörer in Ihrer Rede motivieren, kann eigentlich nichts schiefgehen. Sie läßt sich auch als sogenannte *5-Punkte-Formel* darstellen.

Sie ist geeignet für die Gestaltung einer Rede, eines Vortrags oder einer Präsentation.

1. **Interesse oder Neugierde wecken:**
   Sie sollten einen originellen oder außergewöhnlichen Anfang finden, der sofort die Aufmerksamkeit oder die Neugierde der Zuhörer weckt.

2. **Sagen, um was es geht:**
   Kurze, sachlich-fachliche Schilderung.

3. **Begründung warum:**
   Alle Einwände, die vielleicht vorgebracht werden könnten und die vielleicht sehr viel Zeit in Anspruch nehmen würden, werden durch die Begründung gleich ausgeschaltet.

4. **Praxiserlebnisse und -beispiele:**
   Um das Vertrauen zu stärken, daß die Verantwortlichen – zum Beispiel die Führungskräfte – die richtige Entscheidung getroffen haben, kann man ein Beispiel oder ein Erlebnis aus der Praxis bringen, das sich bei einer ähnlichen Situation bewährt hat.

5. **Aufruf zur Aktivität:**
   Versuchen Sie, die Einsicht der Zuhörer zu gewinnen. Hauptzielsetzung Ihrer Rede ist, die Zuhörer zum Handeln zu veranlassen. Andeutungen genügen hier nicht, sondern Sie müssen diesen Aufruf schon klar und präzise formulieren.

Für eine konstruktive Gesprächsvorbereitung hat sich die *HELGA-Formel* bewährt:

H – Hören

E – Erkennen

L – Logisches Durchdenken

G – Gedankliches Planen

A – Aktion

Mit etwas Übung und Disziplin lassen sich damit Erfolge sozusagen aus dem Stegreif erzielen.

Beispiele für Rednerformeln

Antrittsrede bei einer Firma:

Welche Aufgabe erwartet Sie?

Bringen Sie Freude darüber zum Ausdruck.

Schaffen Sie Kontakt und Sympathie.

Bitten Sie Ihre neuen Kollegen um Unterstützung und um eine gute Zusammenarbeit.

Betriebsfest – Rede des Chefs:

Stichpunkte:	Anregungen.
Begrüßung:	Vorstands-, Aufsichtsratmitglieder, Ehrengäste, Betriebsangehörige und, wenn geladen, deren Ehepartner, sonstige Gäste.
Begründung:	Nach langer gemeinsamer Arbeit sollte das gemeinsame Feiern nicht vergessen werden. Verbundenheit deutlich machen usw.
Dank:	Für die erfolgreichen Leistungen der vergangenen Monate. Auch auf die zukünftige gute, gemeinsame Arbeit hinweisen usw.
Kurze Verlaufsangabe des Festes:	Festessen – Tanz – Vorführungen – Tombola – Gesellschaftsspiele usw.

Damenrede:

Stichpunkte:	Anregungen.
Dank:	Für die Einladung.
Anerkennung:	Für die Dame des Hauses.
Lob aller anwesenden Damen:	Gut, daß Sie anwesend sind, da Sie dem Fest erst den richtigen Rahmen geben, usw. Vergleiche mit Blumen usw. möglich.
Dank:	Die Herren auffordern, auf das Wohl der Damen anzustoßen.

Dankrede:

Stichpunkte:	Anregungen.
Anrede:	Person, Gruppe oder Firma.
Rückblick:	Was war gestern, kurze Einzelheiten.
Herausstellung:	Einzelne größere Leistungen.
Danksagung:	Betrifft Einzel- wie Gruppenleistungen.
Zukunft:	Wie könnte es werden?
Schluß:	Kurze Zusammenfassung, Appell.

Eröffnungsformel:

- Anrede.
- Eröffnung.
- Begrüßung.
- Referent.
- Thema.
- Worterteilung.

Einweihungen (als Toast):

- Das Geleistete herausstellen.
- Gestern.
- Heute.
- Morgen.
- Guten Verlauf wünschen.

Festrede (verschiedene Gelegenheiten):

Stichpunkte:	Anregungen.
Begrüßung:	Ehrengast (-gäste), alle Anwesenden.
Anlaß der Feier:	Kurze Begrüßung, Anlaß, weshalb dieses Fest stattfindet, Familienfeste, Geburtstagsfeier, Einweihung, Jubiläum usw.

Vergangenheit:	Kurz das Leben des Gefeierten oder die Entwicklung einer Firma skizzieren, große Ereignisse, Ausschnitte bis zum heutigen Tag.
Zukunft:	Die Aussichten, gute Wünsche usw.
Schlußappell:	Kurze Zusammenfassung, Verbundenheit zum Ausdruck bringen, zum gemeinsamen »Hoch« auffordern oder das Glas erheben usw.

Gelegenheitsrede:

- Kurz fassen (zwei bis vier Minuten).
- Die Darstellung ist das Wichtigste.
- »Wie« ist entscheidend und nicht »Was«.
- Auflockernde Form wählen (Episoden, Beispiele, Scherze).
- Gewinnender Schluß.

G-H-M-Formel:

Auf Stichwortkarten schreiben:

Karte 1:

Gestern:	Krieg Währungsreform Aufbauphase Nachfrage

Karte 2:

Heute:	Verschiedene »Kaufwellen« Marketingmethoden Verkaufsförderung

Karte 3:

Morgen:	Marktsättigung Geburtenrückgang Innovationen Spezialisierung Aus dem Preisvergleich herauskommen Realismus

---

Hochzeitsrede (Brautvater):

Stichpunkte:	Anregungen.
Dank:	Für das Erscheinen der Gäste.
Ehrengäste:	Ehrung der anwesenden Persönlichkeiten.

Willkommen:	Alle herzlich willkommen heißen.
Rückblick:	Kurz den Lebenslauf des Brautpaares schildern, humoristische Episoden einbauen.
Hauptpersonen ansprechen:	Schwiegersohn als neues Familienmitglied ansprechen, Hauptanliegen in einer Botschaft zum Ausdruck bringen, besinnlich und zugleich humorvoll.
Gute Wünsche:	Für den gemeinsamen Lebensweg.
Schluß:	Auffordern zum gemeinsamen Anstoßen auf das Wohl des Brautpaares.

Informationsrede:

- Sie dient nur der Information.
- Ideen, Fakten und Daten mitteilen, Entwicklung und Trend aufzeigen.
- Nüchterner Darbietungsstil, Verstand ansprechen.
- Zum Schluß Unterlagen mitgeben.

Juristenformel (nicht nur für Juristen geeignet):

- Inhalt gut + Ausführungen kurz gehalten = sehr gut.
- Inhalt gut + Ausführungen lang gehalten = mittelmäßig.
- Inhalt schlecht + Ausführungen zu langatmig = Plädoyer mißglückt.

Rahmenrede (Ablaufvorgänge):

- Eröffnung.
- Einführung und Dank.
- Warum dieser Redner?
- Warum dieses Thema?
- Warum diese Zuhörer?
- Ablauf der Veranstaltung (Regie).
- Abstimmung mit dem Redner.
- Den Redner richtig verkaufen.
- Thema nicht vorwegnehmen.
- Interesse schaffen.
- Zuhörer richtig begrüßen.

- *Abschluß:* Dank an den Redner mit dem Hinweis auf die Behauptung bei der Eröffnung.
  – Eventuelle Zusammenfassung des Themas.
  – Nutzanwendung.
  – Ausblick.
  – Appell.

Rednervorstellung:

- Referatthema nennen.
- Interesse für den Redner wecken.
- Redner namentlich vorstellen.
- Einleitungssatz: »Bitte, Herr . . ., ergreifen Sie das Wort«.

Schlußformel:

Wenn Sie eine Veranstaltung beschließen wollen, kann Ihnen die Schlußformel helfen, einen passenden Abschluß zu finden.

- Anrede – Damen und Herren.
- Schluß – Wir kommen nun zum Schluß.
- Dank – Dank an die Teilnehmer.
- Ende – Ende der Veranstaltung.

Standpunktformel:

- Standpunkt darlegen.
- Genaue Begründung.
- Beispiele aus der Praxis.
- Schlußfolgerung.
- Aufforderung zum Handeln.

Tischrede (Gast):

Stichpunkte:	Anregungen.
Anrede:	Die Gastgeberin besonders ansprechen.
Begrüßung und Dank:	Ehrengäste und Gäste begrüßen und für die Einladung bei den Gastgebern bedanken.
Anlaß des Essens:	Gründe nennen und ausbauen, besondere Begebenheit, gemeinsames Erlebnis usw.
Persönliche Wünsche:	Den Gastgebern und ebenfalls den anderen Gästen alles Gute wünschen, schlichte, herzliche Worte wählen.

Schluß:	Aufforderung, gemeinsam auf das Wohl der Gastgeber die Gläser zu erheben.

Trauerrede:

Stichpunkte:	Anregungen.
Anrede:	Familie des Verstorbenen, die Trauergemeinde.
Begründung:	Verhältnis zum Verstorbenen erläutern.
Rückblick:	Lebenslauf schildern, Verdienste, menschliche Qualitäten hervorheben, nur Gutes äußern.
Wie:	Nach langer oder kurzer Krankheit, Unfall, tragisches Geschick.
Familie:	Gefühle der Trauer und des Mitgefühls für die Familie zum Ausdruck bringen.
Schluß:	Abschlußsätze wie zum Beispiel: »Wir werden ihm oder ihr ein ehrendes Andenken bewahren.« Oder auf die Lücke, die bleibt, hinweisen.

Vorstellung eines neuen Mitarbeiters:

- Gegenseitiges Vorstellen.
- Erklären, weshalb die Wahl auf diesen Mitarbeiter fiel.
- Zukünftige Aufgaben, Zielsetzungen und Kompetenzen darstellen.
- Die künftigen Kollegen vorstellen und sie um ihre Unterstützung bitten.
- Appell an die alten Mitarbeiter, Eingliederung des Neuen zu erleichtern durch Hilfsbereitschaft und Kollegialität.

Aufbau von Rede, Vortrag und Präsentation

Das Geheimnis der guten Rede liegt in der Vorbereitung. In den vorangegangenen Kapiteln dieses Buches haben wir Ihnen Tips gegeben, wie Sie Ihre Reden optimal vorbereiten und ausarbeiten können. Bitte schauen Sie sich diese Ratschläge und Praxistips näher an, und verwenden Sie die Formulare, Stichpunktkarten und Manuskriptaufbereitungsblätter. Genauso wichtig ist aber auch die Zielsetzung der Rede oder der Aufgabe sowie die Berücksichtigung der Zuhörergegebenheiten und -erwartungen.

Der Schluß muß sitzen

Manche Redner reden und reden und kommen einfach nicht zum Schluß. Die Zuhörer haben viel Interessantes gehört, sie sind auch begeistert, aber nun werden sie langsam ungeduldig. Wie oft schon hat ein wirklich guter Redner die Zuhörer dadurch enttäuscht, daß er einfach kein Ende finden konnte. Man kann einen guten Vortrag – und damit seinen Erfolg – buchstäblich zerreden. Überschreiten Sie deshalb niemals die Ihnen vorgegebene Redezeit.

Da Ihr Vortrag ja etwas bewirken soll und muß, sollte der Höhepunkt Ihrer Darbietung am Schluß kommen. Der Schlußsatz muß besonders gut sitzen und zum sofortigen Applaus anregen. Die Krönung Ihres Vortrags muß deshalb immer der Schlußappell sein. Ein gekonnt gebrachter Schluß veranlaßt die Zuhörer zum weiteren Denken, oder er löst sofort eine Reaktion aus. Wenn es dem Redner liegt, sollte er versuchen, mit seinem Schlußsatz eine Saite im Innern der Zuhörer zum Klingen zu bringen.

▶ *Hier nun eine kleine Auflistung einiger Punkte, die zu beachten sind:*

Sagen Sie nicht zu frühzeitig, am besten überhaupt nicht: »Und nun komme ich zum Schluß«, wenn Sie dann doch noch weiterreden. Damit verärgern Sie Ihre Zuhörer nur.

Formulieren Sie Ihren Schlußsatz vorsichtshalber schriftlich. Sie dürfen ihn sogar auswendig lernen.

Verwenden Sie, wenn möglich, einen optischen Gag, der zum Schmunzeln anregt.

Beenden Sie Ihre Darbietung nie mit einer Entschuldigung.

Heben und senken Sie Ihre Stimme so, daß der Schlußsatz für die Zuhörer erkennbar ist.

Ein passendes Zitat eignet sich vorzüglich für den gekonnten Schluß.

Sprechen Sie einen Schlußappell aus, der die Zuhörer zum Handeln auffordert.

Fassen Sie – wenn möglich visuell – die wichtigsten Punkte noch einmal kurz zusammen.

Der Schlußsatz sollte klar, deutlich, präzise und motivierend sein.

Sie können einen Vortrag auch mit einem Blick in die Zukunft beenden. Zeigen Sie kurz die eventuellen Konsequenzen auf.

Redeaufbau- und Rededurchführungsratschläge

Von A bis Z

Abstraktes:
Abstraktes sollte möglichst in irgendeiner Form veranschaulicht werden.

Ankündigungen:
Bringen Sie vor Ihrem Auftritt in Erfahrung, von wem und wie Sie angekündigt werden.

Anreden:
Vermeiden Sie übergebührlich devote Anreden wie: »Einen wunderschönen guten Tag« oder »Meine hochgeschätzten, sehr verehrten Damen und Herren« usw. Solche Anreden empfinden die Zuhörer als überschwenglich und altmodisch. Heute, wo die Sachlichkeit mehr und mehr dominiert, genügt die Anrede:

Kommen Sie frühzeitig zum Schluß!

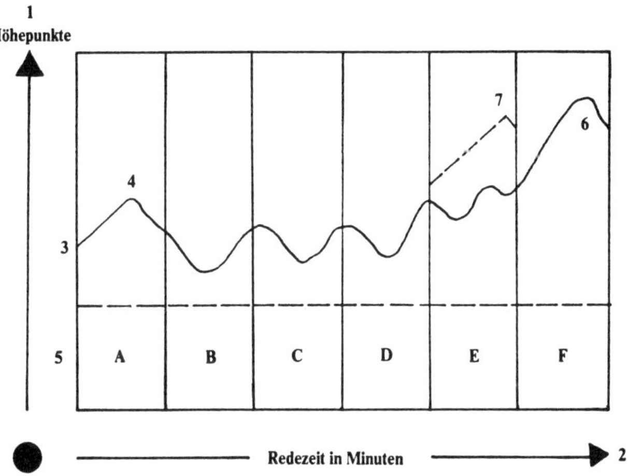

1. Höhepunkte im Vortrag
2. Redezeit in Minuten
3. Redephase
4. Kurven der Höhepunkte im Vortrag
5. A–F Redephasen
6. Redeschluß
7. Wenn der Vortrag gut »läuft«, beenden Sie ihn womöglich schon etwas früher, um keinen Abfall der Aufmerksamkeit zu erleiden (Schwer, aber gut!)

- »Meine sehr geehrten Damen und Herren!«
- »Meine Damen und Herren!«
- »Liebe Kolleginnen und Kollegen!«
- »Herr Präsident, meine Damen und Herren!«
  (Höhergestellte sollten natürlich zuerst und namentlich angesprochen werden.)
- »Verehrte Gäste, liebe Mitarbeiter!«

(Wenn nur eine Dame oder ein Herr in der Gruppe der Zuhörer anwesend ist, sollten Sie sie oder ihn in der Begrüßung erwähnen, im Laufe des Vortrags aber nicht mehr.)

Aufmerksamkeit:
Wenn Sie bemerken, daß die Aufmerksamkeit Ihrer Zuhörer nachläßt, überlegen Sie, wie Sie sie wieder wecken. (Kurze Aufmunterung durch einen Gag usw.)

Auftritt:
Betreten Sie den Raum ohne Hektik, gehen Sie langsam und selbstbewußt zum Rednerpult.
Seien Sie gelassen und natürlich in Ihrem Auftreten.

Aussagen:
Die Hervorhebung besonders wichtiger Aussagen ist auch eine wichtige Hilfe für den Fall, daß sich während des Vortrags die Notwendigkeit ergibt, den Stoff kürzen zu müssen.
Sie lassen dann nicht versehentlich das Wichtige zugunsten des Unwichtigen weg.

Aussprache:
Eine deutliche Aussprache der Konsonanten und Endsilben ist wichtig.
Arbeiten Sie ständig an der Verbesserung Ihrer Aussprache und Sprechtechnik.

Bedanken:
Bedanken Sie sich für die Möglichkeit, hier sprechen zu dürfen.

Begeisterung:
Sprechen Sie begeistert und spontan.

Beispiele:
Bringen Sie viele Beispiele aus der Praxis und persönliche Erlebnisse, auch Vergleiche.

Blättern:
Blättern Sie die Manuskriptseiten nicht so laut um. Besser ist es, die Blätter beiseite zu legen.

Blickkontakt:
Schauen Sie beim Sprechen nicht nur immer in eine Richtung oder auf einen bestimmten Punkt. Lassen Sie Ihren Blick rundum schweifen.
Denken Sie ständig an den so wichtigen Blickkontakt zu Ihrem Publikum; wer die Zuschauer nicht anschaut, redet leicht an ihnen vorbei.
Wer gezwungen ist, sein Manuskript Zeile für Zeile abzulesen, kann kaum Blickkontakt halten, da er ja förmlich am Manuskript klebt.

Dialekt:
Akzeptieren Sie Ihren Dialekt, weil diese Akzeptanz Ihnen die notwendige Sicherheit gibt. Außerdem klingt eine leichte Dialektfärbung mitunter durchaus charmant, und sie wird dadurch zu einem sympathischen Attribut.

Doppeldeutigkeit:
Vermeiden Sie jegliche Doppeldeutigkeit.

Dynamik:
Bringen Sie Dynamik in Ihren Vortrag, besonders dann, wenn Sie bemerken, daß die Aufmerksamkeit der Zuhörer nachläßt.

Einstieg:
Achten Sie auf einen guten Einstieg. Oft sind die Zuhörer zu Beginn eines Vortrags mit ihren Gedanken noch ganz woanders, deshalb wenden Sie einige der folgenden Methoden für Ihren Einstieg an:

- Ein Zitat.
- Ein Witz, eine Anekdote.
- Zuhörerkompliment.
- Schockmethode.
- Ein Erlebnisbericht (natürlich passend zur Thematik).
- Visuelle Hilfsmittel.
- Eine Programmvorschau.
- Eine eventuell programmierte Panne.
- Eine Frage stellen, auf die eine zustimmende Antwort zu erwarten ist.

Beginnen Sie Ihren Vortrag nie mit einer Entschuldigung. Geben Sie eine kurze Vorschau. Bei Sachthemen die wichtigsten Punkte aufzeigen. Bringen Sie diese Vorschau auf einem Flip-Chart oder mit einem Tageslichtprojektor.

Bevor Sie zu sprechen anfangen, schauen Sie alle Zuhörer freundlich an. Lassen Sie dabei Ihren Blick in alle Richtungen, bis in die letzte Reihe schweifen.

Bleiben Sie einen halben Meter vom Rednerpult entfernt stehen.
Ein guter Einstieg verhindert den gedanklichen Ausstieg.
Ein guter Einstieg ist schon der halbe Erfolg.

Engagement:
Mangelndes Engagement ist sofort erkennbar. Deshalb sollte es eine Selbstverständlichkeit sein, den Stoff mit Leib und Seele vorzutragen.

Erscheinung:
Achten Sie auch auf Ihre äußere Erscheinung; sie vermittelt den ersten Eindruck, den man von Ihnen hat.

Erster Satz:
Durchdenken Sie den ersten Satz besonders genau – er ist sehr wichtig.

Fehler:
Kleine menschliche Fehler und Schwächen brauchen durchaus kein Nachteil zu sein.

Finger:
Zeigen Sie nie mit dem Finger auf jemanden.

Flip-Chart:
Wenn Sie mit dem Flip-Chart arbeiten: bitte nicht ausschließlich nach dort, sondern auch zum Publikum schauen.

Fremdwörter:
Sollten Fremd- oder Fachwörter unumgänglich sein, erklären Sie diese hinreichend.
Verwenden Sie so wenig Fremdwörter wie möglich.

Gags (Bilder, Zitate, Transparente und Folien):
Flechten Sie Gags ein, zeigen Sie ein lustiges Bild, bringen Sie ein treffendes Zitat, oder setzen Sie gute und passende Transparente und Folien ein.

Gedankengut:
Versuchen Sie, so wenig fremdes Gedankengut wie möglich zu verwenden.

Gestik:

Bei der Gestik unterscheidet man drei Aussagebereiche:

1. Hände unterhalb der Gürtellinie: negative Aussage.
2. Hände zwischen Gürtellinie und Brusthöhe: neutrale Aussage.
3. Hände oberhalb der Brust: positive Aussage.

Wie bei der Mimik gilt auch für die Gestik: Die Anwendung muß gekonnt und in der richtigen Dosierung sein. Ein Zuviel wirkt leicht lächerlich, ein Zuwenig läßt Sie steif und langweilig erscheinen.

Glauben:
Glauben Sie an Ihren Erfolg – denken Sie nie an eine mögliche Niederlage.

Hände:
Die Hände gehören keinesfalls in die Hosen- oder Jackentasche. Wer seine Hände hinter dem Rücken versteckt, fesselt sich selbst.

Haltung:
Schaukeln Sie nicht mit Ihrem Oberkörper von einer Seite zur anderen.
Stehen Sie aufrecht und gelöst hinter dem Rednerpult.

Haupt- und Nebenziele:
Setzen Sie sich Haupt- und Nebenziele.

Hektik:
Vermeiden Sie jede Nervosität und Hektik. Beides überträgt sich auf die Zuhörer.

Hellraumschreiber:
Die Kombination von Hellraumschreiber (Tageslichtprojektor) und Vortrag kommt immer sehr gut an.

Höflichkeit:
Seien Sie in jeder Situation zuvorkommend und höflich.

Individuelle Note:
Wahren Sie stets Ihre eigene, persönliche Note.

Kernbotschaft:
Überlegen Sie sich Ihre Kernbotschaft oder Ihren Appell besonders gründlich.

Komplimente:
Ihre Komplimente müssen ehrlich gemeint sein.

Kopieren:
Versuchen Sie niemals, andere Menschen zu kopieren. Sie bleiben sonst immer nur die Kopie.

Körperhaltung:
Achten Sie auf eine nicht zu steife Haltung, neigen Sie Ihren Körper ab und zu zum Publikum.
Treten Sie natürlich auf.

Körpersprache:
Obwohl die Zuhörer nicht reden, äußern sie sich doch ständig

durch ihre Körpersprache*, zum Beispiel durch Hin- und Herrutschen auf dem Stuhl, Kopfnicken, An-die-Decke-Schauen, Zum-Fenster-Hinaussehen, Verstohlen-auf-die-Uhr-Blicken usw.

Lachen:
Lachen ist wie eine Brücke, es verbindet die Teilnehmer mit dem Vortragenden.

Lebensweisheiten:
Lebensweisheiten sind hier und da gut verwendbar, aber Achtung: nicht allzu viele und vor allem keine zu abgedroschenen verwenden.

Lehrgespräch:
Ein Lehrgespräch ist besonders geeignet, die Zuhörer zu aktivieren.

»Leithammel«:
Versuchen Sie herauszufinden, ob es in der Gruppe einen »Leithammel« gibt.

Manuskript:
Ein zu eng beschriebenes mehrseitiges Manuskript ist nicht gut lesbar. Bedenken Sie den Augenabstand zum Pult.
Viele Redner bringen nur etwa 60 Prozent des Stoffes, der im Manuskript steht.
Lesen Sie nicht ständig ab, sonst hätten Sie Ihr Manuskript den Zuhörern auch gleich zuschicken können.

Meinung:
Lassen Sie auch andere Meinungen und Argumente gelten.
Seien Sie nicht zu dozierend und akademisch.

Mimik und Gestik:
Bemühen Sie sich, Mimik und Gestik mit dem gesprochenen Wort zu koordinieren.
Wichtig ist nicht nur, was Sie sagen, sondern auch *wie* Sie es sagen.
Trainieren Sie Mimik und Gestik unter Zuhilfenahme eines Videogeräts. Analysieren Sie diese Aufzeichnungen anschließend.
Vermeiden Sie eine allzu ausgeprägte Mimik, die dann eher wie Grimassenschneiden wirkt.

---

* Vergleiche dazu »Körpersprache verstehen« (Bd. 590), Humboldt-Taschenbuchverlag, München.

Modulation:
Die richtige Stimmmodulation ist sehr wichtig für den Erfolg Ihrer Rede.

Motivation:
Jeder Redner sollte sich zum Ziel setzen, die Anwesenden zu motivieren und zu gewinnen.

Namen:
Sprechen Sie, wenn irgend möglich, gelegentlich den einen oder anderen namentlich an. Versichern Sie sich, daß Sie den Namen auch richtig aussprechen.

Neugierde:
Wecken Sie die Neugierde der Zuhörer.

Organisation:
Vermeiden Sie vorhersehbare und absehbare Mißgeschicke. Je gründlicher Ihre Vorbereitung ist, desto geringer wird die Pannengefahr.

Ort der Rede:
Seien Sie rechtzeitig vor Beginn der Rede, des Vortrags oder der Präsentation am jeweiligen Ort.

Pausen:
Bringen Sie Effektivität in Ihre Aussagen, indem Sie bewußt Pausen einlegen, Fragen stellen oder manche Sätze auch wiederholen lassen, um so Ihr Publikum zu aktivieren.
Pausen sind nicht nur für die Raucher dienlich.
Nutzen Sie die Vorteile der richtigen Pausentechnik während Ihres Vortrags.
Nutzen Sie die Pausen für kurze persönliche Gespräche. Mitunter ist es klug, besonders die ablehnend oder desinteressiert erscheinenden Zuhörer anzusprechen.

Perfektion:
Vermeiden Sie eine allzu große Perfektion.
Perfektionisten wirken häufig – ohne es vielleicht wirklich zu sein – verkrampft.

Publikum:
Ein Referent, der sich nicht darum bemüht, das Publikum mitzureißen, begeht einen groben Fehler.

Checkliste einiger Hauptfehler beim Vortragen und Präsentieren sowie bei Redevorbereitungen

	ja	nein	evtl.
1. Zu kurze Vorbereitungszeit.	☐	☐	☐
2. Mangelnde Vorbereitung.	☐	☐	☐
3. Mangelnde Beherrschung der Thematik.	☐	☐	☐
4. Mangelnde Information.	☐	☐	☐
5. Über die Köpfe der Zuschauer hinwegsprechen.	☐	☐	☐
6. Es wird den Teilnehmererwartungen nicht genügend entsprochen.	☐	☐	☐
7. Ein Vortrag sollte vorher mit Bekannten, Freunden, Familie besprochen werden.	☐	☐	☐
8. Zu viele Störfaktoren bei der Ausarbeitung.	☐	☐	☐
9. Die verschiedenen Redeformen werden nicht beachtet.	☐	☐	☐
10. Zu viel Stoff wird geboten.	☐	☐	☐
11. Die Thematik wird nicht eingehalten.	☐	☐	☐
12. Zu viele Fremdideen.	☐	☐	☐
13. Zu lange und komplizierte Sätze.	☐	☐	☐
14. Zu viel »Schmalz« in der Rede.	☐	☐	☐
15. Zu technisch und theoretisch.	☐	☐	☐
16. Mangelnde Skizzen und Diagramme.	☐	☐	☐
17. Fehlende Visualisierung – (Bilder).	☐	☐	☐
18. Es fehlt an Auflockerung und Humor.	☐	☐	☐
19. Es fehlen Höhepunkte.	☐	☐	☐
20. Es fehlt an kurzen, prägnanten, aussagekräftigen Sätzen.	☐	☐	☐
21. Der Vortrag ist zu kurz/lang.	☐	☐	☐
22. Es fehlt ein Schlußappell.	☐	☐	☐
23. Manuskript zu eng beschrieben.	☐	☐	☐
24. Es fehlt ein Reservemanuskript	☐	☐	☐
25. Wichtige Sätze (Wörter) sind nicht unterstrichen.	☐	☐	☐
26. Es wird nicht genügend mit wichtigen Stichpunkten gearbeitet.	☐	☐	☐
27. Das Karten-Vortragssystem wird nicht angewandt.	☐	☐	☐
28. Fehlende Arbeitsunterlagen für die Zuhörer.	☐	☐	☐
29. Unnötiges Lampenfieber.	☐	☐	☐
30. Sie haben wegen Ihres Dialektes Hemmungen beim Sprechen.	☐	☐	☐
31. Redner sollen sich durch Gespräche mit den Zuhörern vor dem Vortrag »aufwärmen«.	☐	☐	☐
32. Einige Teilnehmernamen nicht merken.	☐	☐	☐
33. Schlechter Einstieg.	☐	☐	☐
34. Der erste Satz geht unter.	☐	☐	☐
35. Zu wenig persönliche Ausstrahlung.	☐	☐	☐
36. Zu steife Körperhaltung.	☐	☐	☐
37. Sie wissen nicht, wie Sie Ihre Hände halten sollen.	☐	☐	☐
38. Sie halten sich am Pult fest.	☐	☐	☐
39. Unnötiges Schaukeln mit dem Körper.	☐	☐	☐

	ja	nein	evtl.
40. Schlechte Angewohnheiten (allgemein).	☐	☐	☐
41. Schlechte Mimik und Gestik.	☐	☐	☐
42. Zu monotone Ausdrucksweise.	☐	☐	☐
43. Stimme macht nicht Stimmung.	☐	☐	☐
44. Falsches Redetempo.	☐	☐	☐
45. Mangelhafte Pausentechnik.	☐	☐	☐
46. Umblättern der Seiten, statt sie zur Seite zu legen (Publikum zählt mit!).	☐	☐	☐
47. Vortrag wirkt auswendig gelernt.	☐	☐	☐
48. Allzu perfekte (technische) Darbietung.	☐	☐	☐
49. Nur eine Dame ansprechen.	☐	☐	☐
50. Blickkontakt nicht vorhanden.	☐	☐	☐
51. Das Publikum nicht genügend mitgerissen.	☐	☐	☐
52. Langweilig und uninteressant.	☐	☐	☐
53. Sie erkennen nicht die Müdigkeit der Zuhörer (Rückkopplung).	☐	☐	☐
54. Fehlende Technik, die Zuhörer zu entspannen (am Anfang).	☐	☐	☐
55. Einwände werden nicht beantwortet.	☐	☐	☐
56. Unklare Zielvorstellungen.	☐	☐	☐
57. Zu wenig Informationen über den Kunden eingeholt.	☐	☐	☐
58. Mangelndes Fachwissen, unsicheres Auftreten.	☐	☐	☐
59. Falsche Terminwahl.	☐	☐	☐
60. Ungepflegtes Äußeres.	☐	☐	☐
61. Fehlende Ausdauer, mangelnde Geduld.	☐	☐	☐
62. Mangelhaftes Demonstrationsmaterial.	☐	☐	☐
63. Mangelnde Argumentationstechnik.	☐	☐	☐
64. Mit falschen Fragen das Gespräch eröffnen.	☐	☐	☐
65. Den Gesprächspartner mit einem Redeschwall überschütten.	☐	☐	☐
66. Den Partner nicht aussprechen lassen.	☐	☐	☐
67. Falsche/ungeschickte Fragentechnik.	☐	☐	☐
68. Plumpe Vertraulichkeit/Indiskretion.	☐	☐	☐
69. Andere Gesprächsteilnehmer nicht berücksichtigen.	☐	☐	☐
70. Kein Interesse wecken.	☐	☐	☐
71. Keine Problemlösung anbieten.	☐	☐	☐
72. Zu viele Probleme auf einmal ansprechen.	☐	☐	☐
73. Zu häufiges Widersprechen.	☐	☐	☐
74. Fehler oder Schwächen des Zuhörers aufdecken.	☐	☐	☐
75. Überhebliches Besserwissen.	☐	☐	☐
76. Gespräch nicht im logisch-sachlichen Stil geführt.	☐	☐	☐
77. Dank nach Abschluß vergessen.	☐	☐	☐

Arbeitsmaterial: DAS GROSSE BUCH DER RHETORIK, DM 29,80

Peter Ebeling · EBELING-SEMINARE · Postfach 1213
86815 Bad Wörishofen

Rede:
Bauen Sie Ihre Rede mit Bausteinen auf.
Die beste Rede ist die freie Rede.

Redebeginn:
Verwenden Sie aktuelle Ereignisse, die auch den Zuhörer interessieren.

Redeform:
Wählen Sie die richtige Redeform, klären Sie diese mit den Veranstaltern ab.

Redezeit:
Halten Sie die Redezeit genau ein, und beenden Sie Ihren Vortrag pünktlich.
Legen Sie eine Uhr auf das Rednerpult, damit Sie die Zeit nicht überziehen.

Rednerpult:
Schlagen Sie nicht mit der Hand oder Faust auf das Rednerpult.
Beste Distanz zum Rednerpult: etwa ein halber Meter.

Rhetorik:
Verwenden Sie die Rhetorik als Kommunikationshilfe.
Vermeiden Sie langweilige Wiederholungen. Aber: Sollten Sie eine Vertiefung des Mitgeteilten anstreben, darf ruhig einmal eine besonders wichtige Aussage wiederholt werden. Es ist kein Zeichen guter Rhetorik, wenn Sie Schlag- und Modewörter einstreuen. Flechten Sie statt dessen lieber hier und da eine rhetorische Frage ein.

Rhetorische Frage:
Verwenden Sie zwischendurch auch einmal eine rhetorische Frage.
Eine rhetorische Frage ist zum Beispiel »Wer hätte das gedacht?«.
Da die rhetorische Frage dem Inhalt nach keine wirkliche Frage ist, wird auch keine Antwort erwartet.
Durch rhetorische Fragen werden die Zuhörer mehr zum Mitdenken angeregt, sie werden vom Redner mehr miteinbezogen als durch einen gewöhnlichen Behauptungssatz.

Roter Faden:
Der rote Faden muß stets deutlich erkennbar sein.

Sachvorträge und Vorschau:
Geben Sie bei Sachvorträgen einen kurzen Gesamtüberblick vor Ihren sachlichen Ausführungen.

Sätze:
Wählen Sie kurze und verständliche Sätze. Bei langen Sätzen fällt das Behalten schwer, außerdem bringen sie Sie auch schnell aus dem Konzept.
Unterstreichen Sie die wichtigsten Sätze und Wörter im Manuskript.

Schlagwörter und Modeausdrücke:
Verwenden Sie möglichst wenig Schlagwörter und Modeausdrücke.

Selbstmotivationsformel:
Sagen Sie sich immer wieder: Ich muß, ich will, ich kann!

Sicherheit:
Strahlen Sie Sicherheit aus.

Sprache:
Vermeiden Sie Abweichungen von der deutschen Sprache.
Vergessen Sie nie: bei einer bildhaften Sprache sehen Ihre Zuhörer auch mit den Ohren.

Sprechen:
Wenn es irgend möglich ist, sollten Sie auf jeden Fall versuchen, frei zu sprechen, allein schon wegen des Blickkontakts.
Sprechen Sie weder zu laut noch zu leise, nicht zu schnell und nicht zu langsam, dafür klar, deutlich und konzentriert. Beginnen Sie erst zu sprechen, wenn alles im Raum still ist. Der Text darf weder heruntergehaspelt noch genuschelt werden.

Sprechunarten:
Kennen Sie eigentlich Ihre Sprechunarten?

Statistik:
Seien Sie vorsichtig mit Statistiken, sie wirken leicht ermüdend.

Stil:
Vermeiden Sie unbedingt Abweichungen von der deutschen Grammatik.
Nichts wirkt sich auf Ihren Redestil nachträglicher aus als kaum zu

verfolgende Schachtelsätze. Zu einem Hauptsatz sollten höchstens ein bis zwei Nebensätze gebildet werden. Ganz auf Nebensätze zu verzichten ist jedoch auch nicht ratsam, denn sonst entsteht schnell der Telegrammstil, der Ihre Rede unpersönlich erscheinen läßt.

Stimme:
Heben und senken Sie Ihre Stimme.
Ihre Stimme ist ein Musikinstrument, nutzen Sie deshalb alle Tonarten und Möglichkeiten gekonnt aus.
Mit der Stimme kann man Stimmung machen.

Stoff:
Eine wichtige Faustregel: 50 Prozent des Stoffes im ersten Drittel des Vortrags, 40 Prozent im zweiten und 10 Prozent im letzten Drittel bringen.

Superlative:
Vermeiden Sie Superlative wie »Klasseangebot«, »Das ist wirklich einmalig super!« »Absolute Spitze!« usw.

Synonymwörterbücher:
Verwenden Sie bei der Ausarbeitung Ihres Vortrags Synonymwörterbücher.

Technik des Vortrags:
Bedenken Sie: Wer frei vorträgt, ist viel freier.
Wer seine Zuhörer anschaut, kommt besser an.
Wenn möglich: nicht vom Manuskript ablesen.
Dynamisch, lebendig und interessant vortragen.
Humor und Schlagfertigkeit einbauen.
Schaffen Sie eine möglichst positive Atmosphäre.
Versuchen Sie immer, wirklichkeitsnah, interessant und instruktiv vorzutragen.

Technische Hilfsmittel:
Üben Sie sich im Einsatz von technischen Hilfsmitteln.
Überlegen Sie sich rechtzeitig, welche Sie einsetzen möchten, und machen Sie sich rechtzeitig mit der Handhabung vertraut. Welche besonderen Vorbereitungen sind zu treffen?

Wichtige Hilfsmittel sind unter anderem:

Diaschauen, Flip-Chart, Tafel und Kreide, Tageslichtprojektor, Pinnwände, Videoanlage usw.

Teilnehmererwartungen:
Versuchen Sie immer, die Teilnehmererwartungen herauszufinden und diese zu erfüllen. Bedenken Sie aber, daß die Ansprüche an den Vortragenden recht differenziert sind.

Teilnehmerfragen:
Überlegen Sie, ob Sie Teilnehmerfragen und -einwände sofort beantworten wollen oder die Antwort auf später verschieben möchten (Schlußdiskussion).

Teilnehmerwünsche:
Denken Sie daran, daß Sie trotz aller Mühe und allem guten Willen nicht alle Teilnehmerwünsche erfüllen können.

Themen:
Die besten Themen sind die, bei denen Sie aus eigener Erfahrung sprechen können.
Beherrschen Sie ein Thema nicht, dann sagen Sie lieber »Nein!«, wenn man Sie bittet, einen Vortrag zu halten. Besprechen Sie das Thema mit Bekannten, Freunden und Familienangehörigen, um neue Gedanken und Ideenimpulse zu gewinnen.

Tiefenwirkung:
Tiefenwirkung ist wichtiger als Breitenwirkung.
Niemals zuviel Information in einen Vortrag packen.

Tonlage:
Eine ständig gleichbleibende Tonlage schläfert die Zuhörer schnell ein.

Verlegenheitssilben:
Meiden Sie die bekannten Verlegenheitssilben wie »äh« und »hm«.

Verständlichkeit:
Wichtig für die Verständlichkeit sind: der Wortschatz, der Satzbau, die Gliederung, der Stil, der Ausdruck und die Lebendigkeit des Vortrags.
Verwenden Sie Thesen, Grundsätze und Regeln.

Vor Beginn des Vortrags:
Kurze persönliche Gespräche vor Beginn des Vortrags können Ihnen wichtige Zuhörererwartungen aufzeigen.
Kurz vor Beginn Ihres Vortrags sollten Sie noch eine kleine Stimmübung durchführen, um die Resonanz auszuprobieren.

Vorstellung:
Lassen Sie sich möglichst von einem anderen (Organisator, Veranstalter, Trainingsleiter usw.) vorstellen.
Versuchen Sie, schon vor oder bei der Vorstellung einige Namen der Teilnehmer zu erfahren und zu behalten, und flechten Sie diese dann im Vortrag ein.

Vortragszeit:
Versuchen Sie, die günstigste Vortragszeit zu bekommen.

Vorurteil:
Habe ich mit Vorurteilen zu rechnen? – Diese Frage sollten Sie sich unbedingt stellen.

Wiederholungen:
Vermeiden Sie unnötige und langweilige Wiederholungen.

»Wir«-Form:
Sprechen Sie viel öfter in der »Wir«-Form.

Witze und Anekdoten:
Sammeln Sie Witze und Anekdoten.

Zahlennennung:
Anstatt nur einer Zahlennennung bringen Sie lieber einen Vergleich, zum Beispiel: »so groß wie ein Fußballplatz«.

Zuhörer:
Sprechen Sie möglichst die jeweilige Sprache Ihrer Zuhörer, und der Erfolg ist Ihnen sicher.

Bedenken Sie immer, es ist auch anstrengend zuzuhören.

Nehmen Sie die Zuhörer immer ernst und wichtig.

Versuchen Sie, Ihre Zuhörer emotionell anzusprechen.

Die Zuhörer sind gar nicht so kritisch, wie Sie vielleicht denken.

Die Zuhörer sind meistens dankbar, daß Sie nicht selbst sprechen müssen.

Spezifische Zuhörerinformationen sind für Sie wichtig.

Wie man Pannen und Schwierigkeiten beim Reden meistert

Nehmen Sie Ihre Pannen niemals zu ernst, denn meistens nimmt das Publikum diese gar nicht wahr. Für den größten Notfall halten Sie sich ein paar Kärtchen bereit, auf denen Sie sich einige Bonmots, eine kurze Story, einen Witz oder ähnliche Auflockerungen notiert haben.

Mit dem Hinweis: »Eben fällt mir eine nette Episode (Geschichte, Gag) ein...« bringen Sie dann Ihren Einschub, und jede Peinlichkeit bleibt Ihnen erspart! Betrachten Sie Zwischenrufe oder -fragen der Zuhörer niemals als Störung, sondern als Zeichen, daß Ihr Auditorium an Ihrem Vortrag wirklich geistig beteiligt ist. Greifen Sie Zwischenrufe auf, wandeln Sie sie um in Aktivitäten der Zuhörer. Beispielsweise als Frage an die übrigen Teilnehmer: »Was meinen Sie dazu?«.

Nur, wenn man Sie aus dem Zuhörerkreis ungerecht angreift, beziehungsweise der Zwischenruf eine Beleidigung darstellt, sollten Sie die Zähne zeigen und entsprechend hart parieren, beispielsweise mit der Entgegnung: »Von Ihnen hätte ich eine andere Haltung erwartet!«

Für den ungeübten Redner besteht natürlich die besonders große Furcht darin, daß er vor einer Gruppe versagen könnte. Diese Angst ist stets gegenwärtig und wird oft noch durch Phantasievorstellungen vor Beginn der Rede erweitert und in Panik umgewandelt.

Geübte Redner greifen dagegen auf einige bewährte Regeln zurück. Sie prägen sich einige Redewendungen ein und setzen sie bei auftretenden Schwierigkeiten, beim Steckenbleiben, bei Zwischenrufen usw. ein. Besonders glücklich sind die Menschen dran, die von Natur aus über ein gewisses Maß an Schlagfertigkeit und Humor verfügen. Diese beiden Faktoren sind natürlich besonders gute Helfer in kritischen Situationen, wenn der Redner den roten Faden verliert, wenn er sich verhaspelt hat oder sonst irgendwie aus dem Konzept geraten ist. Nachstehend nennen wir einige Möglichkeiten zur Überbrückung von Pannen während eines Vortrags, einer Rede oder Präsentation:

- *Hier einige Tips bei Steckenbleiben, Verlegenheitspause:*
  »Fassen wir noch einmal kurz die letzten Punkte zusammen...«

  »Ich möchte noch einmal besonders betonen...«

»Den letzten Gedanken möchte ich doch noch etwas genauer erläutern...«

»Ich wiederhole also noch einmal: ...«

»Nein, ich möchte es eigentlich noch ein wenig besser formulieren...«

»Vielleicht kann ich es Ihnen an folgendem Beispiel präziser aufzeigen: ...«

»Noch besser verdeutlichen kann ich es, wenn...«

Sprechen Sie langsamer.

Legen Sie eine kurze Redepause ein.

Gehen Sie zum nächsten Stichpunkt über.

- ► *Bei Fehlen des treffenden Ausdrucks:*

»Hier den treffenden Ausdruck zu finden ist gar nicht so einfach!«

»Ja, ich kann Ihnen das vielleicht noch ein wenig exakter erklären, wenn...«

»Im Augenblick fehlt mir das richtige Wort dafür, aber...«

»Was meinen Sie, wie könnte man diesen Zustand (Artikel, Situation usw.) bezeichnen?«

- ► *Was tun bei Zwischenrufen und -fragen?*

Hier sollte man sich vor allem niemals aus dem Konzept bringen lassen und nur kurze, treffende Entgegnungen bereithalten; niemals längere Ausführungen dazu machen!

»Damit haben Sie ganz recht, aber lassen Sie mich zuerst einmal fortfahren...«

»Gut, das ist Ihre Meinung, nur kann ich mich im Augenblick nicht auf eine Privatdiskussion einlassen. Nach dem Vortrag unterhalte ich mich gern weiter mit Ihnen über diesen Punkt.«

»Auf diesen interessanten Hinweis komme ich gern später noch einmal zurück!«

»Darauf komme ich ohnehin später noch zu sprechen!«

»Hören Sie mir bitte noch einen Augenblick zu, denn dann werden Sie bestimmt Ihren Vorwurf zurückziehen.«

Richtig atmen muß gelernt sein

»Im Atemholen sind zweierlei Gnaden:
Die Luft einziehen, sich entladen;
Jenes bedrängt, dieses erfrischt.
So wunderbar ist das Leben gemischt.
Du danke Gott, wenn er dich preßt,
Und dank ihm, wenn er dich wieder entläßt.«
GOETHE

Das nun folgende Kapitel beschäftigt sich mit dem Atmen. Es ist nur eine kurze Abhandlung dieses Bereichs, da es sehr gute Fachbücher zu diesem Thema gibt.

Daß das Wohlbefinden, die allgemeine körperliche und seelische Gesundheit, in hohem Maße vom richtigen Atmen abhängt, ist hinlänglich bekannt. Richtiges Atmen wird zum Beispiel ganz bewußt als eine therapeutische Maßnahme bei Blutdruckabweichungen oder bei chronischer Bronchitis eingesetzt. Die Liste der so mit gutem Erfolg behandelten Krankheiten ließe sich noch lange fortsetzen.

In früheren Zeiten, als die körperliche Arbeit mehr im Vordergrund stand als heute, haben die Menschen auch allgemein mehr körperliche Bewegung gehabt und auch durch mehr Laufen automatisch tiefer und damit besser geatmet. In der Hast und Hektik unserer Tage haben wir die Fähigkeit zum natürlichen, gesunden rhythmischen Atmen weitgehend verloren. Statt dessen atmen wir oberflächlich und verkrampft. Der größte Teil der Industriebevölkerung leidet unter Atemfehlhaltung, die eigentlich einer ärztlich geleiteten Atemschulung bedarf. Der heutige Mensch sitzt tagsüber vorwiegend und ist dadurch zu einem Flachatmer geworden. Seine Atemzüge sind zu oberflächlich und nicht tief genug. Wir haben verlernt, richtig zu atmen, und müssen deshalb die Kunst des richtigen Atmens wieder neu erlernen. Beim Schlafen atmen wir merkwürdigerweise richtig; auch Kleinkinder beherrschen noch die Kunst des richtigen Atmens.

Atmungsvorgänge richtig verstehen

Zum richtigen Atmen gehört natürlich zunächst einmal, daß man die vier Atmungsarten kennt, nämlich:

1. die Brustatmung,
2. die Bauch- und Zwerchfellatmung,
3. die Flankenatmung,
4. die Tiefvollatmung.

Die Tiefvollatmung ist die erstrebenswerte Kombination der Brust-, Zwerchfell- und Flankenatmung. Diese Atmung ist voll, langsam, tief und rhythmisch.
Für die Rhetorik ist das richtige Atmen besonders wichtig. Es ist überhaupt die Voraussetzung zum Sprechen, gewissermaßen der Motor. Falsches Atmen bedeutet einen viel zu großen Kraftaufwand beim Sprechen. Deshalb müssen wir davon ausgehen, daß ohne richtiges Atmen auch kein richtiges Sprechen möglich ist.

Die Brustatmung ist nicht geeignet, ja man kann sie sogar als gesundheitsschädigend bezeichnen. Leider aber sind die meisten Menschen Brustatmer. Für das richtige Sprechen ist nur die Bauch- oder Zwerchfellatmung die richtige Art.

Eine bedeutsame Erkenntnis

Reden ist im Grunde genommen tönendes Ausatmen, denn wir sprechen in der Phase der Ausatmung. Die Hauptkunst liegt also nicht im Einatmen, sondern gerade umgekehrt, im Ausatmen. Das Problem liegt darin, daß bei flacher Atmung ein hoher Restbestand von verbrauchter Luft in den Lungen verbleibt. Nur wenn optimal ausgeatmet wird, können alle Restbestände exhaliert werden. Somit wird Platz geschaffen für neue, sauerstoffreiche Luft.
Obwohl das richtige Atmen und die Beherrschung der Atemtechnik für uns wichtig sind, führen die meisten Menschen keinerlei Atemtraining durch. Genauso wie vielen die eigentlich dringend nötigen Kniebeugen am Morgen schwerfallen. Die Beachtung und das Training der Atemtechnik können aber für jeden Menschen große Bedeutung für eine bessere Gesundheit, erhöhtes Wohlbefinden, gesünderes Aussehen, mehr Energie und innere Ruhe sowie Entspannungsfähigkeit haben.
Viele Redner haben anfangs große Schwierigkeiten mit der Atemtechnik. Manche sprechen einfach zu schnell – eines der Hauptprobleme vieler Redner. Andere verkrampfen sich durch die erhöhte

Erregung; beides ist durch das Lampenfieber bedingt. Durch ständige Redeübungen lernt der Redner aber im Laufe der Zeit automatisch, die Atemtechnik besser zu beherrschen. Er braucht sich dann nicht mehr so bewußt Gedanken über den Ablauf der Atmung zu machen.

Zu flaches Atmen

Wie schon erwähnt, atmen die meisten Menschen zu flach, das heißt zu hektisch und nicht tief genug. Wer die Atemkunst richtig beherrscht, atmet langsamer, aber dafür tiefer. Das schnelle Schnappen nach Luft sollte vermieden werden.
Die meisten Menschen atmen 14- bis 18mal in der Minute flach ein und aus. Man sollte mit weniger Atemzügen auskommen, und nach einigem Training sollten etwa acht Atemzüge pro Minute erreicht werden. Die Lunge kann drei Liter Luft fassen – doch die meisten Menschen, vor allem Schreibtischarbeiter, nehmen mit jedem Atemzug nur etwa einen halben Liter auf. Das bedeutet, daß fünf Sechstel ihrer Lungenkapazität nicht genutzt werden.

- Ihre Zielsetzung sollte deshalb sein: tiefer und voller ein- und auszuatmen, mit weniger Zügen pro Minute auszukommen.

Damit erreichen Sie folgende Vorteile:

- Sie fühlen sich wohler, Sie haben mehr Energie, Sie ermüden weniger schnell, Sie schlafen besser, Sie wachen rascher auf, Sie sprechen leichter.

Atemtechnik zu Beginn und während des Vortrags

Atmen Sie kurz vor Ihrem Vortrag tief aus, und gehen Sie mit festen Schritten zum Rednerpult oder zum Platz Ihres Vortrags.

- Bevor Sie Ihren Vortrag beginnen, ist es wichtig, nicht bewußt ein-, sondern auszuatmen.

Wer dies zu Beginn nicht tut, hat, wie schon erwähnt, noch von dem vorigen Atemzug zuviel Luft in den Lungen, also nicht genügend Platz für die neue, nunmehr besonders benötigte frische Luftzufuhr. Seine Stimme wirkt dadurch gepreßt, atemlos, hektisch. An diese so wichtige Regel denken leider nur wenige Redner.

Checkliste Atemtechnik

- Atemtechnik wird jeden Tag angewendet.
- Bewußtere Einstellung zur Ein- und Ausatmung.
- Mehr Beachtung der Ausatmung, weil sie für den Abtransport der verbrauchten Luft sorgt.
- Bei Nervosität, Angst und Anspannungen versuchen, langsam einzuatmen, die Luft anzuhalten und langsam auszuatmen.
- Beachtung der Tatsache, daß nicht nur bewußt eingeatmet, sondern auch optimal ausgeatmet wird.
- Aktivierung der Bauch- und Zwerchfellatmung durch tägliches Training.
- Während eines Spaziergangs bewußtes Ein- und Ausatmen üben.
- Beim Vorlesen und auch beim Sprechen bewußt die Endsilben betonen, um dadurch besser auszuatmen.

Entspannungsatmung

1. Stellen Sie sich aufrecht hin.
2. Lassen Sie die Schultern ganz locker fallen, und legen Sie die Hände auf die Bauchdecke.
3. Atmen Sie bei geschlossenem Mund langsam durch die Nase ein. Ganz tief – Sie müssen das Gefühl haben, den ganzen Bauch mit Luft gefüllt zu haben. Der Leib muß sich dabei möglichst weit vorwölben.
4. Atmen Sie weiter ein, bis auch der Brustraum bis an die Schultern gefüllt zu sein scheint. (Falls Ihnen dies nicht gleich gelingt, unterbrechen Sie das Einatmen einen Augenblick, atmen Sie kurz aus und so lange weiter ein, bis es nicht mehr geht.)
5. Dann kommt der »Seufzerstopp«: Halten Sie kurze Zeit die Luft an, und lassen Sie sie dann langsam durch die Nase ausströmen.

Ob Sie es richtig gemacht haben, können Sie ganz leicht kontrollieren: Legen Sie die Innenflächen der Hände so auf den Rücken, daß sich die Fingerspitzen in Höhe der Lendenwirbel berühren. Wenn Sie die Atemtechnik gut beherrschen, müssen sich die Fingerspitzen beim Einatmen etwa vier Zentimeter weit voneinander entfernen.

Diese Übung wird ein paarmal wiederholt, bis man sich wieder wohl fühlt. Vorsicht: Durch das große Sauerstoffangebot können leicht Schwindelgefühle auftreten. Sie klingen sofort ab, wenn man zwischendurch in gewohnter Weise atmet.

Bauchatmung

Stellen Sie sich aufrecht hin, und entspannen Sie sich. Legen Sie die Innenseite Ihrer Hände flach auf den Bauch. Nehmen Sie dann einige Abschnitte dieses Buches, und lesen Sie die Wörter laut und klar, und betonen Sie dabei die Endsilben. Sie werden merken, daß Ihr Bauch sich automatisch bei der besonderen Betonung bewegt und damit für die richtige Luftzufuhr gesorgt wird.

► *Lernen Sie bei der Bauchatmung folgenden Rhythmus zu befolgen:*

1. Ausatmen, indem Sie den Bauch einziehen.
2. Pause.
3. Einatmen, indem Sie den Bauch vorwölben.

Lungenkapazitätsübung

Öffnen Sie den Mund, und atmen Sie völlig aus. Jetzt die Lippen nach vorn wölben und noch einmal auspusten. Meistens finden Sie noch einen Rest, der Ihnen zeigt, daß Ihre vorherige Ausatmung noch nicht optimal war. Dieser Rest hätte die Hohlräume in der Lunge blockiert und damit entsprechend weniger frische, neue Luft hineingelassen. Versuchen Sie künftig bewußt, besser auszuatmen, und die mannigfaltigen, schon beschriebenen Vorzüge werden sich bald bemerkbar machen.

Auf folgendem Schema sind zwei Phasen dargestellt, die das Ein- und Ausatmen als Übung aufzeigen:

Phase 1	**Ein**	**Aus**
Beim Einatmen bis 4 zählen Beim Ausatmen bis 12 zählen	**4**	**12**
Phase 2 Beim Einatmen bis 7 zählen Beim Ausatmen bis 21 zählen	**7**	**21**
	Wiederholung	
Jede Teilübung ist dreimal zu wiederholen	**3**	**3**

Knowles-System (Das Beste aus Reader's Digest, April 1966)

Training der Übermittlungsinstrumente

Sie haben inzwischen schon erfahren, was ein Redner so alles beherrschen sollte und können muß. Und selbst ein geübter Redner muß kontinuierlich an sich und seinen rednerischen Fähigkeiten weiterarbeiten. Wie heißt es doch? »Klavierspielen ist leicht, man muß nur die richtigen Noten spielen können.«
Auch der Redner muß lernen, »die richtigen Noten zu spielen«, beim Reden, Vortragen und Präsentieren. Wer eine gute Rede ausarbeiten kann, ist deshalb noch lange kein guter Redner. Es ist schon ein langer Weg, bis man ein wirklich guter Redner ist. Und auch dann spielt der Faktor »Publikum« mit seinen Einstellungen und Erwartungen noch immer eine unberechenbare Rolle. Natürlich wird ein geübter Rhetoriker hier einiges durch sein Können überspielen. Wir sehen, daß das ständige Training der rhetorischen Fähigkeiten eminent wichtig ist. Nicht nur das WAS ist maßgebend, sondern auch das WIE. »Reden« bedarf des ständigen Trainings und Übens.
Im Berufsleben gibt es weitere Gelegenheiten, sich durch die internen und externen Vereinigungen und Organisationen in der Kunst der Rede zu üben. Weltweit verbreitete Organisationen wie Rotary-, Round-table-, Lion- und Toastmaster-Klubs sind entstanden, um das Gespräch und den Gedankenaustausch miteinander und füreinander zu fördern. Der Toastmaster Club hat sich das ausgezeichnete Motto: »Zuhören, Denken, Sprechen« gewählt. Wenn die Menschen sich allein durch diese drei Wörter etwas mehr leiten ließen, würde sich die tägliche Kommunikation wesentlich verbessern.
Viele Menschen quälen sich ein Leben lang mit Sprechangst und übergroßem Lampenfieber herum, weil ihnen nie jemand half, einmal ihre Hemmschwelle zu überschreiten.
Attilio Baumgarten schrieb kürzlich: *»80 Prozent aller Deutschen kennen das Gefühl, das unseren Körper durcheinanderbringt – Angst.«*

Bedeutung der Sprechtechnik

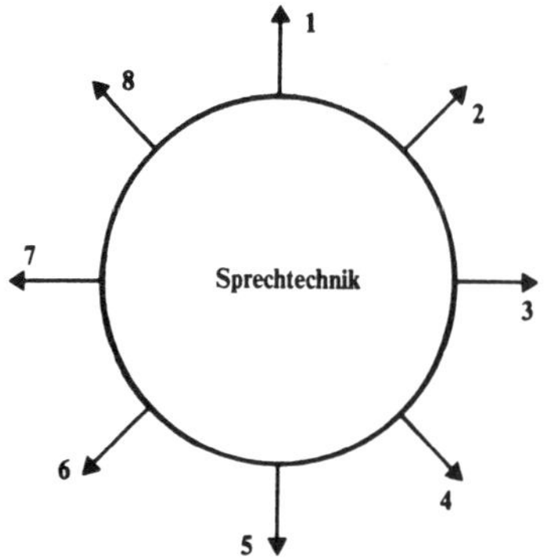

1. Reden und Sprechen
2. Diskutieren
3. Besprechen
4. Anordnen
5. Verhandeln
6. Verkaufen
7. Präsentieren
8. Beeinflussen

Interessant ist folgende Aufstellung über Dinge, die den Menschen Angst machen:

1. Öffentlich reden	41%	8. Fliegen	18%
2. Große Höhen	32%	9. Einsamkeit	14%
3. Ungeziefer, Insekten	22%	10. Hunde	11%
4. Geldsorgen	22%	11. Autos steuern/ Mitfahren	9%
5. Tiefes Wasser	22%	12. Dunkelheit	8%
6. Krankheit/ Erbrechen	19%	13. Fahrstühle	8%
7. Tod	19%	14. Rolltreppen	5%

(Aus: »The Book of Lists«, William Morrow Inc., New York)

Hätten Sie gedacht, daß das öffentliche Reden an erster Stelle der Skala steht? Ich kenne kaum eine Fähigkeit, die den Menschen besser hilft, im Leben weiterzukommen, als gerade die, sich klar und deutlich vor einzelnen oder vor einer Gruppe ausdrücken zu können. Aus diesem Grund möchten wir mit diesem Buch erreichen, daß auch schüchterne Menschen die ersten Schritte in das Reich der Rhetorik wagen.
Wir möchten erreichen, daß sich diese Menschen innerlich freier fühlen und dadurch weniger Hemmungen haben. Wir möchten Sie in die Lage versetzen, das sagen zu können, was Sie wirklich sagen wollen. Sie sollen durch Ihr rhetorisches Können mehr Zuversicht, mehr Mut zum Risiko erwerben – gleichzeitig wird Ihr Selbstvertrauen wachsen. »Wer nicht wagt, der nicht gewinnt«, heißt das Motto.

In diesem Kapitel zeigen wir Ihnen einige Wege und Methoden, die Ihnen sagen, wie Sie Ihre Ausdrucksmittel besser nützen und aktivieren können. Zusätzlich zu diesen Übungen sind in dem Kapitel »Übungen für das Selbsttraining der Redepraxis« entsprechende Anregungen gegeben.

► *Schauen Sie nun bitte folgende Auflistung an, und überlegen Sie selbst, wo Ihr Trainingsbedarf am größten ist.*

Was muß trainiert werden? (Redetrainings-Bedarfs-Analyse)	ja	nein
❶ **Ideen und Informationen**		
❷ **Vortragsausarbeitung**		
❸ **Sprechtechnik**		
– Aussprache		
– Lautstärke		
– Stimmlage		
– Sprechtempo		
– Lautbildung		
– Atemtechnik		
– Pausentechnik		
❹ **Gestik – Grundregeln**		
– Natürlichkeit		
– Passend zur Aussage		
– Körperhaltung		
❺ **Mimik – Grundregeln**		
– Pointiert		
– Passend zur Person		
– Blickkontakt		
❻ **Sprache**		
– Wortschatz		

Was muß trainiert werden? (Redetrainings-Bedarfs-Analyse)		
	ja	**nein**
– Kurze Sätze		
– Wortbilder		
❼ **Haltung**		
– Der Weg zum Pult		
– Verhalten vor der Gruppe		
– Körpersprache		
❽ **Zuhörer**		
– Zuhörerbezug		
– Rückkopplung		
– Rhetorische Fragen		
❾ **Selbstanalyse**		
– Selbstkritik		
– Beurteilungskriterien		
❿ **Lampenfieber**		
– Ergründung		
– Akzeptanz		
– Vorbereitung		
– Mut zum Durchbruch		

Nachdem Sie die Schwachstellenanalyse vorgenommen haben, wollen wir uns nun näher mit dem Training der Ausdrucksmittel beschäftigen.

Die wichtigsten Fehler beim Sprechen

Die allgemeinen Fehler der Redner wurden im Kapitel »Die Hauptfehler aus der rhetorischen Praxis« aufgeführt. Hier nun die Hauptfehler, die in der Sprechtechnik bewußt oder unbewußt gemacht werden.

Akustik	Zu laut/zu leise
Akzentuierung	Falsche Betonung
Atemtechnik	Falsche Beherrschung
Aussprache	Zu unklar und zu undeutlich
Betonung	Ungenügend
Dialektfärbung	Zu stark
Explosivlaute	Zu wenig
Konsonanten	Nicht deutlich genug
Mund	Nicht weit genug geöffnet
Mund und Kiefer	Bewegungsschwach
Pausentechnik	Mangelhaft und wenig gekonnt
Redeunarten	Zu viele »Äh« und »Hm«
Sprachmelodie	Langweilig und uninteressant
Sprachrhythmus	Zu monoton oder abgehackt
Sprechtempo	Zu schnell/zu langsam
Stimmbewegung	Wenig Höhen und Tiefen
Stimmfärbung	Zu hell/zu dunkel
Stimmstärke	Zuwenig/zuviel Stimmvolumen
Vokale	Schlechte Betonung
Wortendungen	Werden leicht verschluckt
Zähne	Müssen bei einigen Lauten sichtbar sein (bei »e« zum Beispiel)
Zunge	Bewegungsarm

Anregungen zum Sprechtraining

Anregungen zum Sprechtraining

Ausdrucksform:	**Training:**
Akustik	1. Stimme dem Raum anpassen. 2. Laut und leise sprechen.
Akzentuierung	1. Texte lesen und Wörter betonen. 2. Aufnahmen von guten Sprechern und Rundfunksprecher anhören und nachsprechen.
Atemtechnik	1. Frühsport betreiben. 2. Rhythmische Bewegungen. 3. Atemtrainingsübungen machen. 4. Bewußteres Aus- und Einatmen.

Anregungen zum Sprechtraining

Ausdrucksform:	Training:
Aussprache	1. Lesetrainingsübungen. 2. Phonetische Übungen mit Kontrolle mit Hilfe eines Kassettenrekorders.
Betonung	1. Lesetrainingsübungen. 2. Texte mit Farbstift zwecks besserer Betonung der einzelnen Wörter markieren.
Dialektfärbung	1. Sich selbst erst einmal akzeptieren. 2. Sich der Vorteile und Nachteile bewußt werden.
Explosivlaute *p, b, t, d,* *k, g, pf, ts*	1. Lesetrainingsübungen. 2. Leichte Übertreibung der Betonung der Explosivlaute.
Konsonanten	1. Klar und deutlich aussprechen. 2. Schnellsprechübungen. 3. Täglich versuchen, »bewußter« zu sprechen.
Lippen-bewegungen	Zwanzigmal BP, BP, BP... aussprechen.
Mund-bewegungen	1. Nicht »durch die Zähne« sprechen, Lippen weit öffnen. 2. Mundgymnastik täglich durchführen, indem Sie den Mund weit öffnen und Kaubewegungen vollziehen. 3. Vor einem Spiegel die Mundstellung bei Konsonanten und Vokalen studieren.
Pausentechnik	1. Pausen in der Rede erleichtern das Sprechen erheblich, deshalb: Text übertrieben langsam sprechen, Pausen durch Markierungshilfen im Text kennzeichnen. 2. Erinnerungskarten anfertigen: Pausen beachten und verwenden.
Redeunarten	1. Erkennen und Auflisten der Haupt-Redeunarten.

Anregungen zum Sprechtraining

Ausdrucksform:	Training:
Redeunarten	2. Da die meisten Redeunarten sich optisch auswirken, vor dem Spiegel üben und versuchen, die festgestellten Unarten abzulegen. Für sich akustisch auswirkende Unarten (wie zum Beispiel Verlegenheitssilben *äh* und *hm*) Audiokassettenaufzeichnungen analysieren.
Sprachmelodie	1. Kontrolle mit Hilfe des Kassettenrekorders. 2. Bewußt mit mehr Begeisterung und Temperament sprechen, um nicht ermüdend zu wirken.
Sprachrhythmus	1. Sich darüber klarwerden, daß Silben verschieden lang und verschieden betont auszusprechen sind, um einen guten rhythmischen Klang zu ergeben. 2. Beim Vortragen eines Gedichts oder beim Vorlesen eines beliebigen Textes besonders auf diese Merkmale des Sprachrhythmus achten.
Sprechtempo	1. Den gesamten Text nicht zu schnell herunterhaspeln. 2. Aber auch darauf achten, daß nicht allzu langsam gesprochen wird (wirkt sonst auf den Zuhörer einschläfernd!). 3. Auf Pausen achten bei Punkten, Kommas und anderen Satzzeichen.
Stimmbetonung	1. Langweiliges Sprechen vermeiden. 2. Besonders wichtige Wörter mit leicht angehobener Stimme aussprechen. 3. Nicht auf einer gleichbleibenden Ebene sprechen.
Stimmbewegung	1. Auch hier mehr auf Höhen und Tiefen achten. 2. Bewußt anstrengen und Übungen durchführen.

Anregungen zum Sprechtraining	
Ausdrucksform:	**Training:**
Stimmfärbung	1. Weder zu hell noch zu dunkel sprechen. Die Stimme sollte der Körpergröße angepaßt sein. 2. Grundsätzlich in Ihrer Normallage sprechen und nicht zu schnell von der höheren auf eine tiefere Stimmlage umschalten. Bei einem zu raschen Wechsel der Tonhöhe (ohne Zwischenschaltung der Normallage) besteht die Gefahr, daß sich die Stimme überschlägt, und das wirkt hektisch, wenn nicht gar lächerlich.
Stimmstärke	1. Lautes Sprechen üben. 2. Versuchen Sie im Garten, im Wald, im Auto Sprechübungen durchzuführen, und versuchen Sie dabei, Ihr Stimmvolumen zu vergrößern.
Vokalbetonung	Täglich entsprechende Vokalübungen durchführen.
Wortendungen	Sprechen Sie bewußt und betont alle Endsilben aus.
Zungenbewegungen	1. BRRRRRRRRRRRR üben 2. Zungengymnastik durchführen.

Wer fleißig Sprechtraining macht, kann bald besser, leichter und müheloser sprechen als andere. Sprechtraining erfordert zwar viel Zeit, ist mitunter auch ein bißchen anstrengend, aber es lohnt sich.

➽ Zusammenfassend kann man sagen: eine gute Aussprache ist für jeden Menschen wichtig. Versuchen Sie deshalb ab heute noch deutlicher, klarer und präziser zu sprechen, sowohl im privaten als auch im beruflichen Bereich.

Nun folgen einige Trainingsübungen, die Ihnen helfen sollen, Ihre Sprechfertigkeit zu verbessern und zu steigern.

Mundgymnastik

Trainieren Sie zuerst Ihre Sprechwerkzeuge. Öffnen Sie bitte Ihren Mund so weit wie möglich, und machen Sie Kaubewegungen. Die Mundmuskulatur ist oft durch zuwenig Sprechübung erschlafft.

Sehr viele Menschen sprechen deshalb nicht klar und deutlich, weil sie einfach nicht gelernt haben, ihren Mund beim Sprechen richtig zu öffnen. Diese Übung sollte mehrmals am Tage durchgeführt werden. Während einer Autofahrt zum Beispiel oder in der Badewanne.

► *Machen Sie auch folgende Mundgymnastik:*

BP, BP, BP, BP, BP, BP, BP.

Lippenbewegungen.

Zungenübungen.

BRRRRRRRRRRRRRRRRRRRR.

Brummübung.

Phonetische Übungen.

Basistraining: Buchstaben aussprechen

Es folgen jetzt Übungen zur Verbesserung der Sprechtechnik. Die nun folgenden alphabetischen Buchstabenübungen können in vielen verschiedenen Variationen durchgeführt und geübt werden.

► *Bitte beachten Sie dabei folgende Punkte:*

1. Bevor Sie anfangen, atmen Sie bitte langsam ein und aus.
2. Sprechen Sie langsam, betont und konzentriert.
3. Bauen Sie bewußt mehrere Pausen ein. Auch das Nachatmen ist wichtig, weil Sie damit zugleich auch das langsamere Sprechen trainieren.
4. Beginnen Sie möglichst jeden Satz in etwas höherer Tonlage, weil die Stimme beim Sprechen anfangs automatisch leicht in die tieferen Lagen abrutscht.
5. Meiden Sie lautes Schreien – sprechen Sie in angenehmer und notwendiger Lautstärke, mit Klangfarbe, Rhythmus, Melodie sowie Höhen und Tiefen. Versuchen Sie, Ihre inzwischen selbst erkannten Fehler bewußt mit diesen Übungen auszumerzen.
6. Sprechen Sie zuerst die Doppelbuchstaben klar und deutlich auf gleicher Ebene und später weiter wie beschrieben im »Tonleitereffekt« aus.

Übungen zur Verbesserung der Sprechtechnik					
A	AA	AE	AI	AO	AU
B	BA	BE	BI	BO	BU
C	CA	CE	CI	CO	CU
D	DA	DE	DI	DO	DU
F	FA	FE	FI	FO	FU
G	GA	GE	GI	GO	GU
H	HA	HE	HI	HO	HU
J	JA	JE	JI	JO	JU
K	KA	KE	KI	KO	KU
L	LA	LE	LI	LO	LU
M	MA	ME	MI	MO	MU
N	NA	NE	NI	NO	NU
P	PA	PE	PI	PO	PU
R	RA	RE	RI	RO	RU
S	SA	SE	SI	SO	SU
T	TA	TE	TI	TO	TU
V	VA	VE	VI	VO	VU
W	WA	WE	WI	WO	WU
Z	ZA	ZE	ZI	ZO	ZU

Übung: Doppelbuchstaben aussprechen nach dem Tonleitereffekt

Bitte setzen Sie diese Übung fort. Bei der Übung (a) sprechen Sie die Doppelbuchstaben im Sinne der Tonleiter nach oben:

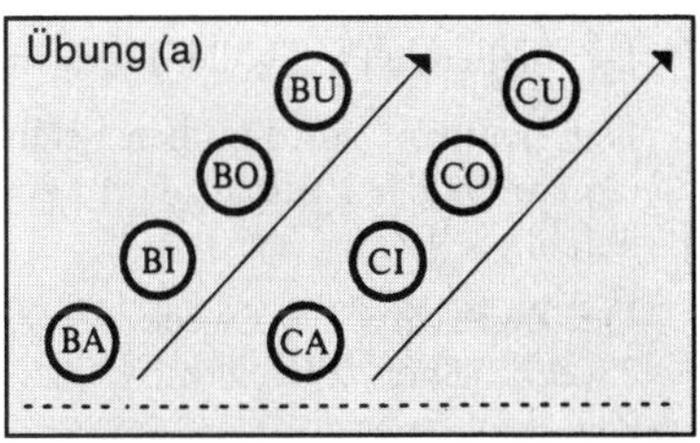

Bei der Übung (b) sprechen Sie die Buchstaben einmal im Sinne der Tonleiter nach oben und nach unten:

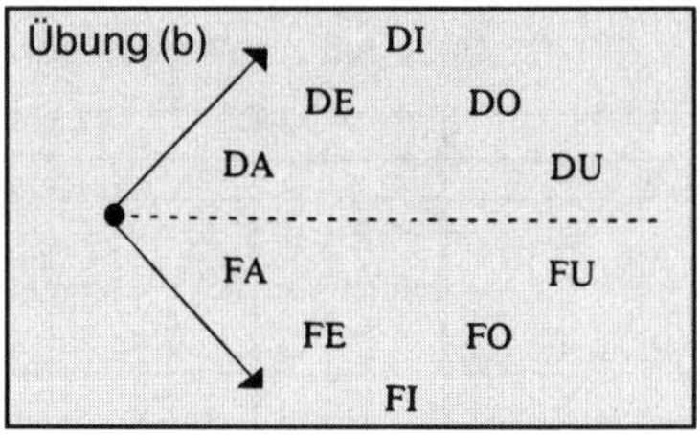

Schnellsprechübungen und Zungenbrecher

Einige der hier aufgeführten Schnellsprechsätze kennen Sie sicher noch aus Ihrer Kindheit. Diese Sätze eignen sich sehr gut für eine kontinuierliche Sprechübung. Sprechen Sie die Sätze mit einem gewissen Tempo klar und möglichst gut verständlich aus.
Sie entdecken selbst schnell, wo Sie Schwierigkeiten haben. Diese Sprechschwierigkeiten sind von Person zu Person sehr unterschiedlich. Es ist schon gut und wichtig zu wissen, bei welchen Buchstaben und Wörtern Sie leicht stolpern. Bei intensivem Training werden Sie erstaunt sein, wie schnell sich Ihre Sprechfähigkeit und -fertigkeit verbessert. Die Zunge gewinnt an Beweglichkeit.
Sprechen Sie bei allen Übungen möglichst vorne im Mund. Spielerisch lernt es sich leichter und besser.

GESAMMELTE SCHNELLSPRECHSÄTZE

Auf dem Türmchen steht ein Würmchen mit dem Schirmchen unterm Ärmchen. Kommt ein Stürmchen, bläst das Würmchen mit dem Schirmchen unterm Ärmchen von dem Türmchen.

Bald blüht breitblättriger Wegerich; breitblättriger Wegerich blüht bald.

Blaukraut bleibt Blaukraut und Brautkleid bleibt Brautkleid.

Brauchbare Bierbrauersburschen brauen brausendes Braunbier.

Der Cottbusser Postkutscher putzt den Cottbusser Postkutschkasten.

Der fließende Fluß voller Floße mit flößenden Schiffern.

Der Leutnant von Leuthen befahl seinen Leuten, nicht eher zu läuten, bis der Leutnant von Leuthen seinen Leuten das Läuten befahl.

Der Zweck hat den Zweck, den Zweck zu bezwecken; wenn der Zweck seinen Zweck nicht bezweckt, hat der Zweck keinen Zweck.

Die Katze frißt den Spatz.

Die Katze tritt die Treppe krumm, die Treppe tritt die Katze krumm.

Ein krummer Krebs kroch über eine krumme Schraube.

Ein krummköpfiger, kürbisgroßer, grasgrüner, grauer Karnikkelkopf.

Ein stolzer Student stieß an einen spitzen Stein und stolperte.

Eine Krähe kratzt den Backtrog aus.

Es gibt nicht so viel Tag' im Jahr, als wie der Fuchs am Schwanz hat Haar.

Es kann vorkommen, daß die Nachkommen mit dem Einkommen nicht auskommen und daran umkommen.

Es saßen zwei zischende Schlangen zwischen zwei spitzen Steinen und zischten sich zuweilen an.

Es wollte ein Kätzchen Knoten kau'n, es kaut ein Kätzchen Knoten.

Es klapperten die Klapperschlangen, bis ihre Klappern schlapper klangen.

Esel essen Nesseln gern, Nesseln essen Esel gern.

Fetter Speck schmeckt der Schnecke schlecht, schlecht schmeckt der Schnecke fetter Speck.

Fischers Fritze fischt frische Fische.

Fritz-Franz Fräderich fragt nach Fritz-Frank Flederwisch.

Große Krebse krabbeln in dem Kober.

Helene hält helle Halbe in den Händen.

Hinkende Helden hauen helle Hellebarden mit Handschuhen.

Hinter Hansens Hühnerhaus hüpfen hundert Hasen raus.

In Baden-Baden baden Baden-Badener gern.

In Ulm, um Ulm und um Ulm herum.

Kaiser Karl kann keine Kartoffelklöße kochen.

Keine kleinen Kinder können Kirschkerne knacken, keine Kirschkerne können kleine Kinder knacken.

Kleiner Zwerg schießt schwarzes Schwein, schwarzes Schwein schießt kleiner Zwerg.

Koalition und Kanalisation.

Meister Müller, mahl mir eine Metze Mehl; meine Mutter muß mir morgen Milchmus machen.

Meßwechsel, Wachsmaske – Wachsmaske, Meßwechsel.

Nachbars Hund heißt Kunterbunt, Kunterbunt heißt Nachbars Hund.

Sprechtechnische Übungen – Vokale

Spaltung – A:

Als kam an Land an Maraba,
was war, was da an Land geschah?
Da traf gar klagbar Kakada,
das Maraba als Asaba.

Breitung – E:

Den Menschen geben, der Ehre leben,
sehend erkennend den Zweck des Lebens,
Geschlechter bestehen, Geschlechter vergehen,
seliger denn Nehmen ist Geben.

Breitung – I:

Spitzfindig ist die Liebe!
Sie minnt nicht immer blindlings;
wie sie sich listig zieret,
wirkt sie mit Witz nicht minder.

Rundung – O:

Vom Dome frohlockt der Glocken Ton,
frohe Ostern ist kommen, des Hoffenden Lohn,
lohende Sonne auf rollenden Wolkenwogen,
volle Akkorde kommen gezogen.

Rundung – U:

Und durch zukunftsdunklen Mund
wurde Brutus' Schuld nun kund:

(Aus: Der kleine Hey*)

* mit Genehmigung des Musikverlages B. Schott's Söhne, Mainz

Vortragsübung

Lesen Sie das folgende Gedicht durch.
Tragen Sie Pausenzeichen ein.
Unterstreichen Sie wichtige Wörter, die betont werden müssen.
Üben Sie Mimik und Gestik.
Achten Sie auf Tempo und Eindringlichkeit.
Bedenken Sie Höhen und Tiefen.
Sehen Sie den Satz an, speichern Sie ihn im Gedächtnis, halten Sie Blickkontakt, dann sprechen Sie:

Der Erlkönig

Wer reitet so spät durch Nacht und Wind?
Es ist der Vater mit seinem Kind;
Er hat den Knaben wohl in dem Arm,
Er faßt ihn sicher, er hält ihn warm.

»Mein Sohn, was birgst du so bang dein Gesicht?« –
»Siehst, Vater, du den Erlkönig nicht?
Den Erlenkönig mit Kron und Schweif?« –
»Mein Sohn, es ist ein Nebelstreif.« –

»Du liebes Kind, komm, geh mit mir!
Gar schöne Spiele spiel ich mit dir;
Manch bunte Blumen sind an dem Strand,
Meine Mutter hat manch gülden Gewand.« –

»Mein Vater, mein Vater, und hörest du nicht,
Was Erlenkönig mir leise verspricht?« –
»Sei ruhig, bleibe ruhig, mein Kind;
In dürren Blättern säuselt der Wind.« –

»Willst, feiner Knabe, du mit mir gehn?
Meine Töchter sollen dich warten schön;
Meine Töchter führen den nächtlichen Reihn
Und wiegen und tanzen und singen dich ein.«

»Mein Vater, mein Vater, und siehst du nicht dort
Erlkönigs Töchter am düstern Ort?« –
»Mein Sohn, mein Sohn, ich seh es genau:
Es scheinen die alten Weiden so grau.« –

»Ich liebe dich, mich reizt deine schöne Gestalt,
Und bist du nicht willig, so brauch ich Gewalt!« –
»Mein Vater, mein Vater, jetzt faßt er mich an!
Erlkönig hat mir ein Leids getan!« –

Dem Vater grauset's, er reitet geschwind,
Er hält in den Armen das ächzende Kind,
Erreicht den Hof mit Mühe und Not;
In seinen Armen das Kind war tot.

(J. W. v. GOETHE)

Vorleseübung

Ein Redner sollte seinen Text niemals einfach »ableiern«, sondern sich bemühen, so lebendig und abwechslungsreich zu sprechen, wie wenn ihm erst jetzt die Gedanken zu seiner Darbietung kämen. Die meisten Anfänger haben den Ehrgeiz, möglichst glatt zu sprechen, ohne sich verbessern zu müssen, förmlich wie eine Sprechmaschine. Dies wirkt aber unnatürlich und erzielt niemals die gewünschte Wirkung beim Zuhörer. Erfolg haben Sie nur, wenn Sie Mensch bleiben, ein kleines Verhaspeln oder ein Versprecher wird Ihnen wirklich nicht übelgenommen.

Lesen Sie sich folgenden Text laut vor, und wiederholen Sie ihn so oft, bis Sie ihn »locker« vortragen können:

Vor hundert Jahren hielten sich nur wenige Menschen eine Zeitung!
Wenn sie eintraf,
versammelten sich Freunde und Bekannte,
um das Neueste aus aller Welt zu erfahren
und zu diskutieren.
Heute ist es ganz anders:
Wir leben in einer überinformierten Gesellschaft,
wo jeder jederzeit gewollt oder ungewollt
mit Informationen überflutet wird,
wo das Informiertwerden nicht mehr erfreulich ist,
sondern Gehetztwerden.
Wir wissen nicht mehr, wie wir mit dieser Lawine
an Informationen fertig werden sollen.
So, wie die Verhältnisse sich bei uns entwickeln,
wird diese Belastung in Zukunft nicht kleiner,
sondern größer.
Nicht nur die fortwährende Belastung unseres Nervensystems
durch Reizüberflutung ist bedenklich,
noch gefährlicher ist die Blockierung
unseres Bewußtseins
und dessen Veränderung durch vorfabrizierte
Meinungen.
(KARL STEINBUCH: »Über die Zukunft unserer Gesellschaft«)

»Mach mal Pause«, ein wichtiger Satz für jeden Redner

Ungeübte Redner begehen immer wieder den Fehler, daß sie keine Pausen in ihrer Rede einbauen. Aber gerade das wie aus der Pistole geschossene Sprechen ist eine der Todsünden beim Vortragen. Warum nur fürchten viele Menschen die einfach notwendigen Pausen in ihren Darbietungen so sehr?

▶ *Dabei bietet eine richtig plazierte Redepause etliche Vorteile:*

Eine kurze Pause ermöglicht das Atemholen während der Rede.

Die Zuhörer haben mehr Zeit, auch gedanklich zu folgen.

In einer Pause hat der Redner die Möglichkeit, Blickkontakt mit seinen Zuhörern aufzunehmen.

Pausen bieten die Möglichkeit, sich zwischendurch ein klein wenig zu entspannen. Man baut sie klugerweise deshalb nach einem Punkt oder nach einem abgehandelten Abschnitt ein.

Jeder Redner strahlt durch klug eingebaute Pausen mehr Ruhe und Sicherheit aus.
Er verliert nicht so schnell den roten Faden.

Übung zur Pausentechnik

Nehmen Sie sich einen Text vor, und markieren Sie die notwendigen Pausen mit einem Farbstift. So stellen Sie sie deutlich heraus.

Hier folgt ein kurzes Beispiel, wie Sie Lesen üben können unter besonderer Beachtung der Pausen:

Pausentechnik – Leseübung:

Meine sehr verehrten Damen und Herren!
Pause
Ich darf Sie heute – *Pause* – recht herzlich in Wiesbaden begrüßen. – *Pause* –
Als besonderen Gast dürfen wir heute – *Pause* – Herrn Professor Dr. Meier – *Pause* – vom Institut für Kernforschung – *Pause* – in Frankfurt am Main – *Pause* –
hier in unserer Mitte – *Pause* –
recht herzlich begrüßen. – *Pause* –
Als Schwerpunktthemen sind vorgesehen
– *Pause* – . . . usw.

Sprechen Sie langsam, und bringen Sie nie zuviel Stoff auf einmal.

Zungenbrecherübung

In den Seminaren flechten wir oft zur Auflockerung einen Zungenbrecher ein. Das verursacht viel Heiterkeit und trägt dadurch zur Entspannung bei.

Die Erfahrung zeigt auf, daß es höchstens zwei von zehn Personen schaffen, den untenstehenden Zungenbrecher richtig nachzusprechen. Hier nun der verflixte Satz, der später, ohne hinzuschauen, schnell nachgesprochen werden sollte:

Meßwechsel/Wachsmaske/Wachsmaske/Meßwechsel...

Die Problematik liegt bei diesem Satz darin, daß sich gewissermaßen ein Verschluß im Mund bildet, der das richtige Nachsprechen erschwert.

Der Klassiker unter den Büchern für Sprechtechnik ist nach wie vor »Der kleine Hey* – Die Kunst des Sprechens« von FRITZ REUSCH.

Hier folgen deshalb daraus einige praktische Übungen:

Ä und e mit dem Anschluß des ch:

Welch schlecht berechtigtes Vermächtnis
erwächst dem schwächlichen Gedächtnis!

Verächtlich schlecht der Knecht sich rächte:
der nächtlich nächst dem Pächter zechte.

Fächer, Bänder, Festgepränge,
selbstverständlich Männerschwärme!
Fächelnd, lächelnd längs den Sälen
schwärmt verächtliches Gedränge.

Sprechübung für den Vokal a:

Barbara saß nah am Abhang,
sprach gar sangbar – zaghaft langsam.
Mannhaft kam alsdann am Waldrand
Abraham a Santa Clara!

Was hallt am Waldbach da?
Jagdklang schallt nah: Trara!

Lippen- und Zungenlaute:

Lobpreiset, liebpredigt, ihr Boten.

* Abdruck mit Genehmigung des Musikverlages B. Schott's Söhne, Mainz

Sprechübung mit au:

Draußen haust der graue Klausner,
Baum und Strauch umlaubt die Klause.
Auch das Laub rauscht auf der Au –
blauer Rauch schmaucht aus dem Hause,
Trauben lauschen aus dem Laube;
Kraut und Trauben zu verkaufen,
laufen abwärts schlaue Bauern.

Sprechübung mit ei:

Mein Meister freit ein reizend Weib.
Er meint, es sei ein Zeitvertreib!
Allein, was treibt die kleine Maid,
den Greis zu frein in Eiligkeit?

Sprechübung mit dem Vokal i:

Spitzfindig ist die Liebe!
Sie minnt nicht immer blindlings;
wie sie sich listig zieret,
wirkt sie mit Witz nicht minder.

Sprechübung mit f, v und pf:

Fischfrevler Franz fing frech
vorm Fußball fette Fünffingerfische.
Vier ficht'ne, feste Fischfässer
faßten vollauf den Fang –
viele freilich flitzten flott davon!

Sprechübung mit l:

Lang lauscht Lilli – endlich lieblos lächelnd
lallt sie leise:
»Lautlos Lallaas, log dein Loblied! –
Lebe, liebe, leidlich löblich?
Lisple, lieblich, Liebeslassen;
lächeln ließ mich längst solch Liebleids Langweil!«

Sprechübung mit n – ng:

Nun nahen neue Wonnen,
nun glänzt und grünt manch Land;
schneerein nun rinnen Bronnen
von nacktem Felsenrand,
Enzianen blühn daneben.

Von oben Sang schon klingt,
denn rings ein ahnend Leben
Lenznahn nun drängend bringt!

Endungen mit ngen, nken, ben, en, n, m:

Bangen, verlangen
nach prangenden Wangen!
Von Hoffnungen trunken,
in Ahnung versunken,
wanken und schwanken,
dem Undank zanken,
stumm, bestürzt zum Sträfling starrend!

An- und Auslaut st:

Bemoost wächst nächst dem Strom ein Stamm,
feststämmig stolz strebt sein Geäst
stromwärts und weist nach Ost und West.
Sonst nisten Stare stets im Stamm –
doch Sturm zerstörte Ast um Ast,
daß längst zerstob das Starennest.

sp, sch:

Specht, Spatz, Sperber sprangen spornstreichs,
spottend Spangen, Sparren, Sprossen,
spät aus spitzgen Speichers Spalten
Speis' und Speck im Spinde spähend.

Folge von r und l:

Zwar lockt gefährlicher Liebe Irrlicht,
aber löblich überlistet der lautere Tor,
Frevler Liebe Verleitung.
Leider läßt aber Lacher Lust
lieber Lob zierlich verlauten
für Klingsor, der lästerlich,
begehrlicher Liebe Verlockung erlegen.

Endsilben ern, ernd:

Erzittern, gewittern,
schmettern erschütternde Schauer!
Kletternd und kauernd,
wandernd und lauernd,
wimmernd zähnklappernde Bauern!

Sprechübung mit r:

Schwer heran braust Sturmeswetter,
dräuend rasselt Donners Grollen!
Sturm und Brandung rauschen rasend,

Erde selber schwer erschütternd,
Donner furchtbar überdröhnend!
Rastlos, sonder Fährt' und Richtschnur
irrt der Ritter durch der Berge
rauhen Gürtel.

Wer sich noch eingehender mit der Sprechtechnik beschäftigen möchte, dem sei empfohlen, sich das genannte Buch, dem diese Beispiele entnommen sind, zu besorgen.

Sprechen und betonen Sie mit Gefühl

Sprechen Sie zum Beispiel das Wort »eventuell« der Reihe nach mit folgender Gefühlsbetonung:

Bestimmt: ziemlich bestimmt, »eventuell komme ich«.

Nachdenklich: vielleicht klappt es, zu 80 Prozent ist es sicher.

Fragend: Sie sind sich selbst noch nicht so recht schlüssig.

Humoristisch: Sie heben eine Augenbraue dabei.

Unsicher: Sie sind selbst noch unsicher.

Gezielte Mimik, Gestik und Körperhaltung beim Sprechen

Über diese drei Begriffe gäbe es sehr viel zu sagen, denn hier werden häufig grobe Fehler begangen. Zuhörer zu begeistern ist nicht leicht. Ein wichtiges Hilfsmittel ist dabei der richtige Einsatz von Mimik und Gestik. Aber Vorsicht! Ein Zuviel macht die Zuhörer nicht aufmerksam, sondern nervös. Ein Zuwenig läßt Sie langweilig und steif erscheinen. Gesichtsausdruck und Gesten sollten das Gesagte unterstreichen und untermalen.

► Häufige Übungen vor einem Spiegel und eine kritische Selbstkontrolle in bezug auf die Übereinstimmung von Wort und Geste verhelfen Ihnen zu einem optimalen Redeerfolg. Sie müssen das Maß finden zwischen dem Zuviel und dem Zuwenig an Mimik und Gestik.

Die Aktivierung der Ausdrucksmittel sollte ein wesentlicher Bestandteil Ihrer Rhetorikübungen sein. Wenn der gesamte Körper mitarbeitet und im Einsatz steht, wird automatisch die Effektivität gesteigert. Im folgenden sehen Sie eine erklärende Skizze.

Mimik und Gestik Grundaussagen

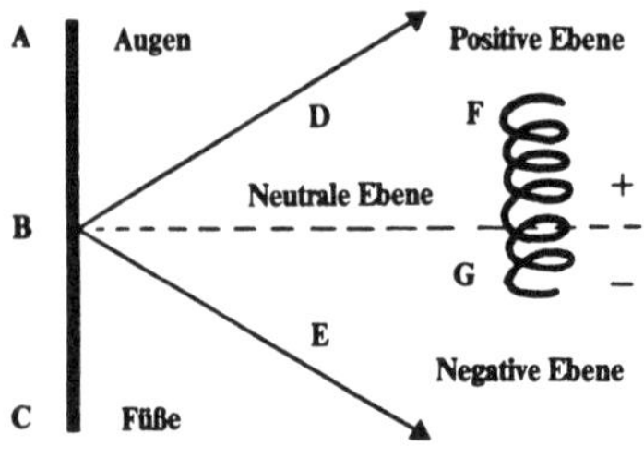

A – Kopf – Augen
B – Körper – Arme
C – Beine – Füße
D – Bejahende Gestik (nach oben)
E – Verneinende Gestik (nach unten)
F – G – Beschreibende Gestik

Grundregeln der Mimik:

Versuchen Sie, die Menschen freundlich anzuschauen. Lernen Sie, mit dem Gesicht zu sprechen.

► *Achten Sie dabei besonders auf:*
Kopfhaltung, Stirn, Augenbrauen, Augen, Mund.

Analysieren und beobachten Sie Ihre Gesichtszüge im Spiegel oder mittels Videoaufzeichnungen. Die Zuhörer können Ihrem Mienenspiel sehr viel entnehmen. Vermeiden Sie aber in jedem Fall starke Übertreibungen.

Grundregeln der Gestik:

Achselzucken ist eine Aussage, die etwas in Frage stellt.

Die Arme nicht vor der Brust verschränken, da Sie mit dieser Haltung unter Umständen eine Barriere aufbauen.

Die Daumen in der Achselhöhle stellen Überlegenheit zur Schau.

Vermeiden Sie hastige und unruhige Bewegungen.

Halten Sie Ihre Ellenbogen stets in Körpernähe.

Schlagen Sie nicht mit der flachen Hand oder der Faust auf das Rednerpult, Sie wirken dadurch unbeherrscht oder sehr nervös.

Lassen Sie Ihre Arme locker an der Seite herunterhängen.

Halten Sie die Hände nicht hinter dem Rücken verborgen, stecken Sie sie auch nicht in die Hosen- oder Jackentasche.

Halten Sie beide Hände locker vor dem Bauch.

Gestikulieren Sie nur wenig, um so das Gesagte auf natürliche Weise zu unterstreichen.

Eine beidhändige Gestik ist wirkungsvoller als eine einhändige.

Die Gestik muß gezielt und pointiert sein.

Sie muß natürlich wirken.

Bei einer guten Gestikulation verlieren Sie auch automatisch einen erheblichen Teil eventuell vorhandener Spannungen und Verkrampfungen.

Zwischen den einzelnen Gesten auch einmal die Ruhestellung einnehmen.

Sprechen und arbeiten Sie mit dem ganzen Körper.

Die Gestik muß mit Ihrer Aussage übereinstimmen.

Vorsicht vor Übertreibungen.

Manche Menschen fürchten sich vor dem Einsatz der Gestik. Gehören Sie auch zu ihnen? Diese Angst sollten Sie überwinden, schon um nicht langweilig und desinteressiert zu erscheinen.

Große Menschen sollten sparsamer gestikulieren als kleinere Menschen.

Norddeutsche sind häufig bewegungsneutraler als Süddeutsche.

Auf keinen Fall ziellos mit den Händen herumfuchteln.

Setzen Sie einmal die linke, einmal die rechte Hand ein.

Gestik mit nach oben gerichteten Händen ist bejahend.

Grundregeln der Körperhaltung:

Zeigen Sie Ihrem Publikum nicht die »kalte Schulter«.

Lassen Sie beim Stehen die Knie durchgedrückt.

Wippen Sie nicht auf den Füßen.

Knöpfen Sie Ihre Jacke schon im Sitzen zu, nicht erst wenn Sie am Rednerpult stehen.

Halten Sie den Körper möglichst still, nicht hin und her schwanken.

Neigen Sie beim Ablesen des Manuskripts den Kopf nicht zu tief über die Blätter. Sorgen Sie für eine genügend große Schrift oder – für eine bessere Brille.

Gestik, Mimik und Körperhaltung zur Unterstreichung der textlichen Aussage

Text	Ton	Haltung	Mimik	Gestik	Hände	
					links	rechts
Guten Tag	höher	etwas nach vorn geneigt	freundlich	Hand nach Beobachtung und Gefühl ausstrecken		X
Wie geht es Ihnen?	höher	hinschauend, interessiert	Blickkontakt	Arme locker halten	X	X
Kann ich bitte Herrn Müller sprechen? (beim Empfang)	Mittel-lage	etwas nach vorn geneigt – bittend, zurückhaltend	freundlich und fragend	offene rechte oder linke Hand locker vor dem Körper		X
Kommen Sie mit?	höher	halb gehend, seitlich gerichtet	freundlich, Kopf kurz in Laufrichtung bewegen	kurze, auffordernde Bewegung		X
Bleiben Sie lieber da!	tiefer	Körper weggedreht in Laufrichtung	Blickkontakt	abwinkend, mit der Hand-fläche nach unten	X	
Wir wollen heute fünf Punkte im Vortrag be-handeln	höher	aufrecht, Frontalsicht	begeisternd und lebendig	ein Arm angewinkelt und klar ersichtlich fünf Finger	X	
Der erste Punkt ist . . .	Mittel-lage	etwas zum Publikum geneigt und Hand vorgestreckt	seriös und sachlich, neutral	Rechten Zeigefinger zur linken Hand bewegen und deren Daumen berühren	X	X

➽ Praxistip: Entwickeln Sie selbst weitere Übungen!

Fuchteln Sie nicht mit dem Manuskript in der Luft herum.

Ist der Oberkörper leicht nach vorn gebeugt, signalisiert dies Entgegenkommen, Zuneigung, Respekt, Erheischen von Publikumsgunst.

Bei Nennung einer Person deuten Sie ruhig auf diese, jedoch nie mit dem Finger, sondern immer mit der ganzen Hand, Innenseite nach oben.

Stützen Sie sich nicht auf das Rednerpult.

Gehen Sie mit ruhigem, sicherem und festem Schritt und mit Begeisterung zum Rednerpult.

Sollten Sie beim Sprechen sitzen, dann wickeln Sie Ihre Beine nicht um die Stuhlbeine.

Beim Sprechen dürfen Sie nie an sich selbst herumtasten.

Wenn Sie stehen, sollten Sie die Füße nicht zu dicht nebeneinanderstellen, Sie verlieren sonst leicht die Balance.

Bei der Arbeit mit Stichpunktkarten: diese ruhig in der Hand halten, nach der Verwendung einfach beiseite legen und gelassen nach der nächsten greifen.

Training zur Beschreibungsgestik

Lesen Sie die folgende Geschichte laut vor, und setzen Sie dabei die entsprechende Mimik und Gestik ein.
Machen Sie weite Bewegungen dabei, und versuchen Sie mit viel Begeisterung zu sprechen.

Bauen Sie ein Haus

Unsere Stadtwohnung war so klein.
Die Fenster, die Zimmer,
alles war viel zu eng.
Wir hatten eins, zwei, drei, vier Kinder,
die tobten ständig herum:
einmal waren sie hier, dann dort.
Wir wurden beinahe wahnsinnig.
So beschlossen wir, ein Haus zu bauen.
Wir besichtigten viele Grundstücke:
große, kleine, mit Aussicht, ohne Aussicht,
im Tal, am Hang und manche oben am Berg.
Wir kauften uns das Grundstück ganz oben auf dem Berg.

Von dort hatten wir eine wunderschöne Aussicht:
nach Norden,
nach Süden,
nach Osten
und nach Westen.
Morgens hatten wir die Sonne im Osten,
abends ging sie dann, nachdem sie im Süden
den Tag über war, im Westen unter.
Überall hatten wir Sonne!
Wir haben viele verschiedene Arbeiten durch-
geführt,
geschuftet und geschuftet.
So ging es Monat um Monat.
Dann haben wir die Karren mit Erde, Torf und
Sand geschoben,
einmal hierhin,
einmal dorthin.
Wir bauten und bauten.
Erst waren die Mauern so niedrig,
doch dann wuchsen sie höher und höher.
Bald war die Dachrinne erreicht.
Dann wurde der Dachstuhl für ein großes
Walmdach hochgezogen.
Wir arbeiteten und arbeiteten.
Das Dach wurde gedeckt mit vielen, vielen
Pfannen.
Es gab noch viel zu tun:
wir pflanzten Bäume,
säten den Rasen,
bauten den Zaun.
Heute wohnen wir im Haus,
sind glücklich und zufrieden.
Oben auf dem Berg,
auf dem Platz
an der Sonne.

Wörter sind wichtig, der Ton macht die Musik, aber die visuelle Aussage ist am wichtigsten. Deshalb üben Sie sich ständig darin, Ihre Ausdrucksmittel zu verbessern. Ihre Untermalung mit Gestik, Mimik und Körperhaltung muß präzise, eindeutig und gekonnt sein. Die Mühe, die Sie hier investieren, um die nonverbale Sprache zu verbessern, lohnt sich und bringt Ihnen den gewünschten Erfolg.

Gedächtnistraining für die Redepraxis

Es gibt kein schlechtes Gedächtnis – nur ein untrainiertes! Eine wichtige Botschaft für alle, die sich im Privatleben, in Beruf und Gesellschaft oft in der peinlichen Situation befinden, einen Namen vergessen zu haben.
Schluß damit! Arbeiten Sie dieses Kapitel gewissenhaft durch, und Sie werden erstaunt sein, wie schnell und leicht man sein Gedächtnis, seine Aufmerksamkeit und seine Konzentration verbessern und steigern kann. Diese neuen Fähigkeiten werden Ihnen viel Freude, Erfolg und Anerkennung bringen.

Warum soll man sich Namen merken?

Jeder Mensch hört seinen eigenen Namen gern. Wenn Sie die Namen vieler Menschen kennen, werden Sie zwangsläufig sicherer im Auftreten. Sie vermeiden peinliche Situationen, wenn Sie Namen besser behalten können, wenn Sie Menschen mit ihrem Namen ansprechen, gewinnen Sie Aufmerksamkeit und Sympathie. Gesprächspartner und Zuhörer erwarten einfach, daß sie mit dem Namen angesprochen werden. Sie selbst haben mehr Spaß und Freude am Umgang mit Menschen und gewinnen mehr Anerkennung.
Bewußtes Namentraining ist gleichzeitig ein gutes Mittel für das Training Ihres Gedächtnisses. Namentraining bedeutet aber zugleich auch, daß Sie Ihre Beobachtungsgabe trainieren. Außerdem gewinnen Sie neue Freunde und Bekannte.
Der Einsatz ist lächerlich gering – der Gewinn dafür außergewöhnlich hoch.
Der Name ist für jeden ein wichtiges Hilfsmittel, ganz besonders jedoch für einen Verkäufer. Jeder, der mit Menschen zu tun hat, muß sich Namen merken können.
Wenn Sie den Namen vor der Vorstellung schon kennen, gewinnen Sie schneller die Aufmerksamkeit des Gesprächspartners.

Wer viele Menschen kennt und über Beziehungen verfügt, ist erfolgreicher.
Für Sie wichtige Menschen erwarten von vornherein, daß Sie sie mit Namen und Titel ansprechen.
Vor allem Führungskräfte müssen die Fähigkeit besitzen, Namen behalten zu können.

Wann und wo kann man in Verlegenheit kommen?

Privat:

- Bei Feiern.
- Am Telefon.
- Bei Einladungen.
- Vor Bekannten.
- Während einer Vorstellung.
- Nach einer Vorstellung.

Beruflich:

- Beim Erzählen.
- In Seminaren.
- Bei Konferenzen.
- Vor Kollegen.
- Beim Korrespondieren.
- Beim Kontaktgespräch.

Einige Gründe, warum man Namen nicht behalten kann

- Aus Faulheit.
- Aus Desinteresse.
- Mangelnder Wille und fehlendes Training.
- Unfähigkeit, sich auf Namen zu konzentrieren.
- Unfähigkeit, richtig hinzuhören.
- Man hat den Namen nicht richtig verstanden.
- Aus Angst, den Namen falsch auszusprechen.
- Der Vorgestellte ist für einen bedeutungslos.
- Aus Angst, sich zu blamieren, wenn man nochmals nach dem Namen fragt.
- Fehlende Kenntnis der Mnemotechnik und der Assoziationsmethoden.

Flüchten Sie sich nicht in folgende Ausreden:

- Ich vergesse Namen immer wieder.
- Ich habe sowieso ein schlechtes Gedächtnis.
- Warum soll ich mich anstrengen, ich kann den Namen doch nachlesen.
- Mit dem Alter läßt das Gedächtnis eben nach.

Einige Tips, wie man Namen behält

Das Allerwichtigste ist, den Namen richtig zu verstehen. Leider kennt jeder seinen eigenen Namen so gut, daß er ihn oft schnell und undeutlich ausspricht.

- Deshalb dürfen Sie sich nicht scheuen, nochmals nachzufragen, wenn Sie unsicher sind. Wenn Sie den Namen immer noch nicht verstanden haben, bitten Sie um Buchstabierung.
  Menschen haben es nicht ungern, wenn man sich mit ihrem Namen beschäftigt – also keine Angst!
- Wiederholen Sie nun im Gespräch den Namen Ihres Gesprächspartners in den nächsten Minuten so oft wie möglich, Wiederholung vertieft die Haftwirkung. Wenn möglich, versuchen Sie auch den Vornamen zu erfahren, denn der ganze Name ist oft leichter zu behalten.
- Schreiben Sie den Namen auf, sobald Sie irgendeine Möglichkeit dazu haben. »Schwarz auf Weiß« verstärkt sich die Haftwirkung noch mehr. Sprechen Sie eventuell über die Bedeutung des Namens oder den Wohnort des Namensträgers, reden Sie mit ihm über seinen Beruf.

Zweiter Schritt: Namen magnetisieren:
Nachdem Sie den Namen im Ohr haben, geht es darum, die Haftwirkung und Vertiefung zu erzielen.

- Konzentrieren Sie sich ganz speziell auf die Person. Achten Sie auf Aussehen, Größe, Gewicht, Gesicht, Stimme, Mimik, Gestik, Bewegung oder andere Merkmale.
- Machen Sie sich ein geistiges Bild, und wiederholen Sie den Namen für sich allein – Wiederholung vertieft die Haftwirkung!
- Denken Sie über die Bedeutung des Namens nach, verwenden Sie Eselsbrücken und Assoziationsmittel, verschaffen Sie sich alle nützlichen Anhaltspunkte und Erinnerungsmöglichkeiten, Sie müssen üben und immer wieder üben, und bald stellt sich der Erfolg automatisch ein.

System der Magnetisierung:

- Namen können besser im Gehirn verankert werden, wenn Sie sie im Geiste sehen. Je mehr Sie in Ihrer Vorstellung übertreiben und je absurder oder humoristischer die Ideen und Vorstellungen sind, desto stärker prägt sich der Name ein, desto sicherer werden Sie ihn behalten.

Sie müssen viel Phantasie, Einbildungskraft und Originalität für das bildliche Sehen, das Geheimnis der Gedächtniskünstler und Mnemotechniker, aufbringen, doch wenn Sie diese Technik üben und fortführen, werden Sie infolge dieser fotografischen Aufnahme in Ihrem Gedächtnis sehr viele Namen behalten und nur wenige wieder vergessen.

Das Interessante und Phänomenale an den Assoziationen, die man bildet, ist, daß man diese Bilder und Namenserinnerungen meistens ganz mühelos und spontan bei Bedarf zurückrufen kann. Das bildliche Sehen im Geiste ist besonders wichtig, wenn man mehrere Namen bei Konferenzen behalten muß.

Assoziationsbeispiele*

Herr Oelreich:	Sehen Sie einen Oelscheich aus Arabien, der oben auf einem Oelturm sitzt. Er sagt: »Ich bin durch Öl reich geworden.«
Frau Holthaus:	Stellen Sie sich ein Holzhaus im Schwarzwald vor, und Frau Holthaus schaut aus der Tür.
Herr Hacker:	Herr Hacker ist Förster von Beruf und hat zusammen mit Frau Holthaus einen Baum hinter ihrem Haus abgehackt. Nun, abgespannt, sitzt er auf dem Baumstamm, der Hacker.
Herr Gutknecht:	Denken Sie an einen guten Knecht, der schon graue Haare hat. Er geht gebückt und steht kurz vor dem Lebensabend. Der gute Knecht – Herr Gutknecht!
Herr Pongratz:	Ganz schön schwierig, nicht wahr? Aber manchmal behält man gerade die schwierigen Namen besser. Der Name Pong erinnert an Pingpong. Ja, da haben wir es schon. Wir müssen uns vorstellen, daß wir mit ihm Pingpong spielen. Übertreiben Sie

* Anmerkung:
Die aufgeführten Beispiele beziehen sich auf keine bestimmten Personen, sondern dienen nur der Verdeutlichung der Assoziationstechnik.

ruhig alle Vorstellungsbilder, so sind sie leichter zu behalten. Der Pingpongball in diesem Fall ist so groß wie ein Fußball.

Herr Diessenbacher: Nun, hier bleiben uns nicht viele Möglichkeiten. Eventuell – Diesen-Bach? Sehen Sie bildlich, wie er an einem Bach spazierengeht und auf einmal auf einem Stein ausrutscht und nun im Bach liegt.

Herr Buchner: Herr Buchner. Das erinnert an Buch. Er arbeitet in einem Verlag und steht hinter einer Maschine. Herr Buch...ner.

Herr Techert: Herr Techert, wie Techniker. Herr Techert arbeitet bei der NASA in Houston. Er ist verantwortlich für die Technik.

Herr Backhaus: Herr Backhaus, wie Bäcker. Aus seinem Backhaus kommt Herr Backhaus mit einem Sack Mehl auf dem Rücken.

Herr Schenk: Herr Schenk erinnert doch an Geschenk. Sie sehen, wie Herr Schenk vor Ihnen steht, mit einem Geschenk.

Herr König: Herr König, ein würdiger Herr. Auf seinem Kopf sitzt eine Krone aus purem Gold.

Herr Kessel: Herr Kessel hat es gut. Er ist im Winter auf Urlaub und läuft gern Ski. Wir sehen, wie er in einem Liftsessel sitzt, der Herr Kessel. Wenn Sie diesen Mann wiedersehen, müssen Sie dieses Vorstellungsbild mit dem Reim aktivieren, und Sie werden auf den Namen »Kessel« kommen.

Herr Zander: Herr Zander erinnert uns an den Zander (Fisch). Dieser Zander schwimmt im Lokal im Fischbassin herum.

Herr Ihnen: Der Name Ihnen reimt sich gut auf Bienen. Über seinem Kopf können Sie einen Bienenschwarm sehen.

Herr Ott: Herr Ott hat zu Hause einen Otter. Er ist Tierfreund.

Herr Sanders:	Stellen Sie sich Herrn Sanders an der Nordsee vor, wie er mit seinem Sohn im Sand spielt.
Herr Hesse:	Herr Hesse wohnt in Hessen. Stellen Sie sich ein Schild vor mit dem Namen: Hessen.
Herr Heidemann:	Herr Heidemann stammt aus der Heide. Ein Heidemann!
Herr Scholz:	Da denkt jeder an Bubi Scholz, den berühmten Boxer. Sehen Sie Ihr Gegenüber mit Boxhandschuhen.
Herr Kulimann:	Der bekannte Schauspieler heißt Kulenkampff, kurz Kuli genannt. Unseren Herrn Kulimann sehen wir nun als Quizmaster auf dem Bildschirm.

Zusammenfassung

Phase	Technik
❶	Namentraining bringt Ihnen Gewinn und Anerkennung.
❷	Fester Entschluß, Namen künftig besser behalten zu wollen.
❸	Hören Sie bewußter auf Namen.
❹	Wenn Sie den Namen nicht verstanden haben, dann fragen Sie noch einmal danach.
❺	Namen wiederholen und einprägen.
❻	Analysieren, visualisieren und einprägen.
❼	Merkmale finden und assoziieren.
❽	Geistiges Durchdenken und verbale Wiederholung.
❾	Wenn möglich, schriftlich notieren.
❿	**Merksatz:** Tägliches Training trimmt Tüchtige!

Übungen für das Selbsttraining der Redepraxis

Wer seine rhetorischen Fähigkeiten verbessern und ausbauen will, muß ständig üben, sei es durch Selbsttraining zu Hause oder in Rhetorikseminaren. Auf den folgenden Seiten sind mehrere Übungen aus der Praxis für die Praxis aufgezeichnet, die Sie selbst durchführen können. Einige Übungen können Sie spielerisch im Familienkreis oder bei Besuchen von Freunden durchführen. Viel Spaß dabei!

Weil unserer Meinung nach in vielen Rhetorikbüchern die Übungen ein klein wenig zu kurz kommen, haben wir ganz bewußt diesem Bereich mehr Beachtung geschenkt. Reden lernt man nun einmal am besten durch die Praxis und durch Redetrainingsübungen.

Kunst der Vergleiche

Lernziel:
Bekannte Vergleiche besser kennenlernen und spontaner anwenden können.

Durchführung:
Ergänzen Sie spontan folgende Vergleiche (linke Spalte):

so groß wie	ein Fußballplatz
so hoch wie	ein zweistöckiges Haus
so wichtig wie	das Zähneputzen
so schnell wie	ein Leopard
überzeugend wie	Billy Graham

Wichtige Erkenntnis:
Zu Anfang verläuft diese Übung meist sehr stockend. Aber sie ist ein sehr gutes Training für schnelleres Denken.

Die richtige Beschreibung

Lernziel:
Kunstgegenstände, Orte, Personen usw. besser zu beschreiben.

Durchführung:
Sie haben drei Minuten Zeit, um zunächst schriftlich ein Bild, einen Ort, eine Person, einen Gegenstand, eine Situation oder ähnliches zu beschreiben.
Danach tragen Sie die Ausarbeitung vor.

Wichtige Erkenntnisse:
Wir müssen lernen, schnell zu denken und Aussagen zuhörerorientiert zu formulieren.
Eine eingehende Beschäftigung mit dem Gegenstand oder der Person ist wichtig.
Durch Übung und Training wird diese Fähigkeit weiterentwickelt.

Blickkontakt zur Gruppe

Lernziel:
Die Angst vor den vielen fremden Augen reduzieren. Gewöhnung daran, daß viele Augenpaare auf die eigene Person gerichtet sind.

Durchführung:
Den Blick kreisen lassen, alle Teilnehmer und Zuhörer immer wieder anschauen.

Lernsituation:
Vor einer Gruppe.

Wichtige Erkenntnis:
Übende gewöhnen sich schnell an die Blicke der Zuhörer. Sie verlieren die Furcht, vor einer Gruppe stehen zu müssen; sitzend haben übrigens manche Menschen weniger Angst. Vielleicht sollten Sie deshalb die Übungen im Sitzen beginnen.

»Kutschersitz« zur Entspannung

Lernziel:
Zwischendurch kann und sollte man sich einmal kurz entspannen. Es fördert die Aufnahmefähigkeit ungemein. Auch im Alltag ein praktisches Hilfsmittel.

Lernsituation:
Kann zu Hause praktiziert werden, aber auch im Büro oder unterwegs.

Hilfsmittel:
Ein Stuhl mit Rückenlehne, ruhige Umgebung.

Durchführung:
Setzen Sie sich aufrecht auf den Stuhl. Stellen Sie die Füße parallel zueinander auf den Boden. Lassen Sie Ihre Arme einfach locker nach unten hängen.
Lassen Sie den Oberkörper in sich zusammenfallen. Neigen Sie den Kopf auf die Brust. Schließen Sie die Augen, und versuchen Sie, an gar nichts zu denken.

Diese Übung kann beliebig lange durchgeführt werden. Aber schon zwei Minuten wirken entspannend.

Wichtige Erkenntnis:
Kurze Entspannungsübungen während des Tages wirken Wunder. Man sollte lernen, auch bei Konferenzen, Tagungen, Sitzungen viel gelöster und entspannter zu sitzen.

Das Vorstellungsinterview

Lernziel:
Den Nachbarn besser kennenlernen, die eigenen Befragungstechniken verbessern. Intensiveres Zuhören, das Gesagte wiedergeben können.

Durchführung:
Jeder Teilnehmer muß ein Interviewgespräch mit seinem Nachbarn führen und folgende Punkte ansprechen:

- *Vor- und Nachname.*
- *Wohnort.*
- *Familienstand.*
- *Hobbys und Interessen.*
- *Bei welcher Firma tätig.*
- *Aufgabenbereich.*
- *Hauptprobleme beim Sprechen.*
- *Seminarerwartungen.*

Der Interviewer hält die Antworten schriftlich in Stichpunkten fest. Dann stellt jeder Interviewer seinen Nachbarn den übrigen Teilnehmern vor. Es geht so lange weiter, bis auch der letzte Nachbar den Teilnehmern vorgestellt wurde.

Wichtige Erkenntnisse:
Die Teilnehmer lernen sich gegenseitig besser und schneller kennen.
Wichtige Techniken werden geübt und trainiert.

Konzentrationstraining

Lernziel:
Aufmunterung der Gruppe, Konzentrationstraining.

Durchführung:
Bitten Sie den ersten Teilnehmer, eine Blume mit dem Anfangsbuchstaben A zu nennen, zum Beispiel Aster. Der zweite Teilnehmer nennt eine Blume mit B, zum Beispiel Begonie, und muß dann die Blumen seiner Vorgänger wiederholen: Aster, Begonie... usw.

Wichtige Erkenntnis:
Eine gute Aufmunterung, besonders nach dem Mittagessen.
Sie können dieses Spiel natürlich auch mit Nennung von alkoholischen Getränken durchführen, vielleicht haben einige Teilnehmer dann mehr Spaß dabei, aber auch andere Begriffe eignen sich natürlich.

Stichpunktkonzept für eine Dreiminutenrede

Lernziel:
In 30 Minuten einen Stichpunktzettel zu entwickeln.

Themenliste:
Begrüßungsrede, Geburtstagsrede, Damenrede, Einweihung eines Betriebes, Gründung eines Schachvereins, Hochzeitsrede, Richtfestrede, Dankesrede, Seminarabschlußrede usw.

Durchführung:
Der einzelne Teilnehmer tritt vor die Gruppe, hält seine Rede, während die Zeit gestoppt wird; zum Schluß werden an die besten Redner Preise verteilt.

Wichtige Erkenntnisse:
Die meisten Teilnehmer überschreiten die Redezeit.
Durch kleine Schritte lernen die Redner immer besser, die vorgegebene Redezeit einzuhalten. Es ist manchmal leichter, zehn Minuten zu sprechen als nur drei Minuten, weil man eine ganz exakte Rededisposition ausarbeiten muß.

Standpunkttraining

Lernziel:
Seinen Standpunkt besser verteidigen zu können.

Durchführung:
Vier Teilnehmer haben folgende Rollen:
Arzt – Versicherungsagent – Pastor – Rechtsanwalt.
Die Teilnehmer sollten sich in folgende Situation versetzen: sie befinden sich in einem Heißluftballon, der über die Schweiz hinwegschwebt. Plötzlich wird entdeckt, daß der Ballon ein Loch hat, aus dem die Luft langsam entweicht. Deshalb muß Ballast abgeworfen werden, das heißt, ein Teilnehmer muß freiwillig bereit sein hinauszuspringen. Wer soll das sein? Jeder argumentiert für seinen Berufsstand, warum er im Ballon bleiben muß, um zu überleben. Jeder der Teilnehmer argumentiert zwei bis drei Minuten. Die Teilnehmer können sich auch untereinander verbinden und so zum Beispiel gemeinsam gegen einen oder auch zwei der Teilnehmer ankämpfen. Diese Übung löst meistens viel Heiterkeit aus. Die Gruppe entscheidet zum Schluß, wer am besten argumentiert hat.

Wichtige Erkenntnisse:
Diese Übung läßt sich sehr gut zwischendurch einbauen, wenn die Aufmerksamkeit der Gruppe nachläßt.
Sie können anstatt Berufsrollen auch Produktrollen verteilen: Firmenhauptprodukte, die abgeworfen werden müssen.

Streitgespräch

Lernziel:
Rhetorische und dialektische Auseinandersetzung.

Durchführung:
Stellen Sie ein kontroverses Thema zur Diskussion, lassen Sie die Teilnehmer ihre Pro- und Kontra-Standpunkte erläutern.

Die Zuschauer führen Plus-Minus-Aufzeichnungen, um später die Diskussion und die Standpunkte beurteilen zu können.

Wichtige Erkenntnis:
Man lernt die Kunst des Zuhörens, wird mit der Anwendung der Fragetechnik besser vertraut und entwickelt seine dialektischen und logischen Überzeugungsargumente.

Die richtige Betonung beim Lesen

Lernziel:
Vorlesen mit der richtigen Betonung.

Durchführung:
Texte aus Zeitungen, Fachbüchern, firmenbezogenen Rundschreiben und ähnliches sollen in folgender Weise markiert werden:

Pausen	– *senkrechter Strich*
zu betonende Wörter	– *unterstreichen*
Stimme anheben	– *Pfeil nach oben*
Stimme senken	– *Pfeil nach unten*

Lassen Sie dann die Teilnehmer einzeln oder in Zweiergruppen den Text vor der Gruppe vorlesen. Achten Sie darauf, daß die Teilnehmer nicht zu schnell lesen und zwischendurch versuchen, mit dem Publikum einen gewissen Blickkontakt zu halten. Dies ist nur zu erreichen, indem, wie eben gesagt, nicht zu schnell gelesen und in den Pausen kurz der Blick vom Text weg auf die Zuhörer gerichtet wird.

Wichtige Erkenntnis:
Die meisten lesen zu schnell vor, darunter leidet die Atemtechnik; Aussprache und Artikulation werden undeutlich. Durch zu schnelles Vortragen geht außerdem der Blickkontakt verloren. Die Zuhörer können den gebotenen Stoff nicht so schnell verarbeiten.

Stimmkraftübung

Lernziel:
Stimmresonanz kräftigen.

Durchführung:
Legen Sie sich auf den Rücken.

Klopfen Sie mit den Händen auf die Brust, und äußern Sie einen Summton.

Wichtige Erkenntnis:
Mit fortschreitender Übung kräftigen Sie Ihre Stimme.

Korkenübung

Lernziel:
Bessere und klarere Aussprache.

Durchführung:
Einen Korken zwischen den Zähnen halten. Mit dieser Behinderung nun einen Text vorlesen.

Wichtige Erkenntnis:
Nach dieser Übung kann man leichter vorlesen, präziser und artikulierter sprechen.

Synonymtraining

Lernziel:
Ausbau und Erweiterung des Wortschatzes.
Flexibilität in der Ausdrucksweise.

Durchführung:
Zunächst werden Wörter aus dem allgemeinen Wortschatz genannt, dann werden entsprechende Synonyme für diese Wörter gesucht. Zum Beispiel:

abzahlen: SYNONYME: *in Raten zahlen, auf Abschlag zahlen, »abstottern« usw.*
in Betracht: SYNONYME: *im Hinblick, was ... anbelangt, in Hinsicht ... usw.*
also: SYNONYME: *daher, darum, somit, infolgedessen usw.*

Wichtige Erkenntnis:
Durch mangelnde Übung ist unser Wortschatz oft beschränkt. Durch Synonymtraining kann man seinen Wortschatz aber in kürzester Zeit beträchtlich erweitern.

Durchführung von Rede, Vortrag und Präsentation

Erinnern wir uns:
Die wichtigste Phase eines Vortrags ist die eigentliche Rede-, Vortrags- oder Präsentationsphase. Der Erfolg wird sehr davon abhängen, wie gut Sie sich vorbereitet haben. Aber auch Ihre persönliche Einstellung zum Thema und zu den Zuhörern ist wichtig. Schließlich kommt noch ein weiteres Kriterium hinzu, nämlich die Übermittlung des Vortrags.

Aus diesem Grund wollen wir Ihnen eine Auflistung der wichtigsten Punkte geben, die zu einem Gelingen beitragen. Diese »Checkliste für den Rednerauftritt« ist in verschiedene Schritte aufgeteilt. Vor seinem Auftritt sollte ein Redner diese Liste sicherheitshalber noch einmal abhaken, um sich das Wichtigste in Erinnerung zu bringen. Die Mißachtung von nur einem oder zweien dieser Punkte kann über Erfolg oder Mißerfolg entscheiden. Deshalb werden Sie in diesem Kapitel auch einige Wiederholungen finden; diese Fakten und Regeln sind aber so bedeutend, daß man sie nicht oft genug wiederholen kann.

Checkliste für den Rednerauftritt

Punkte, die beachtet werden müssen, bitte ankreuzen!

Körpereinsatz:
Mimik . . . . ☐
Gestik . . . . ☐
Blickkontakt . . . . ☐
Dynamik . . . . ☐
Begeisterung . . . . ☐

Körperhaltung:
Entgegenkommend, flexibel . . . . ☐

Redestil:

- Redeeinstieg ☐
- Redehauptteil ☐
- Roter Fadon ☐
- Sympathiesätze ☐
- Stichwortkonzept ☐
- Freie Rede ☐
- Kurze Sätze ☐
- Beispiele und Analogien ☐
- Wortwahl ☐
- Visualisierung ☐
- Botschaft ☐
- Dynamik ☐
- Begeisterung ☐
- Pausen ☐
- Rhetorische Fragen ☐
- Humor und Schlagfertigkeit ☐
- Locker und entspannt ☐
- Zusammenfassung ☐
- Redeappell ☐
- Unterlagen ☐
- Schluß ☐
- Zeiteinhaltung ☐
- Dank ☐
- Selbstkontrolle ☐

Stimmgebrauch:

- Atemtechnik ☐
- Stimmlage ☐
- Klangfarbe ☐
- Rhythmus ☐
- Stimmstärke ☐
- Stimmführung ☐
- Stimmelodie ☐
- Artikulation ☐
- Betonung ☐
- Aussprechen der Endsilben ☐
- Aussprache, allgemein, klar und deutlich ☐
- Akzentuierung ☐
- Pausentechnik ☐
- Vermeiden von Verlegenheitslauten ☐
- Richtiges Redetempo ☐

Zuhörerbezug:

- Einfühlungsvermögen ☐
- Kontakt ☐
- Redepsychologie ☐
- Beachtung der Rückkopplungssignale ☐
- Inhaltsflexibilität ☐

Langsam sprechen

Rund 80 Prozent aller Redner, vor allem ungeübte, neigen dazu, zu schnell zu sprechen. Es ist wahrscheinlich eine gewisse Nervosität, die sie dazu veranlaßt. Sie versuchen, den Auftritt so schnell wie möglich hinter sich zu bringen. Nach dem Motto: Wenn ich schnell rede, habe ich es eher geschafft! »Geschafft« aber ist eher das Publikum, denn eine zu schnell gehaltene Rede ist nicht leicht oder gar nicht zu verstehen. Das verärgert die Zuhörer. Es ist viel vorteilhafter, wenn der Referent langsam, deutlich, klar und präzise, ohne jegliche Hektik spricht. Ich weiß, wie schwer es für einen ungeübten Redner ist, ruhig und gelassen zu sprechen.

Pausen machen

Eine schwere Rednersünde ist es, ein Manuskript herunterzuleiern, ohne Pausen einzulegen. Es ist dann meist für die Zuhörer kaum möglich, das Gesagte zu verfolgen. Nach kürzester Zeit schalten sie automatisch geistig ab, und die Haftwirkung ist äußerst gering.
Dieses pausenlose, monotone Reden kann eine Angewohnheit sein. Vielleicht aber ist es auch ein Zeichen von großem Lampenfieber. Wer bewußt zwischen den Sätzen Pausen einlegt, erleichtert das Zuhören sowie auch sich selbst das Darbieten. Ein Sprecher, der pausenlos redet, wird sehr bald merken, daß er Schwierigkeiten mit der Atemtechnik hat. Kurze Pausen einzufügen bringt also sowohl dem Redner als auch dem Zuhörer Vorteile. Bei abgelesenem Text, den Zuhörer später wiederholen mußten, konnten wir immer wieder feststellen, daß ein Text, der länger als drei Zeilen war, nicht mehr wiederholt werden konnte. Mangelnde Pausentechnik ist, wie gesagt, ein schwerwiegender Fehler.

Lauter sprechen

Wenn Sie in einem großen Saal sprechen und ein Zuhörer ruft von hinten: »Lauter bitte!«, müssen Sie dann eigentlich höher oder tiefer sprechen? Überlegen Sie einmal. Die Antwort lautet: höher beziehungsweise akzentuierter!

Versuchen Sie es einmal, und sagen Sie »Guten Morgen«, einmal hoch, einmal etwas tiefer. Sie werden merken, daß die höhere Stimmlage lauter klingt und besser verstanden wird.

▶ Also: Heben Sie Ihre Stimme, wenn Sie eine größere Phonzahl erreichen wollen oder müssen.

Achten Sie auch darauf, daß Sie nicht zu monoton sprechen. Sie sollten sich immer bewußt sein, daß Sie Ihre Stimme wie ein Musikinstrument beherrschen können. Nichts, aber auch gar nichts wirkt einschläfernder auf Ihre Zuhörer als eine immer gleichbleibende Tonlage. Auch Sie haben Höhen und Tiefen zur Verfügung, und Sie können damit Ihrer Sprechweise Lebendigkeit verleihen.

Menschliche Ausstrahlung

Treten Sie immer natürlich auf, und stellen Sie Ihre persönliche Note in den Vordergrund. Warum vergessen das so viele Redner? Liegt es am Lampenfieber, oder ist es etwa eine gewisse Arroganz?

Eigentlich freut sich fast jeder Zuhörer, daß nicht er selbst dort vorn, vor der Gruppe, stehen muß. Die meisten haben Sie deshalb schon auf Ihrer Seite. Sie können ruhig auf allzu große Perfektion verzichten. Kleine menschliche Schwächen, Fehler und geringfügige Pannen werden selten tragisch genommen. Sie rufen eher eine gewisse Heiterkeit hervor und tragen damit zur Entspannung der Atmosphäre bei, die dann für alle Beteiligten wohltuend ist.

Folgendes sollten Sie vor und während Ihres Vortrags beachten:

Der Weg zum Rednerpult:
Knöpfen Sie Ihre Jacke zu, bevor Sie vor dem Publikum stehen.

Laufen Sie nicht zu schnell nach vorn; Hast ist nicht angebracht.

Atmen Sie langsam aus und ein, während Sie zum Pult gehen.

Vermeiden Sie eine zu selbstsichere Haltung – Bescheidenheit kommt besser an.

Der erste Eindruck:
Treten Sie freundlich und höflich auf.

Fangen Sie erst an zu sprechen, wenn Ruhe im Raum herrscht.

Ruhe bewahren, und nochmals Ruhe bewahren!

Der erste Satz:
Atmen Sie immer langsam aus, bevor Sie zu reden beginnen.

Der erste Satz, wie schon öfter erwähnt, ist sehr wichtig.

Stellen Sie durch Blickkontakt fest, ob Sie auch von allen verstanden werden.

Wie kann ich meine Zuhörer entspannen?
Wer seine Zuhörer entspannt, ist selbst entspannt.

Wer seine Rede allzu ernst durchführt, wird auch ein ernstes Publikum vorfinden.
Eine Auflockerung erleichtert das Sprechen und das Zuhören.
Viele Zuhörer warten förmlich auf Gelegenheit zum Schmunzeln.

Wichtige Sympathiesätze:
Versuchen Sie von Anfang an, Ihre Zuhörer zu gewinnen.
Überlegen Sie, welche Sympathiesätze Sie verwenden können, zum Beispiel positive Kommentare über die Stadt, in der die Darbietung stattfindet oder Lob und Anerkennung sowie ehrliche Komplimente an die Zuhörer.
Neigen Sie Ihren Körper in Richtung des Publikums.

Einfühlungsvermögen:
Versetzen Sie sich stets in die Lage der Zuhörer. Erspüren Sie die Stimmungslage Ihrer Zuhörer. Es ist nicht gut, mit einem Witz anzufangen, wenn Ihre Zuhörer – vielleicht unter dem Eindruck des Vorredners – verhältnismäßig gesammelt und ernst sind.

Zuhörererwartungen berücksichtigen:
Überlegen Sie, ob die Analyse der Zuhörererwartungen, die Sie vor Beginn Ihres Vortrags erarbeitet haben, nunmehr mit dem Ist-Zustand übereinstimmt.
Bringen Sie Ihre Darbietung in zuhörergerechter Form.

Kurze, knappe Darstellung:
Erleichtern Sie die Verständlichkeit durch Visualisierung.
Bilder erleichtern das Aufnehmen des Gebotenen.
Bringen Sie kurze Wiederholungen der wichtigsten Aussagen.

Mit Engagement und Begeisterung vortragen:
Bedenken Sie immer wieder, daß Zuhören sehr anstrengend ist.
Bringen Sie viel Begeisterung und Engagement in Ihre Rede. Jeder soll das Gefühl haben, daß Sie den einzelnen persönlich ansprechen.
Versuchen Sie, die Zuhörer wirklich mitzureißen.

Humor und Schlagfertigkeit:
Bringen Sie humoristische Einblendungen, aber achten Sie darauf, daß Sie keinen Witz, keinen Gag versehentlich wiederholen.
Wenn Sie schlagfertig sind, ist das eine feine Sache. Aber achten Sie darauf, daß der Bogen nicht überspannt wird und Sie im Eifer des Gefechts vielleicht jemanden bloßstellen oder blamieren.

Verständlich, klar und deutlich sprechen:
Sprechen Sie raumangepaßt.

Beachten Sie die Grundregeln und Hinweise in dem Kapitel »Anregungen zum Sprechtraining« (vgl. S. 110 ff.).

Wichtige Fakten und Daten visualisieren:
Bringen Sie so oft wie möglich visuelle Darbietungen.

Statistisches Material sollten Sie in schriftlicher Form an die Zuhörer verteilen, damit sie es Schwarz auf Weiß besitzen und so besser verfolgen können.

Verwenden Sie Folien und Transparente.

Untermalung durch Mimik, Gestik und Körpersprache:
Sprechen Sie mit dem Gesicht.

Untermalen Sie mit entsprechend pointierter Gestik Ihre Aussagen.

Verbale und nonverbale Ausdrucksmittel müssen genau übereinstimmen.

Achten Sie stets auf Blickkontakt:
Der wichtigste Kontakt ist der Blickkontakt. Die meisten Redner berücksichtigen die Bedeutung dieses Faktors nicht genügend.

Durch einen guten Blickkontakt erhalten Sie die für Sie so wichtigen Rückkopplungssignale Ihrer Zuhörer, denn die Zuhörer, obwohl sie nichts sagen, sprechen mit dem Referenten. Schauen Sie alle Teilnehmer gleichmäßig an, und bevorzugen Sie keinen einzelnen, Höhergestellte, Vorgesetzte, eine einzelne Dame usw.

Der Schlußsatz muß sitzen:
Wie das alte Sprichwort sagt: Ende gut – alles gut!

Ein schlechter Schluß kann den besten Vortrag ruinieren.

Halten Sie einen gut ausgearbeiteten Schlußsatz parat – überlassen Sie diesen niemals dem Zufall.

Beachten Sie die gesondert aufgeführten Regeln über Schlußsätze.

Vertrauen, Glaubwürdigkeit und Sympathie

Die Gunst des Publikums zu erheischen, haben nicht nur die Redner der Antike immer wieder versucht, sondern auch heute ist es das Hauptanliegen eines jeden Vortragenden. Wer die Sympathie des Publikums haben will, muß zunächst sein Vertrauen gewinnen.

Ausstrahlung:
- Mut zur Wahrheit.
- Absolute Ehrlichkeit.
- Begeisterung und Dynamik.

Freundlichkeit:
- Freundliches Gesicht.
- Fähigkeit, zu lächeln – notfalls über sich selbst!

Glaubwürdigkeit:
- Aussagen belegen.
- Praxisbeispiele bringen.
- Referenzen nachweisen.
- Sachlichkeit an den Tag legen.

Hilfsbereitschaft:
- Sich anderen gegenüber immer hilfreich zeigen.
- Entgegenkommen zeigen.
- KNIGGES Regeln beachten.

Humor:
»Humor ist, wenn man trotzdem lacht!«
- Schlagfertig auf Einwürfe reagieren.
- Den richtigen Witz oder Gag zur richtigen Zeit am richtigen Ort einsetzen.
- Bei kleinen Pannen und persönlichen Fehlern: Lachen Sie ruhig über sich selbst!

Kleidung:
- Der Situation angepaßt.
- Sauber und korrekt.
- Der Mode angepaßt.

Natürlichkeit:
- Alles an Ihnen muß echt und ungekünstelt wirken.
- Niemals versuchen, die Kopie eines anderen zu sein.
- Keine Superlative verwenden, die wirken niemals natürlich.

Vertrauen:
- Irrtümer oder Versehen Ihrerseits stets sofort zugeben.
- Übertreibungen vermeiden.
- Keine Versprechungen machen, die nachher nicht eingehalten werden (zum Beispiel: kurze Wiederholung ankündigen und dann weitschweifige Ausführungen folgen lassen).

Wahrhaftigkeit:

- Fragen ehrlich beantworten, auch wenn es manchmal ein wenig unangenehm ist.
- Keine unbelegbaren Behauptungen aufstellen, keine unerfüllbaren Zusagen machen, keine leeren Phrasen dreschen.
- »Lügen haben kurze Beine« – deshalb immer schön bei der Wahrheit bleiben.

Analyse der Rednerfehler

Ausarbeitung:

- Es wird nicht genügend mit Stichpunkten gearbeitet.
- Mangelnde Vorinformation über den Zuhörerkreis.
- Störfaktoren werden zeitlich nicht einkalkuliert.

Organisation:

- Hilfsmittel sind nicht optimal eingeplant.
- Vor Beginn des Vortrags keine Zeit für kurze persönliche Kontaktgespräche mit den Zuhörern eingeplant.
- Nicht genügend Arbeitsunterlagen für die Zuhörer bereit.
- Licht- und Belüftungsverhältnisse im Vortragsraum nicht vorher erkundet.
- Technische Hilfsmittel nicht vor Beginn des Vortrags überprüft.

Auftritt und Haltung:

- Mangel an Begeisterung.
- Fehlender oder mangelhafter Blickkontakt.
- Zu starrer Blick an einen bestimmten Punkt im Raum.
- Unkontrollierte Gestik.
- Hände in der Hosen- oder Jackentasche.
- Sie klammern sich am Pult fest.
- Zu unruhiges Verhalten, zum Beispiel Hin- und Herschaukeln des Körpers.
- Arrogantes und überheblich wirkendes Auftreten.

Sprechen:

- Zu viele Wiederholungen.
- Falsches Redetempo.
- Kopieren anderer Redner.
- Allgemein schlechte Redetechnik.
- Keine Höhen und Tiefen und keine Modulation in der Stimme.
- Sie sprechen zu unartikuliert, zu undeutlich.

- Sie sprechen nicht mit einer der Raumgröße angepaßten Lautstärke.
- Sie verschlucken Endungen, Buchstaben oder Silben.
- Zu viele Verlegenheitslaute, wie »äh« usw.
- Sie überspielen ein eventuelles Steckenbleiben nicht genügend.

Zuhörerbezug:
- Zuwenig Visualisierungen.
- Zuwenig Beispiele und Auflockerungen.
- Zuwenig Pausen zwischengeschaltet.
- Sie achten zuwenig auf die Zuhörererwartungen und -wünsche.
- Sie gehen nicht genug auf Zwischenrufe und Einwände ein.
- Sie erkennen gewisse Ermüdungserscheinungen im Publikum nicht früh genug.
- Sie stellen zu hohe Ansprüche an das geistige Niveau der Zuhörer.
- Sie sprechen nicht die Sprache der Zuhörer.
- Sie erklären fachspezifische Ausdrücke nicht genau genug.

Manuskript:
- Zu viele Fremdideen – zuwenig eigenes Gedankengut.
- Zu schwer verständliche Formulierungen.
- Zu lange Sätze.
- Keine klare Gliederung.
- Zu fachspezifisch und detailliert.
- Das Manuskript ist zu eng und klein beschrieben.
- Wichtige Aussagen und einzelne Wörter besonderer Bedeutung sind nicht farblich markiert.
- Es fehlt der rote Faden.
- Mangelnde Skizzen und Diagramme.
- Zu großes Stoffangebot.

Vortrag:
- Sie zeigen Ihr Lampenfieber zu deutlich.
- Sie konzentrieren sich zuwenig auf die zu übermittelnde Botschaft, beschäftigen sich zu sehr mit den eigenen Problemen.
- Zu lautes Umblättern der Manuskriptblätter.
- Sie lesen das Manuskript ab, statt wenigstens zwischendurch einmal frei zu sprechen.
- Der Präsentation fehlt es an Auflockerungen mit Gags, Anekdoten, Visualisierungen usw.
- Sie beginnen den Vortrag mit einer Entschuldigung.
- Sie fangen schon an zu sprechen, obwohl noch keine Ruhe im Raum herrscht.
- Sie haben Begrüßungsschwierigkeiten.

- Ihr Vortrag wirkt allzu perfekt und darum steril.
- Fehlende Anwendung rhetorischer Fragen.
- Sie entfernen sich beim Sprechen zu weit vom Mikrofon.

Persönliche Mängel:
- Unkontrolliertes Mienenspiel, sarkastisch, zu ernst, ewig lächelnd, Stirn in Falten gezogen, hängende Mundwinkel usw.
- Sie hämmern mit den Händen auf das Pult.
- Sie wirken unausgeschlafen, nervös, gestreßt.
- Sie lassen sich durch Zu- und Zwischenrufe zu schnell aus der Ruhe und dem Konzept bringen.
- Es fehlt an Dynamik.
- Sie tragen zu gelangweilt vor.
- Sie haben veschiedene Unarten an sich, wie beispielsweise sich am Ohr kratzen, am Bart zupfen, auf die Lippen beißen, mit den Manschettenknöpfen oder der Krawatte spielen usw.

Achten Sie auf einen guten Redeeinstieg

Das Auftreten:
Bevor Sie zu sprechen beginnen, schauen Sie alle Zuhörer freundlich an, lassen Sie dabei Ihren Blick in alle Richtungen, bis in die letzte Reihe hinten, schweifen.
Bleiben Sie einen halben Meter vom Rednerpult entfernt stehen. Übrigens ist dieses nicht dazu gedacht, sich daran festzuklammern. Wenn Sie sich hinter dem Pult stehend bewegen wollen, dann bitte nicht von links nach rechts, sondern höchstens von vorn nach hinten. Besser aber: Stehen Sie möglichst still hinter dem Pult.

Der Anfang:
Die richtige Begrüßung bereitet manchmal Schwierigkeiten.

▶ *Hier einige Vorschläge:*

»Meine Damen und Herren«
»Sehr verehrte Damen und Herren«
»Liebe Kollegen (Freunde, Mitarbeiter...)«
(Höhergestellte sollten natürlich zuerst und namentlich angesprochen werden.)

Kündigen Sie bei einer längeren Veranstaltung die Anzahl und die Dauer der eingeplanten Pausen frühzeitig an.
Wer seine Zuhörer schon am Anfang einmal zum Lachen bringt, entspannt sie und sich selbst.
Beginnen Sie Ihren Vortrag nie mit einer Entschuldigung.

Praxistips:
Legen Sie eine Uhr auf das Rednerpult, damit Sie Ihre Redezeit nicht überziehen.

Sprechen Sie nicht über die Köpfe der Zuhörer hinweg.
Bei Diskussionen, Seminaren usw. ist es manchmal eine gute Strategie, den Teilnehmern anzukündigen, wie Sie vorgehen wollen, um damit deren Zustimmung für Ihre Vorgehensweise einzuholen.

Denken Sie nicht an Ihre eigenen Unzulänglichkeiten, sondern ausschließlich an die zu übermittelnde Botschaft.

DIE PHASE DER INFORMATIONSÜBERMITTLUNG

Manuskript:
Wenn Sie vom Manuskript ablesen, achten Sie auf folgende Punkte:

- Pausen.
- Atmen.
- Betonung.
- Höhen und Tiefen.
- Mimik.
- Gestik.
- Zuhörerrückkopplung.

Fachvorträge:
Seien Sie nicht zu fachspezifisch, tragen Sie nicht zu detailliert vor.

Erklären Sie die unumgänglich notwendigen Fremd- und Fachwörter.

Verwenden Sie möglichst viele Skizzen und Diagramme zur besseren Veranschaulichung.

Regeln:
Vermeiden Sie langweilige Wiederholungen.

Achten Sie auf eine gute Pausentechnik.

Verwenden Sie möglichst wenig Schlag- und Modewörter.

Wecken Sie die Neugierde, die Aufmerksamkeit und die Gefühle der Zuhörer, dann sind sie aufnahmefähiger für das, was Sie ihnen zu bieten haben.

Verwenden Sie einfache und kurze Sätze.

Berichten Sie einige eigene, zum Thema passende Erlebnisse.

Ratschläge:
Flechten Sie rhetorische Fragen ein.

Wer frei vorträgt, wird leichter sprechen.

Blenden Sie so viele Gags und Einblendungen visueller Art wie möglich ein.

Bauen Sie eventuell auch einmal eine kleine Denksportaufgabe ein.
Springen Sie nicht ohne entsprechende Überleitung von einem Thema zum anderen.

Allgemeines:
Es kommt stets darauf an, wie man etwas sagt: Das »WIE« ist oftmals entscheidender als das »WAS«.
Wer seinen Vortrag ausschließlich ablesen muß, schickt ihn besser mit der Post an die Teilnehmer, dann brauchen diese nicht erst zu kommen!
Seien Sie nicht zu akademisch und dozierend.

Der Ton macht die Musik

Die Stimme:
Artikulieren Sie richtig, vermeiden Sie jede Monotonie in Ihrer Sprechweise.
Betonen Sie die Konsonanten und Endungen.

Fehlerquellen:
Vermeiden Sie unbedingt Abweichungen von der deutschen Grammatik!
Sprechen Sie nicht über die Köpfe der Teilnehmer hinweg.
Siedeln Sie das Thema nicht »zu hoch« an.

Regeln:
Legen Sie genügend Sprechpausen zur richtigen Zeit und an der richtigen Stelle ein.
Vermeiden Sie Füllwörter und Verlegenheitssilben.
Achten Sie auf eine klare und deutliche Aussprache.
Sprechen Sie präzise, sachlich und eindringlich.

Ratschläge:
Niemals zu schnell sprechen.
Achten Sie auf Ihre Stimmfarbe (hoch – tief – melodisch) ebenso wie auf das richtige Sprechtempo (schnell – langsam, rhythmisch – abgehackt).

Mimik, Gestik und Körpersprache:
Gezielt, präzise und exakt anbringen.
»Was du deiner Zeit Großes und Wichtiges zu sagen hast, es wird sie nicht treffen, wenn du sie nicht wirklich und leibhaftig anredest.«
(Demosthenes)

Die Fakten und Daten kommen in den Hauptteil

Vorgehensweise:
Bringen Sie Beweise! Das Kausalitätsgesetz bewährt sich.
Demonstrieren Sie optimal.

Botschaftsempfänger:
Achten Sie auf genügend Höhepunkte in Ihrem Vortrag.
Behandeln Sie Zwischenrufe möglichst mit Humor.
Behandeln Sie alle Anwesenden gleich, schauen Sie einen etwa anwesenden Höhergestellten nicht ständig an.

Wie man »ankommt«:
Wahren Sie stets Ihre eigene, persönliche Note, seien Sie nie die Kopie eines anderen!
Versuchen Sie, während des Vortrags menschliche Wärme auszustrahlen.

Wichtige Regeln:
Verwenden Sie, so oft es geht, die Demonstrationstechnik.
Bringen Sie Dynamik in Ihren Vortrag, denn die Aufmerksamkeit läßt während des Zuhörens immer wieder etwas nach und bedarf dann einer Aufmunterung.
Bringen Sie viele Beispiele und Erlebnisse.
Wollen Sie lauter sprechen, müssen Sie höher sprechen.

Praxistips:
Je überzeugender vorgegangen wird, desto überzeugender wird alles.
Lassen Sie Ihre Zuhörer etwas sehen!
Blättern Sie die Manuskriptblätter nicht um. Besser ist es, sie einfach beiseite zu legen.
Nehmen Sie kleine Pannen nicht zu tragisch. Manchmal führen sie zu ein wenig Heiterkeit und tragen damit zur Entspannung der Atmosphäre bei.
Nutzen Sie die Macht der Pausen.
Flechten Sie Gags ein, ein lustiges Bild; nennen Sie ein treffendes Zitat, und setzen Sie Transparentfolien ein.

Allgemeines:
Versuchen Sie nach der Devise »Locker vom Hocker« zu arbeiten.

Stellen Sie den Zuhörer in den Mittelpunkt.
Sprechen Sie niemals zu lange; hören Sie stets auf, bevor Ihre Zuhörerschaft es wünscht. Haben Sie Ihre Zuhörer bereits zwei- bis dreimal ermüdet, so kommen Sie in den Ruf, langweilig zu reden, und den werden Sie so schnell nicht wieder los.

Was zur Vorbereitung gehört:
Besorgen Sie sich rechtzeitig genügende Informationen über Ihren Zuhörerkreis.

Alltagserfahrung:
Der Vortrag muß unbedingt teilnehmerorientiert sein.
Bedenken Sie die Zuhörererwartungen.
Begegnen Sie allen Störungen mit möglichst viel Humor und Schlagfertigkeit.
Es sollten sich stets sehr viele Ihrer Zuhörer angesprochen fühlen.
Sorgen Sie zur Entspannung für Auflockerungsübungen.
Reißen Sie Ihr Publikum mit!
Zuhörer sind gar nicht so kritisch, wie Sie vielleicht denken.

▶ *Fehler, die man vermeiden soll:*
Kritisieren Sie niemals einen einzelnen vor der Gruppe.
Überschätzen Sie nicht die Speicherkapazität des menschlichen Gehirns.

Wichtige Regeln:
Halten Sie genügend Auflockerungen bereit, um das Interesse der Zuhörer wachzuhalten.
Vermeiden Sie Einzelgespräche mit Dauerrednern in der Gruppe, die meistens mit ihrem Wissen prahlen wollen.
Motivieren Sie Ihre Zuhörer.
Sprechen Sie gelegentlich einen Teilnehmer namentlich an.
Sprechen Sie möglichst oft in der Sie- oder in der Wir-Form.

Praxistips:
Lob und Anerkennnung gegenüber den Zuhörern machen sich immer bezahlt.
Lassen Sie bei Diskussionen auch die Meinung anderer gelten. Aber achten Sie darauf, daß unter den Diskussionsteilnehmern kein Sarkasmus aufkommt.
Wenn Sie bei Ihren Zuhörern Ermüdungserscheinungen bemerken, wie zum Beispiel verstohlenes Auf-die-Uhr-Blicken, Zum-Fenster-Hinausschauen, An-die-Decke-Starren usw., schalten Sie eine Übung ein, die die Aktivität aller Beteiligten erfordert.

Allgemeines:
Stellen Sie den Zuhörer stets in den Mittelpunkt.

Ende gut – alles gut:
Bringen Sie zum Schluß Ihres Vortrags eine kurze Zusammenfassung des Stoffs.
Die Krönung des Vortrags sollte ein Appell an die Zuhörer sein.
Die letzten Sätze einer Rede sollten immer auswendig gesprochen werden.

Praxistips:
Halten Sie genau Ihre Redezeit ein – nach Ihnen wollen vielleicht auch noch andere drankommen.
Verwenden Sie zum Schluß einen Höhepunkt Ihrer Rede, und kommen Sie damit wie mit einem Paukenschlag zum Ende.
Beim interessantesten Punkt aufzuhören ist bekanntlich schwer, aber gut!
Sagen Sie vor allem niemals: »Ich komme nun zum Schluß«, wenn Sie dann noch minutenlang weiterreden.

Unterschätzen Sie den Wert der Psychologie nicht

Persönliche Einstellung:
Sollten Sie einmal steckenbleiben, so ist das kein Grund zur Panik. Fassen Sie einfach das zuletzt Gesagte noch einmal zusammen.
Sie müssen durchaus nicht nur reines Hochdeutsch sprechen. Eine leicht mundartliche Färbung hat oft ihren eigenen Reiz.
Seien Sie nicht allzu perfekt. Perfektionisten wirken – ohne es wirklich sein zu müssen – verkrampft.

Der Empfänger:
Nutzen Sie die Pausen für kurze, persönliche Gespräche.
Sprechen Sie dabei besonders die ablehnenden, desinteressierten und ebenfalls die schüchternen Teilnehmer an.
Berücksichtigen Sie, soweit wie möglich, die Erwartungen und Wünsche Ihrer Zuhörer.

Wichtige Regeln:
Seien Sie vorsichtig mit Witzen: nicht jeder kommt an.
Ihre Komplimente müssen aufrichtig gemeint sein – bringen Sie sie begeistert und spontan.

Zeigen Sie den Zuhörern, daß es Ihnen Freude macht, diesen Vortrag zu halten.

Allgemeines:
Bedenken Sie, die Menschen sehen uns nicht, wie wir sind, sondern wie wir erscheinen. Deshalb achten Sie auf Ihr Äußeres.

Niemals die Kleinigkeiten vergessen

Persönliches:
Sprechen Sie stets die Sprache Ihrer Zuhörer.
Seien Sie immer zuvorkommend, hilfsbereit und höflich.
Sie sollten weder zu betont salopp noch zu offiziell gekleidet sein.
Vermeiden Sie grundsätzlich Themen, die Sie nicht beherrschen.

Der Empfänger:
Gleichgültig, ob Rede, Vortrag, Präsentation, Konferenz, Seminar –, es sollte immer auch eine menschliche Begegnung sein.

Wichtige Regeln:
Müssen Sie einen Referenten vorstellen, ist es wichtig, daß Sie sich vorher mit ihm unterhalten. Versuchen Sie dabei Informationen von ihm zu erhalten, so daß Sie ihn optimal vorstellen können.

► *Erfragen Sie seine*
1. Titel,
2. Leistungen,
3. Verdienste,
4. die Form, in der er vorgestellt zu werden wünscht.

Praxistips:
Lachen verbindet die Zuhörer untereinander und mit dem Referenten.
Grafiken, Tabellen, Zahlen, Namen, grafische Darstellungen und ähnliches sollten auf Flip-Charts oder mit Hilfe des Tageslichtprojektors visualisiert werden.
Kleben Sie nie an Ihrem Manuskript.

Allgemeines:
Halten Sie Ihre Präsentation so verständlich wie möglich, ohne Verwendung von für die Zuhörer unverständlichen Fachausdrücken. Müssen Sie solche verwenden, dann erklären Sie sie entsprechend.
Grenzen Sie Ihre Thematik genau ein, und halten Sie Ihre Redezeit auf die Minute pünktlich ein.

Einblendungen und humoristische Einlagen

Die Zuhörer wollen unterhalten werden. Ein Redner sollte niemals vergessen, daß Zuhören keine leichte Tätigkeit ist. Gute Redner haben deshalb immer etwas parat, um die Aufmerksamkeit der Zuhörer zu fesseln oder zu steigern. Sei es nun gleich zu Beginn des Vortrags oder zwischendurch einmal zur Aufmunterung, wenn der Redner spürt, daß die Aufnahmefähigkeit nachläßt.

Vortragende, die immer wieder neue Ideen, Episoden, Anekdoten, humorvolle Geschichten, Begebenheiten, Einblendungen und Gags einstreuen, werden immer wieder gern gehört.

Während eines jeden Vortrags durchläuft die Aufmerksamkeitskurve Höhen und Tiefen (siehe Skizze). Eine nachlassende Aufmerksamkeit kann ein geübter Redner auf Grund des Blickkontakts zu den Zuhörern schon an deren Haltung schnell erkennen. Während eines Vortrags, bei dem die Zuhörer eine längere Zeit passiv sitzen müssen, muß der Redner schon einiges bringen, um seine Zuhörer zu fesseln.

Die Aufmerksamkeit der Zuhörer ▷

Phase I:
Während der ersten 15 Minuten hören alle zu, die Aufmerksamkeit liegt bei 100 Prozent.

Phase II:
Die Aufmerksamkeit sinkt. 20 Prozent der Zuhörer gehen mit ihren Gedanken schon spazieren.

Phase III:
Nach 30 Minuten steigen weitere 20 Prozent der Teilnehmer gedanklich aus.

Phase IV:
Jetzt haben schon 60 Prozent der Zuhörer aufgegeben, und die Aufmerksamkeit sinkt auf 40 Prozent ab.

Phase V:
Der Redner merkt es nicht einmal, daß 80 Prozent der Teilnehmer gar nicht mehr mitmachen.

Phase VI:
Und nun, nach über 90 Minuten Vortrag, sagt der Redner zum Glück: »Vielen Dank für Ihre Aufmerksamkeit«, und 80 Prozent der Teilnehmer hören den Schluß aufmerksam an. Nur die 20 Prozent, die den gesamten Vortrag bis dahin verfolgt haben, schalten jetzt vor Zuhör-Erschöpfung ab.

Zuhörer-Aufmerksamkeits-Skizze

Phase	Teilnehmer	Rededauer in Minuten	Zuhörer-Aufmerksamkeit	Gedanken-Spaziergang
I		–15	Anfang 100%	–
II		15–30	80%	20%
III		30–45	60%	40%
IV		45–60	40%	60%
V		60–75	20%	80%
VI		90–105	Schluß 80%	20%

Die Aufmerksamkeit der einzelnen Zuhörer wird natürlich immer von Person zu Person unterschiedlich sein. Es ist äußerst schwierig, konkrete Ratschläge dafür zu geben, wie man die Aufmerksamkeit der Zuhörer ständig aufrechterhält.

▶ Mein Ratschlag ist der, ständig auf der Suche nach interessantem Material der verschiedensten Kategorien zu sein. Einiges kann man natürlich auch durch die eigene Kreativität konzipieren und erarbeiten. Gute Ideen kann man überall erhalten, sei es nun aus Zeitschriften, aus der Fachpresse, aus einer Zitatensammlung oder aus Abbildungen. Fangen Sie an zu suchen, und wenn Sie wirklich aufmerksam dabei sind, dann werden Sie immer einiges Brauchbare finden.

Idee für Einleitungen

Es ist sehr wichtig, vielleicht sogar das Wichtigste, bei einer Rede einen guten Einstieg zu haben. Deshalb sind hier kleine Gags und Hilfsmittel nützlich. Auf der folgenden Skizze finden Sie ein Durcheinander von Buchstaben und Zahlen.
Diese können Sie zum Beispiel auf ein Transparent zeichnen und es mit folgender Frage aufleuchten lassen:
»Was sehen Sie vor sich?«

Antwort: Ein System ist zu erkennen, und zwar: Jeder erste Buchstabe befindet sich auf der linken, jeder zweite auf der rechten Seite. Ebenso sind die Zahlen in die linke Hälfte (ungerade) und in die rechte Hälfte (gerade) eingetragen!

Wie man beim Formulieren unschlagbar wird

Dieser nicht ganz ernst gemeinte Vorschlag stammt von PHILIPP BROUGHTON, einem Beamten im US-Gesundheitsdienst. Jahrelang hatte er sich durch das etymologische Dickicht geschlagen, bis er auf eine bombensichere Methode stieß, Frustration in Befriedigung zu wandeln. Das »automatische Schnellformuliersystem« stützt sich auf eine Liste von dreißig sorgfältig ausgesuchten Schlüsselwörtern:

Spalte 1	Spalte 2	Spalte 3
0. konzentrierte	**0.** Führungs-	**0.** -struktur
1. integrierte	**1.** Organisations-	**1.** -flexibilität
2. permanente	**2.** Identifikations-	**2.** -ebene
3. systematische	**3.** Drittgenera-tions-	**3.** -tendenz
4. progressive	**4.** Koalitions-	**4.** -programmie-rung
5. funktionelle	**5.** Fluktuations-	**5.** -konzeption
6. orientierte	**6.** Übergangs-	**6.** -phase
7. synchrone	**7.** Wachstums-	**7.** -potenz
8. qualifizierte	**8.** Aktions-	**8.** -problematik
9. ambivalente	**9.** Interpretations-	**9.** -kontingenz

Die Handhabung ist denkbar einfach. Denken Sie sich eine beliebige dreistellige Zahl, und suchen Sie die entsprechenden Wörter in jeder Spalte. Die Nummer 257 zum Beispiel ergibt: »permanente Fluktuationspotenz«, ein Ausdruck, der jedem Bericht eine entschiedene, von Fachwissen geprägte Autorität verleiht! *»Keiner wird im entferntesten wissen, wovon Sie reden«*, sagt BROUGHTON, *»aber entscheidend ist, daß niemand wagen wird, es zuzugeben.«*

Geschichten zum Vorlesen oder Erzählen

Sie werden es immer und überall wieder bestätigt finden, daß die Menschen gern lachen. Nach einer trockenen Materie oder nach langen fachlichen Ausführungen brauchen die Menschen etwas zur Auflockerung. Nun ist aber nicht jeder Vortragende von Natur aus lustig und humorvoll. Auch sind viele Redner viel zu ernst in ihrer Aussage. Dadurch wird unter den Zuhörern eine Atmosphäre geschaffen, in der sich niemand zu äußern wagt.

Alles über den Wertsack

Nach der ersten Lektüre dieses Textes, den wir in den *»Mitteilungen der Arbeitsgemeinschaft junger Erzieher«* abgedruckt fanden, wurden rege Zweifel in uns wach, ob es sich in der Tat – wie behauptet – um eine amtliche Verlautbarung der (früheren) Deutschen Bundespost handelt. Rückfragen bei der Oberpostdirektion München brachten uns indessen Gewißheit, daß hier kein Satiriker, sondern ein ernster Vorschriftenverfasser am Werke war.

Unter der Überschrift »Was jeder Postangehörige wissen sollte« lesen wir:

> »In Dienstanfängerkreisen kommen immer wieder Verwechslungen der Begriffe ›Wertsack‹, ›Wertbeutel‹, ›Versackbeutel‹ und ›Wertpaketsack‹ vor. Um diesem Übel abzuhelfen, ist das folgende Merkblatt dem § 49 der ADA vorzuheften.
>
> Der Wertsack ist ein Beutel, der auf Grund seiner besonderen Verwendung im Postbeförderungsdienst nicht Wertbeutel, sondern Wertsack genannt wird, weil sein Inhalt aus mehreren Wertbeuteln besteht, die in den Wertsack nicht verbeutelt, sondern versackt werden.
>
> Das ändert aber nichts an der Tatsache, daß die zur Bezeichnung des Wertsackes verwendete Wertbeutelfahne auch bei einem Wertsack mit Wertbeutelfahne bezeichnet wird und nicht mit Wertsackfahne, Wertsackbeutelfahne oder Wertbeutelsackfahne.
>
> Sollte es sich bei der Inhaltsfeststellung eines Wertsackes herausstellen, daß ein in einem Wertsack versackter Versackbeutel statt im Wertsack in einen der im Wertsack versackten Wertbeutel hätte versackt werden müssen, so ist die in Frage kommende Versackstelle unverzüglich zu benachrichtigen.
>
> Nach seiner Entleerung wird der Wertsack wieder zu einem Beutel, und er ist auch bei der Beutelzählung nicht als Sack, sondern als Beutel zu zählen.
>
> Bei einem im Ladezettel mit dem Vermerk ›Wertsack‹ eingetragenen Beutel handelt es sich jedoch nicht um einen Wertsack, sondern um einen Wertpaketsack, weil ein Wertsack im Ladezettel nicht als solcher bezeichnet wird, sondern lediglich durch den Vermerk ›versackt‹ darauf hingewiesen wird, daß es sich bei dem versackten Wertbeutel um einen Wertsack und nicht um einen ausdrücklich mit ›Wertsack‹ bezeichneten Wertpaketsack handelt.
>
> Verwechslungen sind insofern im übrigen ausgeschlossen, als jeder Postangehörige weiß, daß ein mit Wertsack bezeichneter Beutel kein Wertsack, sondern ein Wertpaketsack ist.«

Nachtgebet einer Sekretärin

»Herr, ich bitte dich um die Geduld, die Hiob hatte, um den Takt eines Hoteldirektors, um die Würde einer Königin, um die Freundlichkeit eines Hündchens, um den Sex-Appeal eines Filmstars oder zumindest eines Handelsreisenden und um die Gabe einer Wahrsagerin!

Bitte, verleih mir die Kraft, aus einem hingebrummelten Diktat ein stilistisches Meisterwerk zu schaffen, und die Fähigkeit, den rechten Brief zur rechten Zeit zu finden, ohne zu wissen, um was es sich handelt!

Gib mir die Kraft, daß es mir gelingt, meinen Chef an Verabredungen zu erinnern, von denen er mir nichts gesagt hat, und alle künftigen geschäftlichen Termine so zu legen, daß sie nicht mit seinen künftigen privaten Verabredungen kollidieren, die er überhaupt noch nicht getroffen hat.

Gib mir die Kraft, aus meinen Rippen oder zur Not aus meinem Handgelenk Briefmarken und Klebstoff zu zaubern, Zigaretten und Bindfaden, Landkarten und Briefumschläge in den ausgefallensten Größen!

Herr, laß mich auf der Stelle Angesicht oder Stimme eines jeglichen Besuchers oder Anrufers erkennen! Laß mich genau Bescheid wissen über die geschäftlichen Verbindungen dieses Mannes, seine politischen und religiösen Ansichten und über den Kredit, den er bei Freund und Feind genießt, obwohl ich ihn nie zuvor gesehen oder gesprochen habe.

Und um noch eines bitte ich dich: Laß mich den Schreibtisch meines Chefs in Ordnung halten und trotzdem keinen von seinen vielen hundert Schmierzetteln verlegen! Herr, gib mir die Kraft, meinen Chef zu ertragen, denn seine Sünden sind seine Tugenden, und seine Tugenden sind seine Sünden. Ein Jahr an der Schreibmaschine ist wie tausend Jahre, und tausend Chefs sind wie ein Chef.

Und dann schlief die Sekretärin glücklich ein.«

(Aus »Christ und Welt«)

Ratschläge für einen schlechten Redner

»Fang nie mit dem Anfang an, sondern immer drei Meilen vor dem Anfang! Etwa so:

›Meine Damen und Herren! Bevor ich zum Thema des heutigen Abends komme, lassen Sie mich Ihnen kurz ...‹ Hier hast du schon so ziemlich alles, was einen schönen Anfang ausmacht: eine steife Anrede; den Anfang vor dem Anfang; die Ankündigung, daß und was du zu sprechen beabsichtigst, und das Wörtchen ›kurz‹. So gewinnst du im Nu die Herzen und die Ohren der Zuhörer.

Denn das hat der Zuhörer gern: daß er deine Rede wie ein schweres Schulpensum aufbekommt; daß du mit dem drohst, was du sagen wirst, sagst und schon gesagt hast. Immer schön umständlich.

Sprich nicht frei – das macht einen so unruhigen Eindruck. Am besten ist es: du liest deine Rede ab. Das ist sicher, zuverlässig, auch freut sich jedermann, wenn der lesende Redner nach jedem Viertelsatz mißtrauisch hochblickt, ob auch noch alle da sind.

Wenn du gar nicht hören kannst, was man dir so freundlich rät, und du willst durchaus und durchum frei sprechen... du Laie! Du lächerlicher Cicero! Nimm dir doch ein Beispiel an unseren professionellen Rednern, an den Reichstagsabgeordneten – hast du die schon mal frei sprechen hören? Die schreiben sich sicherlich zu Hause auf, wenn sie ›Hört! Hört!‹ rufen..., ja also, wenn du denn frei sprechen mußt: Sprich, wie du schreibst. Und ich weiß, wie du schreibst. Sprich mit langen, langen Sätzen – solchen, bei denen du, der du dich zu Hause, wo du ja die Ruhe, deren du so sehr benötigst, deiner Kinder ungeachtet, hast, vorbereitet, genau weißt, wie das Ende ist, die Nebensätze schön ineinandergeschachtelt, so daß der Hörer, ungeduldig auf seinem Sitz hin und her träumend, sich in einem Kolleg wähnend, in dem er früher so gern geschlummert hat, auf das Ende solcher Periode wartet... nun, ich habe dir eben ein Beispiel gegeben. So mußt du sprechen.

Fang immer bei den alten Römern an, und gib stets, wovon du auch sprichst, die geschichtlichen Hintergründe der Sache. Das ist nicht nur deutsch – das tun alle Brillenmenschen. Ich habe einmal an der Sorbonne einen chinesischen Studenten sprechen hören, der sprach glatt und gut französisch, aber er begann zu allgemeiner Freude so:

›Lassen Sie mich Ihnen in aller Kürze die Entwicklungsgeschichte meiner chinesischen Heimat seit dem Jahre 2000 vor Christi Geburt...‹

Er blickte ganz erstaunt auf, weil die Leute so lachten. So mußt du das auch machen. Du hast ganz recht: man versteht es ja sonst nicht, wer kann denn das alles verstehen, ohne die geschichtlichen Hintergründe... sehr richtig! Die sind doch nicht in deinen Vortrag gekommen, um lebendiges Leben zu hören, sondern das, was sie auch in den Büchern nachschlagen können ... sehr richtig! Immer gib ihm Historie, immer gib ihm.

Kümmere dich nicht darum, ob die Wellen, die von dir ins Publikum laufen, auch zurückkommen – das sind Kinkerlitzchen. Sprich unbekümmert um die Wirkung, um die Leute, um die Luft im Saale; immer sprich, mein Guter. Gott wird es dir lohnen.

Du mußt alles in die Nebensätze legen. Sag nie: ›Die Steuern sind zu hoch.‹ Das ist zu einfach. Sag: ›Ich möchte zu dem, was ich soeben gesagt haben, noch kurz bemerken, daß mir die Steuern bei weitem ...‹, so heißt das.

Trink den Leuten ab und zu ein Glas Wasser vor – man sieht das so gern.

Wenn du einen Witz machst, lach vorher, damit man weiß, wo die Pointe ist.

Eine Rede ist, wie könnte es anders sein, ein Monolog. Weil doch nur einer spricht. Du brauchst auch nach vierzehn Jahren öffentlicher Rednerei noch nicht zu wissen, daß eine Rede nicht nur ein Dialog, sondern ein Orchesterstück ist: eine stumme Masse spricht nämlich ununterbrochen mit. Und das mußt du hören. Nein, das brauchst du nicht zu hören. Sprich nur, lies nur, donnere nur, geschichtele nur.

Zu dem, was ich soeben über die Technik der Rede gesagt habe, möchte ich noch kurz bemerken, daß viel Statistik eine Rede immer sehr hebt. Das beruhigt ungemein, und da jeder imstande ist, zehn verschiedene Zahlen mühelos zu behalten, so macht das viel Spaß.

Kündige den Schluß deiner Rede lang vorher an, damit die Hörer vor Freude nicht einen Schlaganfall bekommen (PAUL LINDAU hat einmal einen dieser gefürchteten Hochzeitstoaste so angefangen: ›Ich komme zum Schluß‹). Kündige den Schluß an, und dann beginne deine Rede von vorn und rede noch eine halbe Stunde. Dies kann man mehrere Male wiederholen.

Du mußt dir nicht nur eine Disposition machen, du mußt sie den Leuten auch vortragen – das würzt die Rede.

Sprich nie unter anderthalb Stunden, sonst lohnt es gar nicht, erst anzufangen.

Wenn einer spricht, müssen die anderen zuhören – das ist deine Gelegenheit! Mißbrauche sie!« (KURT TUCHOLSKY)

Öffentliche Reden (Auszüge)

»... Für alle nichtberufsmäßigen Redner besteht die Kunst in peinlichem Vorbereiten und lässigem Vortragen ...«

»... Der springende Punkt ist, daß der Redner nicht von eigenen Emotionen ausgeht, die er ausdrücken möchte, sondern von einem ganz bestimmten Auditorium, das er beeinflussen will. Also beginnt er bei dem Auditorium und kommt erst dann auf die eigene Person. Dabei fragt er sich zunächst, welches Thema alle Anwesenden, Frauen wie Männer, interessiert. Die Antwort ist gewöhnlich einfach: sie interessieren sich vorwiegend für sich selbst. Daher seine Aufgabe, in den ersten drei Minuten auf irgend etwas anspielen, das ihnen allen gemeinsam ist, den Schwerpunkt auf das legen, was als ihr wichtigster gemeinsamer Nenner erscheint ...«

»... Auch wenn die Anwesenden hauptsächlich an sich selber interessiert sind, hören sie gern Anekdoten zum Gruseln oder zum Schmunzeln ...«

»... Dann gehen Sie über zu der Wiederholung, aber mit anderen Worten, indem Sie nämlich alles Negative ins Positive verkehren. Wenn Sie vorher sagten: ›Kein Licht darf brennend zurückgelassen werden‹, dann sagen Sie jetzt, daß der letzte die Verantwortung hat, alle Lichter auszuschalten ...«

»... Ein Witz hat nur einen Sinn, wenn er das, worauf es dem Vortragenden besonders ankommt, unterstreicht. Die Geschichte, die Sie gestern im Rotary-Klub hörten, ist darum fast immer verfehlt. Bringen Sie statt dessen einen Witz, der genau die Sache trifft. Dabei müssen Sie immer voraussetzen, daß eine komische Geschichte das einzige ist, was jeder behalten und weitererzählen wird. Denn jeder schmückt sich gern mit dem Ruf, ein Witzbold zu sein ...«

Lustige, schlagfertige Formulierungen

Während eines Rhetorikseminars für die Hauptabteilungsleiter der Industrie- und Handelskammer in Hannover sagte mir ein Teilnehmer, daß er lustige und schlagfertige Formulierungen sammelt. Diese verwendet er dann bei der Erarbeitung von Vorträgen.

Er überreichte mir eine Liste mit den folgenden lustigen Formulierungen:

Wir kennen zwar die Aufgabe nicht, aber wir bringen das Doppelte!

Bei uns kann jeder werden, was er will – ob er will oder nicht!

Wir wissen zwar nicht, was wir wollen, aber das mit ganzer Kraft.

Wo wir sind, klappt nichts – aber wir können nicht überall sein.

Jeder macht, was er will – keiner macht, was er soll – aber alle machen mit.

Damit immer mehr immer weniger tun können, müssen immer weniger immer mehr tun.

Wir arbeiten Hand in Hand – was die eine nicht schafft, läßt die andere liegen.

Jeder wird so lange befördert, bis er mit Sicherheit unwirksam ist.

Operative Hektik ersetzt geistige Windstille.

Der Mensch steht im Mittelpunkt und somit allen im Weg.

Die Hauptsache, es geht vorwärts – die Richtung ist egal.

Wir suchen Menschen, die bereit sind, unten anzufangen ... und auch dort zu bleiben.

Einige lustige Definitionen und Einblendungen

Spezialisten ...

... wußten am Anfang ... über wenig recht viel, dann über weniger noch mehr, heute über ganz wenig verdammt viel. Dereinst werden sie über nichts alles wissen!

Wissenschaftliche Beschreibung des Tatbestandes, daß jemand Mist gebaut hat:

Die voluminöse Expansion subterrarer Agrarprodukte steht in reziproker Relation zur intelligenten Kapazität ihres Produzenten.

Gedankensplitter:

Unter Arbeitsteilung versteht man den Vorgang, bei dem drei Leute in drei Stunden dasselbe leisten, was bisher ein Mann in einer Stunde geschafft hat. (Cyril Parkinson)

Wer immer schön brav Tag für Tag seine acht Stunden arbeitet, bringt es am Ende vielleicht dazu, der Boß zu werden, der dann zwölf oder mehr Stunden am Tag arbeitet.

Die Statistik ist wie eine Laterne im Hafen, die einem betrunkenen Seemann eher als Halt denn als Erleuchtung dient. (Ein englischer Bankkaufmann)

Es gäbe einen Weg, sämtliche Wirtschaftsprobleme zu lösen. Man müßte die Selbstgefälligkeit steuerpflichtig machen. (Jacques Tati)

Bäume, Bäume, nichts als Bäume und dazwischen Zwischenräume und in jedem Zwischenraum, man glaubt es kaum, noch ein Baum!

Theorie ist, wenn man alles weiß und nichts funktioniert. Praxis ist, wenn alles funktioniert und keiner weiß, warum.

Was ist ein Stammtisch?

Ein Stammtisch ist in einem bestimmten Lokal ein bestimmter Tisch mit einer bestimmten Ecke, an dem an bestimmten Tagen bestimmte Gäste zur bestimmten Stunde auf ihren bestimmten Stühlen Platz nehmen, um dort bei einer bestimmten Menge eines bestimmten Getränkes über bestimmte Themen zu sprechen, um dann zur bestimmten Stunde mit einem bestimmten Quantum bestimmt nach Hause zu gehen – wo sie von einer bestimmten Person mit einem bestimmten Gegenstand bestimmt erwartet werden. – Das stimmt bestimmt!

Der zehnjährige Bub

Auf einer Landstraße in Oberbayern bemühte sich ein Kraftfahrer vergeblich, den Motor seines Autos wieder in Gang zu bringen. Ein zehnjähriger Bub, der des Weges kam, schaffte es sofort. Der Autofahrer gab ihm ein Trinkgeld und fragte, warum er denn nicht in der Schule sei. Der Junge erzählte, in seiner Dorfschule werde der Schulrat erwartet, darum habe der Lehrer ihn nach Hause geschickt, denn er als Dümmster der Klasse sollte nicht auffallen. Der Kraftfahrer war ... der Schulrat!

Zusammenfassung

Manche Menschen sind, wie wir schon eingangs dieses Kapitels sagten, schlagfertiger als andere. Eine schlagfertige Antwort ist gut, darf aber nie dazu führen, Ressentiments in der Gruppe entstehen zu lassen. Aus unverhofften Situationen im Alltag ergeben sich oft von selbst schlagfertige Antworten, die man sammeln sollte.

Im folgenden finden Sie einige goldene Regeln der Schlagfertigkeit aufgeführt:

❶ Bereiten Sie sich auf eine Unterhaltung vor. Sehr oft kennt man die Lieblingsargumente der Gesprächspartner und kann sich im voraus eine schlagfertige Antwort überlegen.

❷ Hören Sie aufmerksam zu. Nur wenn Sie genau mitbekommen, was Ihr Gesprächspartner sagt, können Sie treffend reagieren.

❸ Denken Sie daran, daß einige Wörter mehrere Bedeutungen haben. Versuchen Sie, immer die passende Bedeutung zu verwenden.

❹ Versuchen Sie, eine logische Folgerung aus einer Behauptung Ihres Gesprächspartners zu ziehen.

❺ Beobachten Sie Rede- und Antworttechniken bei anderen schlagfertigen Leuten.

❻ Machen Sie eine kritische Nachbereitung: Was hätte ich auf diese oder jene Äußerung erwidern können?

❼ Erweitern Sie Ihren Wortschatz! Nur wenn Sie über einen umfangreichen Vorrat an Wörtern verfügen, haben Sie zu jeder Gelegenheit das treffende Wort parat. Je größer Ihr Wortschatz, um so mehr Möglichkeiten stehen Ihnen zur Verfügung.

❽ Führen Sie ungeniert Selbstgespräche. Das aktiviert Ihre Redefähigkeit und Ihren Wortschatz.

❾ Malen Sie sich verschiedene Gesprächs- und Redesituationen mit möglichst schlagfertigen Antworten aus. Das übt nicht nur Ihre Schlagfertigkeit, sondern auch Ihre Phantasie.

Quelle: Maximilian Weller, »Die schlagfertige Antwort«, Gustav Lübbe Verlag.

Kritische Kontrolle und Selbstanalyse nach dem Auftritt

Ein geübter Redner merkt meistens schon selbst, ob sein Vortrag gelungen, ob der Funke übergesprungen ist. Bereits während des Vortrags kann der geübte Redner vieles an den Augen der Zuhörer ablesen, auch aus der Sitzhaltung und aus manchen anderen Indizien kann er so einiges entnehmen. Die nonverbale Sprache der Zuhörer zeigt dem erfahrenen Redner vieles auf.
Es folgen einige wichtige Fragen, die Sie sich stellen sollten, und Beurteilungsbögen, an Hand derer Sie eine kritische Analyse durchführen können.

ABC-Checkliste

Natürlich werden Sie als Redner von Ihren Zuhörern streng beobachtet und beurteilt. Aus diesem Grund sollten Sie schon eine vorangehende Selbstbeurteilung vornehmen. Je kritischer Sie hier mit sich selber sind, desto weniger müssen Sie sich dann vor der späteren Beurteilung durch Ihre Zuhörer fürchten.

ABC-Checkliste für die Selbstanalyse nach dem Vortrag

	ja	nein
❶ Ist mir ein sicherer Abgang gelungen?	☐	☐
❷ War meine Aktivität ausreichend?	☐	☐
❸ Habe ich zuviel angeboten?	☐	☐
❹ War meine Aussprache deutlich?	☐	☐
❺ Wurden genügend Beispiele gebracht?	☐	☐
❻ Habe ich genügend Blickkontakt gehalten?	☐	☐
❼ War meine Darbietung verständlich?	☐	☐

ABC-Checkliste für die Selbstanalyse nach dem Vortrag

		ja	nein
8	War mein Einstieg zufriedenstellend?	☐	☐
9	War meine äußere Erscheinung korrekt?	☐	☐
10	Habe ich große Fehler begangen?	☐	☐
11	Habe ich zu viele Fremdwörter verwendet?	☐	☐
12	Wirkte ich gehemmt?	☐	☐
13	War die Geschwindigkeit der Aussagenfolge zu groß?	☐	☐
14	Stimmten meine Gesten mit dem gesprochenen Wort überein?	☐	☐
15	War eine gute Haftwirkung vorhanden?	☐	☐
16	War der Hauptteil des Vortrags gut gegliedert und aufgebaut?	☐	☐
17	Habe ich genügend technische Hilfsmittel eingesetzt?	☐	☐
18	Habe ich genügend neue Informationen geboten?	☐	☐
19	War der Inhalt meiner Rede informativ?	☐	☐
20	War meine Körperhaltung in Ordnung?	☐	☐
21	War meine Lautbildung korrekt? Klebte ich zu sehr am Manuskript?	☐	☐
22	Stimmte meine Mimik mit dem gesprochenen Wort überein?	☐	☐
23	War meine Modulation genügend ausgeprägt?	☐	☐
24	Habe ich genügend Pausen eingehalten?	☐	☐
25	War die Redelautstärke dem Raum angepaßt?	☐	☐
26	Hatte ich das richtige Redetempo?	☐	☐
27	War der rote Faden stets zu erkennen?	☐	☐
28	Waren meine Sätze verständlich?	☐	☐
29	War mein Schluß gut?	☐	☐

ABC-Checkliste für die Selbstanalyse nach dem Vortrag		
	ja	nein
❸⓪ Strahlte ich genügend Sicherheit aus?	☐	☐
31 Hat es mir Spaß gemacht vorzutragen?	☐	☐
32 Konnte ich ein Steckenbleiben überspielen?	☐	☐
33 Wirkte ich sympathisch?	☐	☐
34 Beherrschte ich das Thema?	☐	☐
35 Interessierte die Thematik die Zuhörer?	☐	☐
36 Wirkte ich überheblich?	☐	☐
37 Wirkte ich überzeugend?	☐	☐
38 Wirkte ich unruhig?	☐	☐
39 Gibt es noch irgendwelche Verbesserungsmöglichkeiten?	☐	☐
40 War die Visualisierung ausreichend?	☐	☐
41 War meine Vorbereitung ausreichend?	☐	☐
42 War der Vortrag lebendig genug?	☐	☐
43 Konnte man den Vortrag gut verfolgen?	☐	☐
44 Habe ich die Zeit eingehalten?	☐	☐
45 Habe ich Zwischenfragen gekonnt beantwortet?	☐	☐
46 Bin ich genügend auf die Zuhörer eingegangen?	☐	☐

Checkliste einiger Hauptfehler

Thematik	ja	nein	manchmal
Persönliche Fehler: Mangelnde Vorbereitungszeit.	☐	☐	☐
Mangelnde Beherrschung der Thematik.	☐	☐	☐
Unnötiges Lampenfieber vor dem Auftritt.	☐	☐	☐

Thematik	**ja**	**nein**	**manch-mal**
Vortrag wirkte auswendig gelernt.	☐	☐	☐
Erschien langweilig und uninteressant.	☐	☐	☐
Mangelnder Wortschatz verursachte Schwierigkeiten beim Sprechen.	☐	☐	☐
Zielsetzung: Mangelnde Zuhörerinformationen.	☐	☐	☐
Zu viele Fremdideen und -gedanken.	☐	☐	☐
Zuhöreranalyse: Den Teilnehmererwartungen wurde nicht entsprochen.	☐	☐	☐
Ausarbeitung: Vortrag wurde vorher nicht mit Bekannten oder Freunden besprochen.	☐	☐	☐
Störfaktoren bei der Ausarbeitung.	☐	☐	☐
Wichtige Redeformen wurden nicht beachtet.	☐	☐	☐
Zuviel Stoff wurde angeboten.	☐	☐	☐
Das Karteivortragssystem wurde nicht angewandt.	☐	☐	☐
Organisation: Zu kurze Vorbereitungszeit.	☐	☐	☐
Falsche Manuskriptgestaltung im allgemeinen.	☐	☐	☐
Teilnehmernamen wurden nicht behalten.	☐	☐	☐
Anfang: Schlechter Redeeinstieg, der erste Satz ging unter.	☐	☐	☐
Keine Gespräche mit einzelnen Zuhörern vor dem Vortrag zum Aufwärmen.	☐	☐	☐
Hauptteil: Es fehlte an prägnanten und kurzgehaltenen Aussagesätzen.	☐	☐	☐
Auftreten: Die Thematik war verfehlt.	☐	☐	☐
Zu lange und zu komplizierte Sätze.	☐	☐	☐

Thematik	ja	nein	manch-mal
Zuviel Schmalz in der Rede.	☐	☐	☐
Zu technische Darstellung.	☐	☐	☐
Mangelnde Visualisierung.	☐	☐	☐
Es fehlte an Auflockerungen und Humor (Gags, Storys, Witze usw.).	☐	☐	☐
Wichtige Sätze/Wörter wurden auf dem Manuskript nicht unterstrichen.	☐	☐	☐
Zuwenig persönliche Ausstrahlung.	☐	☐	☐
Zu steife Körperhaltung.	☐	☐	☐
Wußte nicht, wohin mit den Händen.	☐	☐	☐
Festhalten am Pult.	☐	☐	☐
Unnötiges Schaukeln mit dem Körper.	☐	☐	☐
Schlechte Angewohnheiten.	☐	☐	☐
Schlechte Mimik und Gestik.	☐	☐	☐
Zu monotone Ausdrucksweise.	☐	☐	☐
Falsches Redetempo.	☐	☐	☐
Mangelhafte Pausentechnik.	☐	☐	☐
Umblättern der Manuskriptblätter, anstatt sie beiseite zu schieben (Publikum zählte mit).	☐	☐	☐
Allzu perfekte Darbietung.	☐	☐	☐
Blickkontakt war nicht vorhanden.	☐	☐	☐
Das Publikum wurde nicht genügend mitgerissen.	☐	☐	☐
Bildete zu viele Neben- anstatt Hauptsätze.	☐	☐	☐
War in der Aussage zu unentschlossen: »Ich würde sagen/meinen . . .«	☐	☐	☐
Sprach zu sehr in der Passivform: »Es wird gebeten, daß Sie zur Konferenz			

Thematik	ja	nein	manch-mal
erscheinen«, anstatt: »Ich bitte Sie, zur Tagung zu erscheinen«.	□	□	□
Zuhörer: Der Vortrag war zu kurz oder zu lang.	□	□	□
Es fehlten Arbeitsunterlagen für die Zuhörer.	□	□	□
Erkannte die Ermüdungserscheinungen der Zuhörer nicht.	□	□	□
Bezog die Zuhörer nicht genügend in den Vortrag ein.	□	□	□
Verwandte zu oft das unpersönliche »man«, anstatt »Sie«. Beispiel: »Man sollte ...«, besser: »Sie sollten ...«	□	□	□
Weitere Fehler: Fehlende Technik, die Zuhörer zu entspannen.	□	□	□
Einwände wurden nicht richtig beantwortet.	□	□	□
Verwandte veraltete, traditionsgebundene Formulierungen, zum Beispiel: unter Zuhilfenahme von ... (besser: mit Hilfe von ...) oder: mit Ausnahme von ... (besser: außer ...).	□	□	□
Arbeitete zuviel mit Modewörtern (sagenhaft, Klasse!, frustrierend usw.).	□	□	□
Psychologische Aspekte: Sprach über die Köpfe der Zuhörer hinweg.	□	□	□
Hatte Hemmungen wegen seines Dialektes.	□	□	□
Schluß: Es fehlte eine Zusammenfassung.	□	□	□
Es fehlte ein guter Schlußappell.	□	□	□
Es fehlte der Dank an die Zuhörer.	□	□	□

Rhetorik im Wirtschaftsleben

Ein wichtiger Bereich der Rhetorik ist die Verkaufsrhetorik. Tagtäglich werden Tausende von Gesprächen zwischen Einkäufern und Verkäufern geführt. Manche mit gutem, andere mit weniger gutem Erfolg. Viele Herren der Geschäftsleitungen ahnen gar nicht, wie viele Gespräche aus Unkenntnis und mangelndem Training zum Scheitern verurteilt sind, da sie völlig unqualifiziert geführt werden. Deshalb ist die Aus- und Weiterbildung der Verkäufer im Unternehmen sehr wichtig und bedeutsam.

Hier folgen nun einige Betrachtungen darüber, welche rhetorischen Beantwortungsmöglichkeiten es auf Kundeneinwände gibt.

Philosophie der Einwände und Analyse der Haupteinwände

Trotz allem Wohlwollen dem Kunden gegenüber haben wir tagtäglich mit vorgebrachten Einwänden von ihm zu rechnen, gleichgültig, ob sie zu Recht oder zu Unrecht vorgebracht werden. Diese Einwände müssen wir analysieren, wenn wir bei den Kunden Erfolg haben wollen.

► *Sehen wir uns einmal den Komplex der Einwände und deren Behandlung näher an:*

Kundeneinwände:
bieten die Möglichkeiten für eine Klarstellung;
bieten eine Diskussionsplattform;
fordern den Verkäufer heraus;
dienen als Kompaß für die Gesprächsführung;

werden oft nur als allgemeiner Vorwand in den Raum gestellt;
sind Leuchttürme auf dem Weg zum Auftrag;
sind Fragen an den Verkäufer, warum der Kunde kaufen soll;
sind die Hürden eines Verkaufssportlers.

Kundeneinwände können gerichtet sein gegen:

Gegen die Person – Persönlichkeitsbarriere:
Ich mag ihn nicht. Er/sie ist mir unsympathisch.

Gegen die soziale Einstufung:
- Er/sie ist Arbeiter/in.
- Er/sie ist Vertreter/in.
- Er/sie ist katholisch/evangelisch.
- Er/sie gehört der ... Partei an.
- Er/sie hat reiche Eltern.
- Er/sie ist Ausländer/in.

Gegen die Firma:
- Imagephilosophie.
- Ich unterstütze keine ausländischen Firmen.
- Das sind Halsabschneider.
- Die liefern die Ware unpünktlich.
- Die Firma erledigt selten Reklamationen.
- Die Firma ist zu teuer.

Zur Kundensituation:
- Keine Zeit.
- Kein Geld.
- Kein Interesse.
- Kein Bedarf.
- Andere Bezugsquellen.
- Andere Pläne.
- Andere Lieferanten.
- Andere Verbindungen.

Interesselosigkeit:
- Kennt die Ware nicht.
- Angebot von keiner Bedeutung.

Marktverhältnisse:
- Zu teuer im Moment.
- Will abwarten.
- Konkurrenzeinwirkung.
- Billigere Bezugsquellen.
- Größere Rabattvorteile.
- Werbeintensität.
- Verbraucher-Nachfrage-Situation.

Imagepflege:
- Frühere Enttäuschung.
- Kein Vertrauen.
- Keine Kundenvorteile.
- Keine sonstigen Vergünstigungen.
- Keine Produktinformationsmöglichkeiten.
- Unterschiedliche Persönlichkeitsstrukturen

Subjektive Einwände:

- Keine Lust.
- Verärgerung.
- Andere Prioritäten.
- Angst vor Entscheidungen.

Einwände der Kunden

Viele Kunden bringen den angebotenen Produkten gegenüber Einwände vor. Die Einwände lassen sich in zwei Gruppen teilen, in subjektive und in objektive Einwände.

▶ *Subjektiven Einwänden können Sie folgendermaßen begegnen:*
Überhören.
Mit Humor begegnen.
Einwände umkehren.
Einwand selbst beantworten lassen durch Fragen.
Erkennen Sie als Verkäufer den echten Einwand.
Beantwortung verschieben.
Einwand selbst wiederholen.
»Wenn ich Sie richtig verstanden habe...«
Beantworten Sie den Einwand mit »Warum?«
Erkennen Sie, wann es sich nur um eine Ausrede handelt.
Verwenden Sie die Vorwegmethode.
Erzählen Sie eine dazu passende Story.
Kategorische Verneinung.
Einwand entkräften (Ja-aber-Methode – besser: ja, und ...).

▶ *Objektiven Einwänden begegnen Sie so:*
Interessiert Zuhören.
Ausreden lassen.
Einzelheiten notieren.
Tatbestand zugeben und kommentieren.
Vorwegnehmen (bei der Gesprächseröffnung).
Lassen Sie den Kunden den Einwand selbst beantworten.
Geben Sie den Fehler oder Mangel zu.
Umkehrung des Einwands – Verwendung der Formulierung »... gerade deshalb ...«.
Plus-Minus-Methode anwenden.
Überspringen des Einwands.
Abschwächungsmethode (oder Bagatellisierungsmethode).
Berechnungsmethode.
Zersetzungsmethode.
Einsatz von Humor und Schlagfertigkeit.
Demonstrationsmethode.
Erörterung mit Papier und Bleistift.

Allgemeine Hinweise für die Behandlung von Einwänden

Versuchen Sie, die Wahrheit zu ergründen.

Vergessen Sie nicht: Es ist besser, einen Auftrag zu verlieren als einen Kunden.

Bemühen Sie sich, sich mit dem Kundenproblem zu identifizieren.

Bestätigen Sie dem Kunden, daß seine Ansicht richtig ist.

Versuchen Sie, den Einwand so gut wie möglich zu entkräften.

Appellieren Sie an Verkaufserwägungen.

Ergründen Sie die Reklamationsbeeinflusser.

Stellen Sie fest, worauf der Kunde hinauswill.

Haben Sie Verständnis für Kundenemotionen.

Machen Sie keine Versprechungen, die Sie nicht halten können.

Versprechen Sie dem Kunden eine genaue Untersuchung.

Nehmen Sie vor allem jeden echten Kundeneinwand ernst.

Wir wollen uns nun kurz mit Wortformulierungen beschäftigen, die wir bei Praxisgesprächen verwenden können, denn ein Teil der Verkaufsrhetorik besteht darin, daß wir Kundeneinwänden mit einer optimalen Beantwortung begegnen.

EINIGE RHETORISCHE EINWANDFORMULIERUNGEN

Verkaufe Eigenmarken.
Gerade deshalb sollten Sie Alternativen anbieten ...

Sie haben sicher schon die Erfahrung gemacht, daß Sie von Eigenmarken allein nicht leben können. Eigenmarken werden durch Markenartikel erst aufgewertet.

Sie stimmen mir doch sicher zu, daß sich ein ABC-Qualitätsprodukt mit hohem Bekanntheitsgrad weit schneller umschlägt; deshalb sollten Sie am schnellen und dauerhaften Gewinn interessiert sein und ABC-Produkte führen.

Durch das Markenprodukt wird aber der Preisvorteil der Eigenmarke erst unterstrichen.

Auch andere Unternehmen, wie zum Beispiel XYZ, verkaufen zusätzlich Markenartikel, um ihren Kunden eben ein möglichst breit gefächertes Sortiment anzubieten.

Erarbeiten Sie für folgende Situationen auch weitere Formulierungen aus Ihrer Praxis.

Außendienst-Großhandel überlastet.
Interessanten Angeboten gegenüber war Ihr eigener Außendienst schon immer aufgeschlossen.

Darf ich dann vielleicht am nächsten Freitag Ihrem Außendienst unsere neue Aktion präsentieren?

Darf ich fragen, was Sie denn zur Zeit forcieren?

Von ... Angeboten war doch Ihr Außendienst immer sehr eingenommen.

Die Aktion, die wir heute vorstellen, ist problemlos, zeitsparend und bringt zusätzlichen Gewinn. Sie sollten sie nicht versäumen!

Wie wir wissen, ist Ihr Außendienst wegen des problemlosen Verkaufs unserer Produkte immer bereit, diese zu forcieren.

Kunde will abwarten.
Warum wollen Sie erst abwarten? Unser Angebot ist aktuell und sicherlich auch für Sie interessant.

Länger warten bedeutet Umsatzverlust, wenn Sie sich aber heute noch entscheiden, haben Sie die gleichen Chancen wir Ihre Kollegen.

Machen Sie doch mit, dann haben Sie sofort einen Vorsprung gegenüber der Konkurrenz.

Finden Sie denn das Angebot nicht interessant? Vielleicht sollten wir die Lieferung per nächsten 15. notieren?

Wir führen schon ähnliche Produkte.
ABC bietet Ihnen ein komplettes Programm – nützen Sie diesen Vorteil.

Sicherlich, das kann ich gut verstehen, dennoch wäre es für Sie ein Vorteil, ABC zu führen.

Vieles aus einer Hand erspart Ihnen Zeit und Geld, und Sie straffen automatisch Ihr Sortiment.

Möchten Sie Ihren Umschlag und Gewinn nicht durch eine Zweitplazierung erhöhen?

Wir haben Einkaufsstopp.
Darf ich fragen, für wie lange?

Schade, wir haben ein interessantes, zeitlich begrenztes Angebot – wollen Sie das nicht doch nutzen?

Gilt das für alle Produkte?

Aber doch sicher nicht für Produkte, die Ihnen fehlen? Erlauben Sie, daß wir einmal kurz unsere Liste durchgehen?

Könnten Sie aber dadurch nicht mit dem einen oder anderen Artikel in einen Engpaß geraten?

Schleppender Absatz.
Setzen Sie doch einmal neue Aktivitäten ein.

Wollen wir ein gemeinsames Angebot ausarbeiten?

Woran könnte das liegen? Wollen wir einmal zusammen kurz durchgehen, worin die Ursache liegt?

Und was halten Sie von dem folgenden Absatzvorschlag?

Lassen Sie uns versuchen, gemeinsam eine Lösung zu finden, um neue Verkaufsaktivitäten zu schaffen.

Grund genug, gemeinsam nach der Lösung dieses Problems zu suchen. Fangen wir gleich an …

Sie können doch nicht liefern!
Sie haben schon recht, aber wie Sie wissen, kann bei einem solch großen Sortiment schon ab und zu einmal ein Artikel ausgehen.

Ja, das stimmt, aber es ist wohl nicht zu vermeiden, daß bei dem einen oder anderen Artikel einmal ein Engpaß durch die große Nachfrage entsteht. Den größten Teil Ihrer Bestellung konnten wir aber doch immer fristgerecht ausliefern!

Lager voll.
Haben Sie denn schon interessante Angebote nach draußen gegeben?

Welche Produkte sind davon betroffen? Vielleicht kann ich Ihnen für diese eine besondere Absatzhilfe geben.

Wie könnten wir da zusammen eine Abhilfe schaffen?

Andere Prioritäten.
Wollen Sie wirklich auf dieses gute Geschäft verzichten?

Darf ich fragen, was Sie in dieser Richtung vorhaben?

Mein Kompliment, Sie gehen wirklich mit der Zeit! Aber vielleicht kann ich Ihnen dabei sogar noch ein wenig behilflich sein?

Da unsere Aktion in diese Jahreszeit paßt, wäre es doch überlegenswert, ob Sie Ihre Aktivitäten nicht doch noch mit unserem Angebot koppeln können.

Reklamation.
Ich kümmere mich noch heute persönlich darum.

Es ist unser Wunsch, zufriedene Kunden zu haben. Wir finden bestimmt eine für Sie zufriedenstellende Lösung.

Ich werde umgehend der Sache nachgehen und Sie unverzüglich über den Verlauf informieren.

Wir haben unsere Kunden in ähnlichen Fällen noch immer zufriedenstellen können, und es wird uns auch in diesem Fall gelingen ...

Mitbewerber ist besser.
In welchen Produkten, wenn ich fragen darf?

Worin liegt Ihrer Meinung nach der Vorteil bei unserer Konkurrenz? (Dabei den Mitbewerber loben, aber gleichzeitig auch eigene Vorteile aufzählen!)

Gewiß hat er gute Produkte, aber kennen Sie unser neuestes ...?

Handelsspanne zu gering.
Haben Sie denn viele Produkte, bei denen Sie eine stets gleichbleibende Handelsspanne haben?

Lassen Sie uns noch einmal die Handelsspanne durchrechnen und sie mit denen anderer Artikel vergleichen ...

Kleines ABC für die rhetorische Gesprächsführung

Allerdings:
Allerdings, da haben Sie recht, nur sollten Sie berücksichtigen ...

Anregung:
Wir danken Ihnen sehr für Ihre diesbezügliche Anregung und ...

Ansicht:
Ihre Ansicht zeigt, wie genau Sie überlegen ...

Argumente:
Ihre Argumente stimmen genau, jedoch ...
Das ist ein gutes Argument, was Sie da bringen, allerdings ...

Auffassung:
Ich kann Ihre Auffassung verstehen, indessen ...

Bedenken:
Sicher mag das zuerst so erscheinen, aber bitte bedenken Sie ...
Ihre Bedenken sind berechtigt, jedoch ...

Befürchtung:
Ich verstehe Ihre Befürchtung, kann Ihnen aber erklären ...

Begründung:
Darf ich um eine Begründung Ihres Einwands bitten, denn ...

Einwand:
Ihr Einwand ist durchaus berechtigt, und darum ...
Wie ist Ihr Einwand genauer zu verstehen?
Meinen Sie, daß ...

Erfahrung:
Wir haben diese Erfahrung eigentlich noch nicht gemacht, aber ...
Ja, gewiß, aber Sie wissen doch sicher aus Ihrer eigenen Erfahrung ...

Erwähnen:
Nun ja, aber ich vergaß wohl zu erwähnen ...

Fachmännisch:
Sie überlegen wirklich sehr fachmännisch, jedoch ...

Fall:
Vielleicht, aber in Ihrem Falle sollten Sie bedenken, daß ...

Frage:
Sie stellen eine interessante Frage, die ich wie folgt beantworte ...
Sie werfen eine etwas schwierig zu beantwortende Frage auf, dennoch ...
Darf ich eine Gegenfrage stellen?

Gelegentlich:
Gewiß, das hörte ich auch schon gelegentlich, allerdings ...

Gerade deshalb:
Das Bessere ist der Feind des Guten, gerade deshalb sollten Sie ...

Hinweisen:
In diesem Zusammenhang möchte ich aber besonders darauf hinweisen ...
Danke, daß Sie mich darauf hinweisen, daß ..., ich werde ...
Ihre Überlegung ist sicher richtig, trotzdem möchte ich darauf hinweisen ...

Informieren:
Sie sind insofern richtig informiert, als ..., übersehen aber ...
Sie sind wirklich gut informiert, aber Sie vergessen ...

Kaufmännisch:
Kaufmännisch gesehen, mögen Sie recht haben, indessen ...

Medaille:
Aber bitte bedenken Sie, jede Medaille hat doch zwei Seiten!

Meinung:
Auf diese irrige Meinung bin ich schon öfter gestoßen: ...
Sie stehen mit dieser Meinung nicht allein da, aber ...
Ich akzeptiere Ihre Meinung, jedoch ...

Mißverständnis:
Liegt hier nicht ein kleines Mißverständnis vor, weil ...

Nachteil:
Selbstverständlich haben Sie recht, aber in diesem Fall ist der kleine Nachteil doch in Kauf zu nehmen.
Warum, glauben Sie, daß es ein Nachteil ist?

Praxis:
Ich vermutete auch am Anfang meiner Praxis, daß ..., jedoch heute ...
Es kommt doch nur darauf an, welche Ergebnisse die Praxis zeigt ...
Gestatten Sie, daß ich Ihre Frage gleich aus der Praxis her beantworte!

Problem:
Ich versuche, nunmehr das Problem einmal mit Ihren Augen zu sehen ...

Punkt:
Das ist ein Punkt, auf den ich gerade zu sprechen kommen wollte!

Recht haben:
Sie haben sicher recht, allerdings müßten Sie auch daran denken, ...
In diesem Fall haben Sie recht, aber ...

Reklamation:
Sicherlich ist Ihre Reklamation berechtigt, aus diesem Grund ...

Richtig verstehen:
Wenn ich Sie richtig verstanden habe, ...

Seiten:
Jedes Ding hat zwei Seiten, aber in Ihrem Fall zählt doch ...

Sicht:
Gewiß, aus Ihrer speziellen Sicht mag das stimmen, aber ...

Standpunkt:
Wir verstehen zwar durchaus Ihren Standpunkt, müssen aber ...

Teuer:
Wenn Sie teuer sagen, dann vergleichen Sie sicher mit ..., aber ...

Verärgerung:
Ihre Verärgerung kann ich gut verstehen, deshalb möchte ich ...

Wichtig:
Was ist Ihnen wichtiger? Dies ... oder das ...

Wunsch:
Für Ihren Wunsch haben wir Verständnis, wir versuchen auch immer, Ihre Wünsche zu erfüllen, aber hier ...

Zugeben:
Zugegeben, Sie haben hierin völlig recht, trotzdem ...

Ja-Formulierungen

Eine Technik, die noch immer viel zuwenig praktiziert wird, ist die »Ja«-Technik. Es ist sehr wichtig, daß wir uns mit dieser Technik ein wenig näher befassen!
Gute Redner bringen den Partner dazu, mit JA zu antworten!
Die Alltagspraxis zeigt immer wieder, daß wir die Möglichkeiten nicht genügend anwenden, den Gesprächspartner in ebendiese Positivstimmung beziehungsweise -einstellung zu versetzen. Kluge Rhetoriker versuchen deshalb in erhöhtem Maße, weniger Behauptungen aufzustellen, als sehr viel mehr mit der Fragetechnik zu operieren und diese so zu gestalten, daß ihr Gegenüber zwangsläufig mit einem JA antworten muß. In besonderem Maß gilt diese Technik natürlich für das Verkaufsgespräch.

Hier nun einige Formulierungen für ein Verkaufsgespräch, die sicherlich mit einem »Ja« beantwortet werden:

Wären Sie an einem wirklich guten Zusatzgeschäft interessiert?

Die letzte Aktion war doch für Sie recht erfolgreich, wie mir berichtet wurde, nicht wahr?

Wäre dieses interessante Angebot für Sie nicht lukrativ?

Wäre es kein Vorteil, wenn wir Ihnen ...

Wollen Sie Ihre Transportkosten nicht um fünf Prozent senken?

Wollen Sie diesen guten Trend nicht fortsetzen?

Ist für Sie der Gewinnaspekt nicht besonders wichtig?

Wären Sie bereit, mich kurz anzuhören, wenn ich Ihnen einen wirklich gewinnversprechenden Vorschlag unterbreiten könnte?

Es ist doch richtig, daß jetzt eine besonders große Nachfrage nach diesem Artikel besteht? Möchten Sie heute kein interessantes Zusatzgeschäft abschließen?

Sie wollen doch zufriedene Kunden, nicht wahr?

Über 100 Ideen für besseres Verhandeln und Verkaufen

Verhandeln und verkaufen Sie noch mit Argumenten und Methoden von gestern? Die ökonomische Situation, die Märkte, die Bedürfnisse, die Einkaufsmethoden, auch die Gesprächspartner sowie die Verhandlungstechniken ändern sich ständig. Deshalb müssen Sie in gewissen Abständen Ihre Situation und Vorgehensweise überprüfen. Sie müssen neue Prioritäten und Gewichtungen setzen, um nicht ins Hintertreffen zu geraten. Das gesprochene Wort wird dabei immer im Mittelpunkt stehen. Allerdings sind viele Bausteine notwendig, um ein positives Ergebnis zu erzielen.

Hier haben wir für Sie einige Ideen für erfolgreiches Verhandeln und Verkaufen aufgeführt. Bitte überprüfen Sie, welche für Ihre Verhandlung und für Ihre Verkaufstätigkeit wichtig sind:

Zielsetzung, bevor Sie verhandeln:
Kennen Sie die Ziele Ihrer Firma genau?

Welche kurz-, mittel- und langfristigen Ziele müssen erreicht werden?

Welche potentiellen Kunden gilt es zu gewinnen?

Welche persönlichen Ziele wollen Sie im Rahmen Ihrer Tätigkeit erreichen?

Sehen Sie täglich Ihre Ziele im Geiste vor sich?

Ausdauer führt zum Erfolg:
Ausdauer, Erfolgswille und Energie sind wichtige Voraussetzungen für den Verkaufserfolg.

Besuchen Sie täglich nur einen Kunden mehr, so verkaufen Sie auf längere Sicht mehr.

Bedenken Sie immer: »Richtig machen bringt Ihnen den Erfolg!«

Serviceleistungen für den Kunden machen sich letzten Endes immer bezahlt.

Scheuen Sie keinen Umweg und keinen Mehraufwand, um den Kunden zu befriedigen, es lohnt sich!

Erledigen Sie immer nur eine Sache auf einmal. (Faule wollen alles auf einmal machen.)

Arbeiten Sie mit viel Schwung und Begeisterung.

Überprüfen Sie Ihr Basiswissen:
Bedenken Sie: Einen geborenen Verkäufer gibt es nicht.

Kennen Sie die von Ihnen vorgestellten Produkte genau und deren Vorteile für den Kunden? Oder lassen Sie lieber nur einen Prospekt da?

Besuchen Sie wieder einmal ein Rhetorikseminar, um neuen Mut und Schwung zu erhalten.

Nehmen Sie die Branchenfachzeitschriften im Auto mit, und lesen Sie sie während einer kleinen Wartepause.

Notieren Sie sich alle Fragen, die Sie beim Kunden nicht auf Anhieb beantworten konnten.

Planen Sie Ihre Arbeit:
Einige kommen allerdings vor lauter Planung gar nicht zur Arbeit!

Wie sieht mein Bezirk aus?

Was benötige ich an Arbeitsmaterial?

Erstellen Sie eine Prüfliste über Ihre wichtigsten »Zeitdiebe«.

Erstellen Sie am Wochenende einen Zeitplan für die kommende Woche.

Erstellen Sie eine allgemeine Planungscheckliste.

Fragen Sie sich: »Was habe ich bis jetzt bei der Planung zuwenig berücksichtigt?«

Wissen Sie, daß die größte und häufigste Verkäufersünde die mangelnde Planung ist?

Fünfzehn Minuten Denken kann Stunden einsparen!

Kennen Sie Ihre Kunden wirklich?
Die Vorausinformation ist sehr wichtig.
(Das hervorragende Informationssystem des Herrn ROTHSCHILD verhalf diesem zu seinen großen Erfolgen an der Börse.)

Welche neuen Informationsquellen gibt es für Sie zu erschließen?

Was sollten Sie beim Kunden oder im Geschäft besser und genauer beobachten?

Welche Eigenheiten und Gewohnheiten haben meine Kunden?

Worauf achten einige meiner Kunden ganz besonders?

Was kann ich dem Kunden mitbringen, und wie kann ich ihm einen Dienst erweisen?

Erstellen Sie nicht nur eine Firmenkartei, sondern auch eine Personenkartei über Ihre Kunden.

Vertiefen Sie Ihren Kontakt durch Takt und Sympathie:
Auch heute ist nicht immer nur der Preis ausschlaggebend.

Viele Verkäufer verlieren durch falsches Verhalten Kunden; welche Regeln sollten Sie beachten?

Problemlöser sind immer gern gesehen, und Sie vertiefen so den Kontakt zu Ihren Kunden.

Überlegen Sie kurz, was taktlose Verkäufer falsch machen, und lernen Sie daraus.

Verhandeln Sie niemals zwischen Tür und Angel.

Vermeiden Sie Übertreibungen, und halten Sie Ihre Versprechungen immer ein.

Erobern Sie Herzen durch Höflichkeit.

Fassen Sie sich bei der Gesprächsführung kurz.

Verhandlungseinleitung:
Für den Routineverkäufer hat der Kunde natürlich oft keine Zeit.

Verwenden Sie immer wieder neue Türöffner in Form von kleinen Geschenken und Gags.

Seien Sie anders, heben Sie sich klar und deutlich, aber positiv von Ihren Kollegen ab.

Entwickeln Sie neue Ideen für die so wichtige Kontaktphase.

Verwenden Sie möglichst oft optische Hilfsmittel bei der Präsentation.

Geben Sie dem Kunden die Ware, Prospekte usw. schnell in die Hand, und nennen Sie Fakten. Stellen Sie dann gleichzeitig entsprechende Fragen.

Versachlichen Sie die Gesprächsführung:
Erst reden, wenn der Kunde wirklich zuhört.

Nennen Sie kurz und bündig die wichtigsten Kundenvorteile Ihres Produkts.

Argumentieren Sie mit Papier und Bleistift.

Nützen Sie viele Beweise und Referenzen aus.

Setzen Sie Sales-folders, Handbücher und Fotos ein.

Hinterlassen Sie Muster, Argumente und Hilfsmittel für das Einkaufsgremium oder für Auftragsbeeinflusser.

Beziehen Sie hinzukommende Mitarbeiter ins Gespräch ein.

Kunden denken »Was habe ich davon?«
Notieren Sie den Nutzen Ihrer Produkte erneut auf Argumentationskarten.

Nennen Sie sämtliche Serviceleistungen oder Vergünstigungen für den Kunden.

Denken Sie auch an die persönlichen Wünsche Ihres Gesprächspartners.

Bedenken Sie immer wieder die Kaufmotive.

Kunden haben heute mehr denn je Angst davor, Fehler beim Einkauf zu machen. Deshalb vermitteln Sie dem Kunden ein Gefühl von Sicherheit.

Machen Sie es dem Kunden leicht zu kaufen: »Sie haben keine Mühe damit, das mache ich schon!«

Malen Sie Wortbilder – sprechen Sie bildhaft.

Fordern Sie den Kunden ruhig zum Wettbewerb heraus.

Verhandeln Sie geschickt:
Kundenbefragungen ergaben folgendes: »Die meisten Verkäufer reden zuviel und hören selten gut zu.«
Wenn der Kunde zum Beispiel sagt: »Schreiben Sie bitte zehn Stück auf«, sagen manche vor lauter Eifer: »Moment mal, ich bin mit meinem Verkaufsgespräch noch gar nicht fertig!«

Überlegen wir einmal kurz, warum Verkäufer nicht zuhören?

Zuhören heißt auch, ab und zu einmal mit dem Kopf zustimmend zu nicken.

Einwände rhetorisch gut beantworten:
Sammeln Sie eine Woche lang konsequent alle Einwände gegen Ihre Firma und die Produkte. Durchdenken Sie diese in Ruhe, und erarbeiten Sie gute Lösungs- beziehungsweise Beantwortungsmethoden.

Nehmen Sie Kundeneinwände ernst, und, falls erforderlich, berichten Sie Ihrem Chef, Ihrer Firma davon.

Studieren Sie wieder einmal die 25 Standardtechniken für die richtige Einwandbehandlung. Analysieren Sie immer sofort, ob die Einwände objektiv oder subjektiv sind, und antworten Sie entsprechend.

Üben Sie so oft wie möglich mit dem Tonband oder einer Videoanlage, um so psychologische Fehlerquellen zu erkennen und zu vermeiden.

Wo und wie spielen heute die Marktverhältnisse eine neue Rolle im Gespräch?

Vertrauen und Glaubwürdigkeit gewinnen ist wichtig:
»Manche Leute kann man manchmal bluffen, aber nicht alle Leute immer!«

Das Partnerschaftsverhältnis zwischen Kunden und Verkäufer wird heute immer wichtiger.

Erstreben Sie Dauerkunden mit hohem Volumen, bei denen sich der Einsatz lohnt.

Verwenden Sie dann und wann die Technik des Understatements.

Versuchen Sie den Kunden, der vielleicht über viele Jahre hinweg durch Verkäufer enttäuscht wurde, zu verstehen.

Durch Vermeidung von Superlativen gewinnen Sie eher Glaubwürdigkeit.

Besitzwunsch wecken:
Die Bereitschaft einzukaufen verhärtet sich heute immer mehr.

Das Verhältnis von Preis, Menge und Qualität muß stimmen.

Die besten Argumente allein verkaufen nicht, sondern oft sind es die latenten Wünsche, Ideen und Vorstellungen, die den Erfolg bringen.

Ergründen Sie diese, und schildern Sie gekonnt die Vorteile der Produkte.

Faktoren wie schnelle Lieferung, reeller Service, marktgerechte Preise und Hilfestellung sowie Partnerschaftsbestrebungen entscheiden häufig mit.

Überdenken Sie, was Ihre Kunden hauptsächlich von Ihrer Firma, von den Produkten und von Ihnen erwarten.

Machen Sie frühzeitig Angebotsvorschläge:
Niemals den Auftrag zerreden.

Anhand der Körpersprache sollten Sie frühzeitig beachten, wann Sie Vorschläge unterbreiten können.

Verwenden Sie die Alternativmethode (... dies oder das ...?).

Fragen Sie nicht »ob«, sondern »welches« (WHEELER).
Oder fragen Sie: »Grün oder lieber blau?« Oder: »Wünschen Sie die Ware sofort oder erst Ende der Woche?«

Überlegen Sie genau, in welcher Form Ihr Angebotsvorschlag unterbreitet werden sollte – schriftlich oder mündlich?

Seien Sie ganz konkret und definitiv in Ihren Aussagen.

Bieten Sie zuerst immer eine größere Menge an, um den idealen Auftrag zu erhalten.

Vermitteln Sie dem Kunden immer das Gefühl, daß er sich richtig entschieden hat.

Erwähnen Sie niemals die Mitbewerber als Vergleichsobjekt – es ist gefährlich!

Frühzeitig Kontrollfragen stellen und Zustimmung erzielen:
Bedenken Sie immer: »Wer fragt, der führt das Gespräch.«

Testen Sie seismographisch, durch Kontrollfragen, ob Sie schon abschlußsicher sind. Beispiel: »Gefällt Ihnen die attraktive Aufmachung?« – »Der Preis ist für Sie sicherlich wichtig?« – »Möchten Sie die Spar- oder die Normaldose?« Wenn Sie Fragen stellen, erfahren Sie schneller, was der Kunde denkt.

Durchdenken Sie, welche Kontrollfragen Sie für Ihre Produkte oder Dienstleistungen stellen können.

Beobachten Sie alle Kaufsignale durch die Beachtung der Mimik und Gestik Ihres Gegenübers.

Abschlußtechniken beherrschen:
Vergessen Sie nie, die Verkäufer werden bezahlt, damit durch ihre Aufträge die Kassen klingeln und sich die Fabrikräder drehen.

Verkäufer müssen dem Kunden helfen, möglichst bald eine Entscheidung zu treffen.

Der Auftrag muß frühzeitig auf dem Tisch liegen. (Nicht erst im entscheidenden Moment in Ihrer Tasche nach dem entsprechenden Formular wühlen!)

Verhandeln Sie nach Möglichkeit immer dort, wo es ruhig ist und wo auch eine Gelegenheit zum Unterschreiben besteht.

Kundendienst:
Nicht nur der Hineinverkauf ist wichtig, sondern auch der Abverkauf und die Verbraucherberatung.

Die Produkte werden immer zahlreicher und die Absatzchancen immer geringer.

Kleine Dienstleistungen für den Kunden kosten Zeit und Mühe, machen sich aber stets bezahlt!

Überlegen Sie genau, welche Leistungen Sie dem Kunden als Wettbewerbsvorsprung anbieten können.

Senden Sie auch Vorschläge an Ihre Zentrale, in denen Sie mitteilen, wie Sie ihr behilflich sein könnten.

Gespräch günstig beenden:
Verstehen Sie es, einen eleganten Abgang zu finden?

Nach der Auftragserteilung sollten Sie den Kunden bald verlassen.

Wer noch zu lange beim Kunden herumsteht, muß mitunter unangenehme Fragen beantworten. Außerdem stehlen Sie dem Kunden – völlig unnötig – weitere Zeit.

Bedanken Sie sich verbindlich und herzlich für den Auftrag, vermeiden Sie aber übergebührliche Dankesbezeigungen. Das könnte den Kunden stutzig machen.

Vergessen Sie niemals, die Einkaufsbeeinflusser kennenzulernen und ihnen natürlich auch beim Abschied die Hand zu geben. (Mancher Lehrling ist schon zum Einkäufer avanciert.)

Versichern Sie dem Kunden zum Schluß noch einmal, daß er richtig entschieden beziehungsweise gekauft hat.

Verhandlung überprüfen:
Halt! Nicht sofort zum nächsten Kunden rasen – besser: erst einmal im Auto kurz überlegen:

Warum hat der Kunde eigentlich nichts gekauft?

Warum hat er nicht mehr geordert?

Was habe ich falsch gemacht?

Analysieren Sie kurz gedanklich den Verlauf des Verkaufsgesprächs, und überlegen Sie zum Beispiel: habe ich zuwenig Fragen gestellt?

Notieren Sie Ihre diesbezüglichen Ideen und Beobachtungen auf Ihrer Karteikarte.

Hatten Sie sich auf den Kunden genügend vorbereitet?

Welche neuen Informationen benötigt der Kunde?

Welche Konkurrenzbeobachtungen können Sie Ihrer Firma melden?

Womit könnten Sie dem Kunden das nächste Mal eine Freude bereiten?

Was haben Sie aus diesem Kundenbesuch persönlich und auch geschäftlich gelernt?

Lernen Sie aus der Praxis für die Praxis – für Ihre Praxis!

Morgen besser verhandeln!

Als Erfolgreicher müssen Sie die Gabe besitzen, immer wieder Mut zum Weiterkämpfen zu schöpfen!

Rhetorik am Telefon

Es verwundert einen immer wieder, wie stiefmütterlich oft die Telefonzentralen in Firmen und Hotels behandelt werden. Da werden enorme Summen in die Entwicklung neuer Produkte, in den Firmenausbau oder in die Werbung gesteckt, nur an die strenge Auswahl und die gute Ausbildung der Mitarbeiter der Telefonzentrale wird allzu selten gedacht.

Dabei ist das Telefon gewissermaßen die Brücke zwischen der Firma, dem Hotel, dem Gast und dem Kunden. Die Telefonzentrale ist die erste Visitenkarte jedes Unternehmens. Schon oft hat man sich gefragt, wieviel Ansehen, Umsätze und Gewinn durch eine schlecht ausgebildete Kraft an diesem Platz verlorengegangen sind. Aber schon die Auswahl, die getroffen wird bei der Einstellung der Mitarbeiter der Zentrale, zeigt, für wie unwichtig dieser Platz immer noch betrachtet wird.

Oft werden in diesem Tätigkeitsbereich Menschen eingestellt, die über keinerlei Allgemeinbildung verfügen, keinerlei Umgangsformen besitzen und deshalb routinemäßig, monoton und leider oft primitiv und unhöflich diese wichtige Aufgabe ausführen.

Dabei ist es doch so einfach, mit den richtig ausgesuchten Zentralemitarbeitern ein gutes und repräsentatives Aushängeschild zu haben. Auch hier macht übrigens der Ton die Musik, deshalb sollte bei der Auswahl auf eine sympathische Stimme Wert gelegt werden.

Firmen, die die Mitarbeiter dieses Arbeitsplatzes nach diesem Gesichtspunkt auswählen und auch auf deren ständige Weiterbildung achten, werden sicher mehr Erfolg haben als die Firmen, die diesem Arbeitsplatz nur eine geringe Bedeutung beimessen.

Der Einsatz des Telefons nimmt an Bedeutung zu

Es ist klar zu erkennen, daß die Bedeutung des Telefons ständig zunimmt. Immer mehr Firmen, Institute und Akademien suchen Referenten, die die Telefonrhetorik beherrschen und in Seminaren entsprechende Trainingsprogramme durchführen. Dieser Trend wird sich in Zukunft noch mehr verstärken.

Folgende Gründe mögen aufzeigen, warum die Bedeutung des Telefonierens immer mehr wächst:

Im Administrationsbereich:

- Engpässe in den Schreibbüros.
- Überlastung der Sekretärin.
- Beim Telefonieren bekommen Sie einen sofortigen Kontakt mit dem Partner.
- Beim Telefongespräch können Sie die persönliche Beziehung ausbauen.
- Beim Telefongespräch bekommen Sie eine sofortige Antwort.

Im Verkaufsbereich:

- Steigende Vertriebskosten, Auto- und Bezinkosten usw.
- Wachsende Sortimente und weniger Zeit beim Verhandlungsgespräch reduzieren die Chancen des Außendienstmitarbeiters.
- Zunehmende Wartezeiten bei Einkäufern von Zentralen und zunehmend limitierte Besuchstage (-zeiten) für Vertreter und Repräsentanten.
- Die regelmäßige Telefonbetreuung einer Telefonverkäuferin – sie ruft jede Woche zur selben Zeit an – bringt ein System und eine Kontinuität in ein Abfragegeschäft. Der Kundenpartner kann schon vorher Bestand aufnehmen, und die Telefonverkäuferin kann das Sortiment in wenigen Minuten ansprechen und Sonderangebote anbieten. Der Verkäufer hat nicht immer Zeit, das ganze Sortiment anzubieten, und verkauft hauptsächlich nur das Kernprodukt.

Reklamationsbehandlung:

- Verärgerte Kunden wollen sofort ihr Problem an der entsprechenden Stelle klären.

- Firmen haben erkannt, daß zufriedene Kunden die Basis für künftige Geschäfte sind.
- Briefliche Reklamationen dauern meistens zu lange.
- Großfirmen, insbesondere Versandhäuser, haben erkannt, daß die Reklamationsabteilung von ausschlaggebender Bedeutung ist und führen deshalb regelmäßig Kundenberaterkurse für Telefonrhetorik durch.

Fähigkeitsanalyse-ABC

Nachstehend finden Sie einige wichtige Voraussetzungen, die ein Telefonmitarbeiter, besonders in der Reklamationsabteilung, erfüllen sollte:

Auffassungsgabe:
Der geschickte Telefonmitarbeiter muß Zusammenhänge sehr schnell erkennen. Er muß die Mentalität des Anrufers, seinen Grad der Verärgerung erspüren. Er muß erkennen, aus welchem Teil Deutschlands der Anrufer stammt, er muß schnell ermitteln, worum es geht, muß rasch zum Kern der Sache kommen, vor allem aber muß er Mittel und Wege kennen, wie der Anrufer so rasch wie möglich zufriedengestellt werden kann.

Ausdauer:
Im Vergleich mit vielen anderen Berufen ist immer wieder zu erkennen, daß Mitarbeiter im Telefondienst sehr viel Ausdauer besitzen müssen. Es ist eine sehr anstrengende Aufgabe, zu der viel Engagement, Erfolgswille, Beständigkeit und Bereitschaft nötig sind.

Ausgeglichenheit:
Leicht erregbare Menschen, die schnell die Fassung verlieren, sind für diese Art Tätigkeit nicht geeignet. Ein gleichmäßiges Temperament, innere Harmonie und ein zufriedenes Wesen sind wichtig.

Aussprache, deutliche:
Eine amerikanische Untersuchung einiger Psychologen zeigte, daß der Aussage des Wortes nur sieben Prozent Bedeutung zukommen, wogegen die stimmliche Intonation bereits 55 Prozent ausmacht. Dialektfärbung braucht kein Nachteil zu sein, aber die Aussprache muß klar und deutlich sein. In Telefonrhetorik-Seminaren werden durch Stimmtraining, Analyse und Korrektur Hilfen geboten und dadurch wird den Seminarteilnehmern wirklich geholfen.

Beherrschung:
Wie leicht können die Emotionen angesprochen werden, vor allem von Menschen, die Kundenaussagen bei Reklamationen allzu persönlich nehmen. Wie leicht kann man manchmal aus der Haut fahren, eine allzu menschliche Eigenschaft. Manche können sich allerdings besser beherrschen als andere. Wie schnell kann eine unbeherrschte Aussage der Firma Schwierigkeiten verursachen.

Belastbarkeit:
Beim Telefondienst gibt es immer Zeiten der Hochsaison. Hier muß rasch gearbeitet werden, und oft müssen Überstunden in Kauf genommen werden. Hier braucht man belastbare Menschen, die in der Lage sind, ständig gedanklich richtig und psychologisch formulieren zu können, dies alles auch noch rhetorisch.

Denken, logisches:
Menschen, die am Telefon arbeiten, müssen einen logischen Verstand haben. Sie müssen blitzschnell die Sachlage übersehen, um entsprechend reagieren zu können. Eine ganz wichtige Voraussetzung.

Diplomatie:
In einem großen Hotel in Düsseldorf steht an der Rezeption ein englischer Ausspruch, der in der Übersetzung etwa wie folgt lautet: *»Diplomatie ist die Kunst, jemandem in so netter und charmanter Weise zu sagen, daß er zur Hölle gehen soll, daß der Angesprochene sich sogar auf die Reise freut.«*

Einfühlungsvermögen:
Es gibt eine Haupteigenschaft, die man am Telefon aufweisen sollte, und zwar das Einfühlungsvermögen. Dies ist gerade am Telefon so wichtig, weil man sich sofort in die Lage des anderen versetzen muß.

Fähigkeit zuzuhören:
Die rhetorische Praxis zeigt immer wieder, daß eines der Hauptprobleme in der Kommunikation der Menschen von heute das mangelhafte Zuhören ist. Gerade am Telefon wird man gezwungenermaßen genötigt zuzuhören; den Telefonpartner ausreden zu lassen und ihn nicht ständig zu unterbrechen ist eine sehr wichtige und dringend zu trainierende Eigenschaft. Viel weniger Mißverständnisse würden aufkommen, wenn beim Telefonieren besser zugehört würde.

Flexibilität:
Hier kann man sich nicht an Vorschriften und Paragraphen halten. Flexibilität im Denken, Agieren und die Hilfsbereitschaft, die Fä-

higkeit, Sachlagen richtig zu erkennen und Problemlösungen zu finden, sind wichtig.

Formulierkunst:
Es kommt nicht immer nur darauf an, was man sagt, sondern auch darauf, wie man es sagt. Die rhetorische Formulierkunst gewinnt heute, wie schon mehrfach aufgezeigt, immer mehr an Bedeutung. Gute Redewendungen auf immer wiederkehrende Standardeinwände können entwickelt und trainiert werden. Nicht die Schnelligkeit der Antwort ist wichtig, sondern die Richtigkeit. Firmen, Behörden und Regierungen täten gut daran, einen Katalog der optimalen Formulierungen für Telefongespräche zu entwickeln. Die EBELING-SEMINARE haben hierfür einige firmeninterne Seminare durchgeführt.

Freundlichkeit:
In unserer heutigen versachlichten Welt muß man leider immer häufiger feststellen, daß die Gabe, freundlich zu sein, mehr und mehr schwindet. Die kühle, sachliche Darstellung macht sich breit. Um so mehr ist es notwendig, Menschen einzustellen, die ein besonders zuvorkommendes und höfliches Wesen haben. Verbindlichkeit und Liebenswürdigkeit werden gerade am Telefon besonders spürbar.

Genauigkeit:
Akustisch werden sehr viele Informationen übermittelt, die notiert werden müssen. Ein Telefonmitarbeiter muß Informationen empfangen und korrekt weitergeben. Die Übermittlung einer falschen oder entstellten Information kann teuer zu stehen kommen.

Hausinterne Kenntnisse:
Viele neue Mitarbeiter einer Telefonzentrale werden unzureichend ausgebildet. Über hausinterne Angelegenheiten werden sie kaum unterrichtet. Sie werden sofort an das Telefon gesetzt und sind dann infolge mangelnder Informationen hilflos, geben demzufolge unkorrekte oder gar falsche Auskünfte. Daß das nicht die richtige Art ist, Telefondienst auszuüben, bedarf wohl keiner weiteren Erläuterung. Eine umfassende Firmenkenntnis ist eine unabdingbare Forderung und Voraussetzung für einen jeden Telefonmitarbeiter.

Hilfsbereitschaft:
Diese Eigenschaft ist an der Strippe besonders wichtig. Der Anrufer muß spüren, daß der Partner am anderen Ende dazu bereit ist, sich für ihn und seine Belange einzusetzen. Allerdings muß diese Eigenschaft in einem Menschen vorhanden sein, denn man kann sie sich nur schwer durch Training angewöhnen.

Höflichkeit:
Ein freundliches und höfliches Wort schadet nie, kostet nichts, hilft aber oft sehr. Eine zuvorkommende Antwort bringt wahrscheinlich mehr als eine brillant formulierte, aber unfreundlich klingende Auskunft. Eine liebenswürdige Entgegnung hat mitunter schon eine größere Rendite gebracht als das teuerste Werbeinserat in einer Illustrierten.

Kontaktfreudigkeit:
Eine amerikanische Untersuchung zeigte, daß viele schüchterne Menschen gern in den Verkauf gehen, um diese Eigenschaft bewußt zu bekämpfen. Extrovertierte Menschen sind eher geneigt, die Telefonarbeit aufzunehmen, weil sie den Kontakt als Lebenselement benötigen.

Konzentrationsfähigkeit:
Die zunehmende Flut von Fakten und Daten, die heutzutage auf den berufstätigen Menschen einströmt, verlangt eine erhöhte Konzentrationsfähigkeit, und in ganz besonderem Maße gilt dies natürlich für den Telefondienst. Schließlich ist es ungeheuer nervenaufreibend, sich den ganzen Tag über laufend von einem Anrufer auf den anderen einzustellen und sich, oft ohne eine kurze Pause, übergangslos vom Problem des einen in das Problem des nächsten Anrufers hineinzudenken.

Menschenkenntnis:
Allzu junge Mitarbeiter sind für derlei Tätigkeiten am Telefon nur in Ausnahmefällen geeignet, weil sie meistens noch nicht über genügend Menschenkenntnis und Diplomatie verfügen, die zweifellos für diesen Platz erforderlich sind, will man ihn optimal ausfüllen. Eine gewisse Reife und Erfahrung aus dem Alltag und im Umgang mit den Mitmenschen sind hier notwendig.

Ordnungssinn:
Am Arbeitsplatz läßt sich schnell erkennen, wer über Ordnungssinn verfügt. Für den Telefondienst trifft das in demselben Maße zu wie für jeden anderen Arbeitsplatz, nur mit dem Unterschied, daß hier die Folge der einzelnen Aktivitäten besonders rasch ist. Ordentliches Notieren der gehörten Informationen auf die richtigen Blätter, sorgfältiges Aufbewahren bis zur Weiterbearbeitung oder Weitergabe an die zuständigen Stellen, stets gespitzte Bleistifte, Kugelschreiber und all die Utensilien und Hilfsmittel sind, um den Streß des Telefondienstes überhaupt zu überstehen, besonders wichtig.

Redegewandtheit:
Rhetorisches Geschick ist vielleicht die wichtigste Fähigkeit für diese Tätigkeit. Oder können Sie sich eine mühsam nach Worten ringende, stotternde, verlegene, nicht des deutschen Wortschatzes mächtige Telefonistin vorstellen? Es bedarf wohl kaum einer besonderen Erwähnung, daß ein Telefonmitarbeiter weder Verlegenheitswörter wie »äh« und »hm« verwenden noch falsch ausgesprochene Fremdwörter benutzen sollte oder fachspezifische Ausdrücke, die ein firmenfremder Gesprächspartner nicht verstehen kann.

Ruhe, innere:
Innere Unruhe, sprich Nervosität, ist natürlich keine wünschenswerte Eigenschaft eines Telefonmitarbeiters. Häufig ist der anrufende Partner unruhig, verärgert, unbeherrscht, hektisch, nervös. Je ruhiger die telefonische Beantwortung entgegengesetzt wird, desto eher wird das Telefongespräch erfolgreich sein und zur Zufriedenheit beider Parteien verlaufen.

Sachlichkeit:
Wie leicht kann eine Angelegenheit zerredet oder zu emotionell behandelt werden. Telefoneinheiten sind teuer, und deswegen ist eine sachliche, schnelle Bearbeitung sehr wichtig.

Schlagfertigkeit und Humor:
Trotz aller Sachlichkeit schadet aber auch am Telefon ein Quentchen Humor niemandem! Nur ist diese kostbare Eigenschaft längst nicht jedem gegeben. Manche neigen dazu, alles und jedes ins Lächerliche zu ziehen und Witzchen über Dinge zu treiben, die viel zu ernst dazu sind. Aber gerade diese Menschen nehmen häufig für sich in Anspruch, sehr humorvoll zu sein. Hier das richtige Maß zu finden ist sicherlich nicht immer ganz leicht, und es bedarf einer genauen Prüfung, ob und inwieweit ein besonders schlagfertiger und humorvoller Mensch für einen solchen Posten geeignet ist.

Schnelligkeit:
Durch die schnelle Aufeinanderfolge der einzelnen Telefonate ist Schnelligkeit sowohl in der Auffassungsgabe als auch im aktiven Handeln eine Voraussetzung von größter Bedeutung. Langsame und träge Menschen, die nicht imstande sind, wirklich rationell zu arbeiten, dürften sich auf diesem Platz kaum halten können.

Stimme, angenehme:
Eine angenehme, wohltemperierte Modulation in der Stimme mit einer gewissen Stimmbreite und Schwingungsresonanz ist ein großes Plus für jemanden, der Telefondienst machen muß. Was hier

die Natur versagt hat, kann aber unter Umständen in Rhetorikseminaren gelernt werden.

Überzeugungskraft:
Da die nonverbale Aussage am Telefon gänzlich fehlt, muß besonders darauf geachtet werden, in die verbale Aussage ein Höchstmaß an Überzeugungskraft zu legen.

Urteilsvermögen:
Eine weitere wichtige Voraussetzung für den Telefondienst ist die, daß das Urteil über Berechtigung und Nichtberechtigung der Reklamation schnell gefällt werden muß. Es muß ebenfalls schnell beurteilt werden, wer für das angeschnittene Problem zuständig ist, an wen die Sache weiterzuleiten ist usw. Dabei ist der Mitarbeiter der Telefonzentrale völlig auf sich selbst gestellt. Er kann das Urteil nicht erst bei einer anderen Person oder Instanz einholen, denn der Anrufer will jetzt und gleich Antwort haben.

Verkaufsgeschick:
Die Zielsetzungen sollten geschickt verpackt und verkauft werden, mitunter bereits am Telefon. Verkaufstechniken und -taktiken können entsprechend gelernt werden, wenn der Wille dafür vorhanden ist. Früher glaubte man, daß Verkaufsgeschick ein Naturtalent sei. Heute weiß man, daß man diese Fähigkeit durch Training erlangen und ausbauen kann.

Rhetorische Formulierungen für die Reklamationsbehandlung

Solange es Menschen gibt, wird es immer wieder Fehler geben, die zu Reklamationen führen. Das Hauptziel jeder Firma, Verwaltung und jedes Dienstleistungsunternehmens sollte darin liegen, zufriedene Kunden zu haben.

Einige wichtige Kontaktsätze und Entschuldigungsformulierungen:
Es tut mir leid ...

Bitte entschuldigen Sie ...

Es muß ein Mißverständnis vorliegen ...

Ich kann Sie gut verstehen ...

Es tut uns leid, daß Sie mit der Ware unzufrieden sind – daß die Ware nicht Ihren Erwartungen entspricht ...

Es tut uns leid, daß die Ware nicht Ihren Anforderungen (Ihrem Geschmack) entspricht ...

Es tut mir/uns leid, daß Sie Grund zu einer Beanstandung haben ...

Sie haben recht, ich würde ähnlich wie Sie reagieren ...

Es ist gut, daß Sie anrufen, ich kann mich durchaus in Ihre Lage versetzen ...

Darüber würde ich mich auch ärgern ...

Wir bedauern es sehr, daß ...

Kunden- und anruferorientiertes Denken ist wichtig!
Es ist nicht immer leicht, die Beanstandung aus Sicht des Anrufers zu sehen. Jedoch ist es dennoch wichtig, wenn wir uns in die Lage des Anrufers versetzen können. Das anruferorientierte Denken, das »In-seinen-Schuhen-Stehen« verhilft uns oft dazu, die Situation klarer zu sehen. Der Anrufer freut sich, wenn Sie anruferorientiert denken und argumentieren.

Ihr Artikel ist momentan leider ...

Ich werde mich für Sie einsetzen ...

Ich werde sofort für Sie rückfragen ...

Ich kann Sie gut verstehen ...

Die Beanstandung ist – aus Ihrer Sicht – völlig berechtigt ...

Selbstverständlich haben Sie ein Recht darauf, ...

Mit Ihrem Hinweis haben Sie uns einen nützlichen Ratschlag gegeben.

Zufriedene Kunden, Bürger, Anrufer sind unser Ziel!

Bitte verwenden Sie das Wort »selbstverständlich«, um dem Anrufer recht zu geben und ihm Entgegenkommen zu zeigen:

Wie Sie ja wissen, ist es für uns selbstverständlich, ...

Positivformulierungen führen zum Erfolg!
Unbewußt formulieren wir oft negativ anstatt positiv. Sie kennen ja die Geschichte. Man kann sagen: Das Glas ist halb leer. Und man kann sagen: Das Glas ist halb voll!

Einige positive Sätze:
Ich bedauere sehr ...

Bitte entschuldigen Sie vielmals ...

Sie haben recht...

Ich werde mich sofort darum bemühen...

Ich werde sofort zurückrufen...

Wenn Sie nur einen Augenblick warten wollen,... – oder soll ich lieber zurückrufen?

Wir werden Sie voraussichtlich schon sehr bald...

Wir legen Wert auf eine gute Qualität...

Selbstverständlich!

Gern...

Wir werden die Angelegenheit sofort überprüfen...

Zeitgewinn ist besonders wichtig!
Wenn ein Gespräch dem anderen folgt, muß man besonders konzentriert arbeiten. Die sofortige Umstellung ist nicht immer leicht, und manchmal braucht man eben einen Zeitgewinn. Allerdings: Anrufer warten niemals gern, es kostet ja auch ihr Geld, und darum müssen wir diese Tatsache mitberücksichtigen;

etwa durch folgende Formulierungen:
Um Ihnen eine längere Wartezeit zu ersparen...

Moment bitte, ich schaue eben mal schnell nach... einen kleinen Augenblick nur, bitte, ich werde rasch nachfragen...

Wann haben Sie denn die Bestellung aufgegeben?

Um welchen Artikel handelte es sich, bitte?

Bitte gedulden Sie sich einen Moment...

Wollen Sie warten, oder rufen Sie später noch einmal an? Oder sollen wir zurückrufen?

... dürfte in den nächsten Tagen wieder eintreffen!

Wir würden Sie wirklich gern zufriedenstellen...

Bitte verstehen Sie, daß wir Ihnen nicht jetzt gleich Auskunft geben können, da uns momentan Ihre Unterlagen noch nicht vorliegen.

Was der Anrufer zuletzt hört, ist am wichtigsten!
Vielen Dank für Ihren Anruf!

Herzlichen Dank für Ihren Hinweis...

Wir wünschen Ihnen alles Gute...

Wir wünschen Ihnen einen schönen Urlaub!

Wir sind sicher, daß Sie mit dem Ergebnis zufrieden sein werden!

Falls Sie noch irgendwelche Schwierigkeiten haben sollten, wenden Sie sich bitte wieder an uns!

Zögern Sie nicht, uns ruhig noch einmal anzurufen.

Ich werde mich sofort persönlich um diese Angelegenheit kümmern!

Sie hören wieder von uns – in den allernächsten Tagen!

Wir hoffen, die Sache jetzt zu Ihrer vollsten Zufriedenheit klären zu können!

Es tut uns leid, daß wir Ihnen heute nicht mehr helfen können ...

Appell an den Anrufer!
Oft ist es notwendig, den Anrufer zu veranlassen, eine bestimmte Tätigkeit selbst zu unternehmen. Das muß dann besonders klug und geschickt angefaßt werden!

Etwa so:
Bitte seien Sie so nett und ...

Wenn es Ihnen vielleicht möglich wäre, ...

Könnten Sie bitte ausnahmsweise ...

Sie würden uns wirklich sehr helfen, wenn Sie ...

Wir wären Ihnen ganz besonders dankbar, wenn Sie ...

Optimale Reklamations- und Beschwerdebehandlung:
Eine gute Reklamations- oder Beschwerdebehandlung spricht sich rasch herum und gewinnt Kunden von morgen.

Sagen Sie zum Beispiel:
Sie erhalten selbstverständlich umgehend schriftlichen Bescheid ...

Moment, bitte, ich werde sofort für Sie nachschauen ...

Wir melden uns umgehend wieder!

Ich veranlasse sofort alles Nötige ...

Entschuldigen Sie noch einmal unseren Irrtum!

Wir werden uns eingehend mit Ihrem Problem beschäftigen ...

Unser Außendienstberater sucht Sie in den allernächsten Tagen auf, um ...

Manche Formulierungen sind mit Zündstoff geladen!
Ein abgeschossener Pfeil kann nicht mehr zurückgeholt werden! Deshalb ist es besser, den Anrufer in eine »Ja«-Stimmung zu ver-

setzen, als ihn zu reizen. Viele Anrufer sind im Moment ohnehin erregt, und ein falsches Wort ist manchmal irreparabel.

Diese Sätze sollten nie verwendet werden:
Das sehen Sie völlig falsch!

Nein, das stimmt nicht!

Da haben Sie eben einen Fehler gemacht!

Sie müssen ...

Ich kann Ihnen beweisen, daß Sie im Unrecht sind!

Dieser Fehler liegt nicht bei uns!

Sie denken völlig falsch!

Ihre Ansicht stimmt nicht!

Das kann ich viel besser beurteilen!

Ich weiß schon, was Sie sagen wollen, ...

Sie beschweren sich immer!

Sie machen immer den gleichen Fehler!

Schreien Sie nicht so, ich kann Sie gut hören.

Sie denken viel zu einseitig!

Sie müssen nicht immer die Schuld bei anderen suchen!

Wichtige Schritte beim Nichtverstehen des Namens:
Das Wichtigste ist natürlich, den Namen des Gesprächspartners richtig zu verstehen. Leider kennt jeder seinen eigenen Namen zu gut und spricht ihn deshalb oft schnell und nachlässig beziehungsweise undeutlich aus. Wenn Sie den Namen nicht richtig verstanden haben, fragen Sie ruhig noch einmal nach!

Zum Beispiel so:
Entschuldigen Sie bitte, wie war Ihr Name?

Würden Sie Ihren Namen bitte noch einmal wiederholen?

Könnten Sie bitte Ihren Namen einmal buchstabieren?

Habe ich Ihren Namen richtig verstanden: ...?

Schreibt sich Ihr Name mit »ei« oder »ey«?

Analyse der Hauptfehler am Telefon

Das richtige rhetorische und psychologische Verhalten am Telefon ist eine wichtige Voraussetzung für die optimale Anruferbetreuung, Beschwerde- und Reklamationsbehandlung. Analysen aus Behörden, Industrie und Handel zeigen, daß folgende Hauptfehler sehr oft gemacht werden:

Nicht zuhören können:
Der Anrufer wird ständig unterbrochen und kommt nur ungenügend zu Wort. Er ist verärgert und fühlt sich mißverstanden. Oft ist es dem Sprecher gar nicht bewußt, daß er nur mangelhaft zuhört.

Sich nicht in die Lage des Anrufers versetzen:
Viel zu viele Telefonbetreuer haben nicht genügend Einfühlungsvermögen und verharren zu sehr auf ihrem eigenen Standpunkt. Der Anrufer fühlt sich dann unverstanden.

Rhetorisch unkluge Formulierungen:
Viel zu viele negative Formulierungen, wie zum Beispiel: »Nein, das stimmt nicht...« oder: »Das sehen Sie völlig falsch« usw., werden verwendet.

Gleichgültiges Sprechen:
Wer schon lange dabei ist, zeigt später mitunter – durch die Macht der Gewohnheit – zuviel Gleichgültigkeit. Die Stimme ist monoton, und man spürt die Langeweile und Routine.

Den Anrufer nicht mit Namen ansprechen:
Es sind oft die einfachsten Regeln, die nicht beachtet werden. Wie schon bekannt, ist jedem Menschen sein Name sehr wichtig. Viele Telefonbetreuer bemühen sich überhaupt gar nicht erst, den Namen zu erkunden oder gar aufzuschreiben zwecks späterer Wiederholung. Dieses Fehlverhalten wird in Trainingsseminaren oft aufgedeckt.

Falsche Stimmlage:
Es wird entweder zu leise, zu laut oder zu hektisch gesprochen.

Firmeninterne Betrachtung:
Viele sprechen zu behörden- oder firmenintern und versuchen gar nicht, die Reklamation wirklich zu behandeln. Es werden viel zu viele »firmen- und behördenchinesische« Ausdrücke und Abkürzungen verwendet.

Zu lange Sätze – keine Pausen:
Es werden Schachtelsätze formuliert. Demzufolge kommen viele Anrufer, besonders ältere, in der Darlegung nicht mit.

Mangelnde Entschuldigungen:
Jede Beschwerde- beziehungsweise Reklamationsbehandlung sollte mit einer entschuldigenden Formulierung wie zum Beispiel: »Es tut uns leid...« beginnen. Leider vermißt man dies des öfteren.

Mangelnde Fragetechnik:
Die Technik der Fragenstellung wird nicht genügend angewendet. Es ist bekannt: Wer Fragen stellt, führt das Gespräch! Diese Zauberformel wird nicht genügend beachtet und eingesetzt.

Falsche Einstellung:
Vielen fehlt es an Hilfsbereitschaft, sie sind zu kurz angebunden.

Falsche Auskunft geben:
Wie leicht ist es, den Anrufer mit einer falschen Auskunft abzuspeisen! Anstatt sich im Hause erst einmal richtig zu informieren, wird schnell eine unrichtige oder völlig unzulängliche Auskunft erteilt. Die Chefs ahnen gar nicht, welche Unzufriedenheit und welche Verluste dadurch entstehen.

Zu persönlich:
Viele werden am Telefon zu persönlich.

Rhetorisch-psychologische Hinweise

Für das Telefonieren sollte ein Stimm- und Ausspracheblatt angelegt werden:

Klar und deutlich	1	2	3	4	5
Stimme					
Lautstärke					
Melodie					
Tempo					
Klangfarbe					
Höhen und Tiefen					
Deutlichkeit					
Freundlichkeit					
Sympathieausstrahlung					
Pausentechnik					

Genau artikulieren:
Die präzise Artikulation ist beim Telefonieren besonders wichtig, ebenso die Betonung der Endsilben.

Klang und Melodie:
Viele Menschen kennen die Wirkung ihrer eigenen Stimme nicht. Deshalb sollten sie sie kennenlernen, indem sie mit einem Tonbandgerät arbeiten.

Mehr »nach vorn« sprechen:
Viele sprechen zu weit nach hinten. Dadurch wirkt die Stimme leicht monoton und dumpf. Man hat es leichter, wenn man die Lippen mehr bewegt und versucht, die Betonung nach vorn zu bringen.

(Eine wichtige Übung: Sagen Sie zwanzigmal hintereinander: *bpbpbpbp* ...)

Freundlichkeit ausstrahlen:
Trainieren Sie Freundlichkeit am Telefon!
Es wird oft behauptet, daß man ein Lächeln »hören« kann, – und das stimmt!

Nicht zu schnell sprechen:
Einer der Hauptfehler ist immer wieder das zu schnelle Sprechen. Bei vielen Menschen ist es eine schlechte Angewohnheit, und wenn sie dann noch dazu undeutlich reden, kann man so gut wie gar nichts verstehen.

Nicht zu langsam sprechen:
Eine genauso große Sünde ist dementgegen das zu langsame Sprechen. Warten Sie nicht, bis Ihr Gesprächspartner ungeduldig mit den Fingern zu klopfen beginnt – letztes Alarmzeichen, daß Sie »ein wenig mehr Tempo zulegen« sollten! Zeit ist Geld, und Telefonieren ist teuer.

Auf Höhen und Tiefen achten:
Durch die Macht der Gewohnheit und auf Grund mangelnder Anstrengung neigt man leicht dazu, zu monoton zu sprechen. Gerade beim Telefonieren ist es sehr wichtig, entsprechende Höhen und Tiefen in der Stimmfrequenz zu haben. Um das zu schaffen, bedarf es natürlich einer gewissen inneren Begeisterung und Freude.

Zuhören – ruhig aussprechen lassen:
Eine häufig anzutreffende Unart ist, den anderen nicht aussprechen zu lassen. Temperamentvolle Menschen haben es da natürlich besonders schwer, sich zu zügeln. Tonbandgespräche lassen Sie schnell erkennen, ob Sie genügend zuhören können.

Nicht abrupt unterbrechen:
Natürlich kommt es schon hin und wieder einmal vor – besonders bei den sogenannten Dauerrednern –, daß man in die Ausführungen des Partners eingreifen muß. Tun Sie dies aber nicht, indem Sie ihn mitten in einem Satz unterbrechen, sondern warten Sie das Ende eines Gedankenganges, eine Atempause ab.

Zwischendurch einmal melden:
Es ist sehr wichtig, daß Sie – gerade beim Telefonieren – sich zwischendurch einmal melden und damit ein Zeichen geben, daß Sie zuhören. (Zum Beispiel: »ganz richtig«, »verstehe vollkommen«, »aber natürlich ...«, usw. eignen sich dazu.) Diese Dialogart nennt man übrigens aktives Zuhören.

Verständigungsbestätigung:
Geben Sie eine kurze Bestätigung des Vernommenen, um Mißverständnisse zu vermeiden.

Arbeitshilfsmittel stets in Griffnähe haben!
Wie oft hört man am Telefon: »Bitte einen Moment, ich muß nur schnell etwas zum Schreiben holen ...« Das kostet Geld und Zeit, und der Anrufer denkt sich vielleicht: »Na, so ein Laden ...«

Notizblock, Kalender und Schreibutensilien:
Ein fest gebundener Notizblock oder ein Notizbuch sind gut, denn die Zettelwirtschaft birgt einige Gefahren in sich. Bewährt haben sich auch Jahreskalender, die, an der Wand hängend und überdimensioniert, vom Arbeitsplatz aus zu sehen sind.

Wiederholung der Notizen:
Wiederholen Sie am Ende des Gesprächs kurz Ihre Aufzeichnungen, besonders gemachte Versprechungen, Termine und jegliche Zahlenangaben. Kaum zu erwähnen ist wohl, daß Zahlen, Daten und Namen besonders sorgfältig notiert werden müssen.

Telefonnummer zwecks Rückruf erfragen:
Dies sollte eigentlich eine Selbstverständlichkeit sein, und doch wird es sehr häufig vergessen, danach zu fragen oder sie zu notieren. Eine unverzeihliche Unterlassungssünde.

Adresse ist wichtig!
Für die vollständige Adresse gilt das gleiche wie für die Telefonnummer. Auch gleich nach der Postleitzahl fragen.

Auftrag notieren:
Bei den vielen Produkten heute ist es sehr wichtig, das entsprechende Auftragsformular stets griffbereit zu haben, um es weisungsgemäß ausfüllen zu können.

Sonstige Bedingungen notieren:
Versprechungen müssen eingehalten werden und ausgehandelte Bedingungen ebenfalls. Also auch hier alles genauestens notieren!

Allgemeine Hinweise notieren:
Oft entstehen Schwierigkeiten, wenn Anrufer einmal Sonderwünsche äußern. Je genauer Sie sich Ihre Notizen hierüber machen, desto weniger Schwierigkeiten wird es bei der Bearbeitung dieser Angelegenheit geben.

TELEFONGESPRÄCHSVORBEREITUNG

Wen will ich anrufen?
Gedanklich sich seinen Gesprächspartner in Erinnerung rufen oder durchdenken, mit wem man sprechen muß.

Wie heißt mein Gesprächspartner, und wie sollen die ersten Kontaktsätze lauten?

Die ersten fünf Wörter sind wichtiger als die nächsten tausend.

Was will ich erreichen?
Schreiben Sie die Zielsetzung vorher kurz nieder, und behalten Sie während des Gesprächs dieses Ziel im Auge.

Listen Sie die Besprechungspunkte auf, die Sie behandeln wollen.

Welche Einwände habe ich zu erwarten?
Überlegen Sie kurz, welche Einwände vorgebracht werden könnten. Sehr oft kennen Sie diese schon aus Erfahrung und können sich somit darauf vorbereiten.

Wie kann ich diese Einwände widerlegen?
Überlegen Sie, wie Sie diese taktvoll, diplomatisch und effektiv beantworten können.

Welche Unterlagen benötige ich?
Holen Sie vor dem Gespräch bereits alle erforderlichen Unterlagen herbei. Nichts ist schlimmer, als wenn Sie das Gespräch mehrere Male unterbrechen müssen, um sich erst dann das Nötige zu beschaffen.

Welche Unterlagen benötigt eventuell mein Partner?
Aus Ihrer eigenen Erfahrung ist Ihnen wahrscheinlich auch bekannt, welche Unterlagen seitens des Gesprächspartners vorliegen müssen, denn Sie wissen ja, über was Sie mit ihm sprechen wollen. Geben Sie ihm deshalb Zeit, diese zu besorgen, und rufen Sie noch einmal an, nachdem er diese bereitgelegt hat.

Welche Argumente muß ich zur Hand haben?
Welche Zusatzargumente könnten während des beabsichtigten Gesprächs von Bedeutung sein und benötigt werden? Sorgen Sie dafür, daß Ihnen diese geläufig sind, möglichst belegbar mit Zahlen, Daten und überschaubaren und verständlichen Fakten.

Wann rufe ich am besten an?
Psychologisch und natürlich auch praktisch spielt die Zeit des Anrufs eine wichtige Rolle. Dies ist selbstverständlich von Branche zu Branche und von Behörden zu Industriefirmen usw. völlig unterschiedlich. Aber auch Sie werden die günstigsten Zeiten schon aus eigener Erfahrung kennen.

KOSTENSPAREND TELEFONIEREN

Optimale Vorbereitung:
Wer sich richtig vorbereitet, wird zwangsläufig schneller zum Ziel kommen und damit die Redezeit verkürzen, also Gebühren sparen.

Kurze, sachliche Gesprächsführung:
Weitschweifige Ausführungen, emotionelle Ergüsse und private Unterhaltungseinflechtungen dürften bei geschäftlichen Telefonaten kaum am Platze sein. Knappe und präzise Aussagen sparen eine Menge Gebühreneinheiten.

Privatthemen:
Selbstverständlich benötigt man ab und zu zum Einstig in ein Gespräch kurze Kontaktsätze, die durchaus in die Privatsphäre reichen können, um menschliche Brücken zu schlagen. Aber Vorsicht: Dehnen Sie dieses Privatthema nicht zu lange aus, sonst könnte Ihr Partner die Geduld verlieren!

Rückrufen lassen:
Wenn Sie, während Sie selbst angerufen werden, nicht genügend auf das Gespräch vorbereitet oder gerade anderweitig beschäftigt sind, wenn Ihnen die nötigen Unterlagen fehlen oder Sie eine Erkundigung einziehen müssen, dann bitten Sie darum, zurückrufen zu dürfen. Bieten Sie es zumindest an.

Weiterverbinden:
Das gleiche Anerbieten müssen Sie machen, wenn Sie bei einem erforderlich werdenden Weiterverbinden mit einem anderen Gesprächspartner diesen nicht gleich erreichen können. Lassen Sie dann den Anrufer nicht unnötig lange an der Strippe hängen. Sie strapazieren damit nämlich nicht nur dessen Geduld, sondern auch seinen Geldbeutel!

Korrespondenz gründlich studieren:
Wie oft sind die entsprechenden Unterlagen zwar vorhanden, aber man hat sich nicht die Zeit genommen, die wichtigsten Punkte noch einmal schnell durchzulesen. Streichen Sie sich sofort nach Erhalt eines Korrespondenzvorgangs die wichtigsten Aussagen darin an, und lesen Sie im Bedarfsfall nur diese angestrichenen Stellen noch einmal durch!

Unnötige Floskeln:
Vermeiden Sie überschwengliche Redewendungen, Superlative, zuviel Schmalz und zu dick aufgetragene Komplimente. Das ist heute nicht mehr angebracht.

Allgemeine Checkliste für besseres Telefonieren

Stimme	
Klar und deutlich.	☐
Genau artikulieren.	☐
Auf Klang und Melodie achten.	☐
Mehr nach vorne sprechen.	☐
Mundgymnastik durchführen.	☐
Freundlichkeit ausstrahlen.	☐
Nicht zu schnell sprechen.	☐
Nicht zu langsam sprechen.	☐
Auf Höhen und Tiefen achten.	☐
Notieren	
Block und Bleistift zur Hand haben.	☐
Notizen kurz wiederholen.	☐
Namen, Zahlen, Daten besonders sorgfältig notieren.	☐
Telefonnummer zwecks Rückruf erfragen.	☐
Adresse nicht vergessen zu notieren.	☐
Ebenso natürlich den Auftrag!	☐
Sonstige Bedingungen notieren.	☐
Hinweise notieren.	☐
Ideen notieren (auch eigene!).	☐
Arbeitshilfsmittel	
Schreibzeug stets in Griffnähe.	☐
Notizblock und Kalender.	☐
Kundenunterlagen.	☐
Farbige Stifte.	☐
Durchschreibblock.	☐
Telefonnummernliste.	☐

Namensliste. ☐
Reklamationsblock. ☐
Zielsetzungsblock. ☐
– und alles natürlich übersichtlich auf dem Arbeitsplatz angeordnet!

Zuhören

Ruhig aussprechen lassen. ☐
Nicht abrupt unterbrechen. ☐
Jedoch: Zwischendurch kurz einmal melden (als Zeichen, daß man noch »da ist«). ☐
Kurze Bestätigung des Vernommenen. ☐
»Aktiv« zuhören. ☐

Gesprächsvorbereitung

Wen will ich anrufen? ☐
Was will ich erreichen? ☐
Welche Einwände habe ich zu erwarten? ☐
Wie kann ich diese widerlegen? ☐
Welche Unterlagen benötige ich? ☐
Welche Unterlagen benötigt eventuell mein Gesprächspartner? ☐
Welche Argumente muß ich zur Hand haben? ☐
Wann rufe ich am besten an? ☐

Kostensparend telefonieren

Optimale Vorbereitung. ☐
Kurze und sachliche Gesprächsführung. ☐
Private Themen vermeiden. ☐
Rückrufen lassen (wenn vertretbar). ☐
Richtige Zeit wählen. ☐
Nicht immer weiterverbinden lassen, dann lieber auch um Rückruf des Betreffenden bitten! ☐
Manche Mitteilung ist schriftlich billiger. ☐
Dem Gespräch vorangegangene Korrespondenz gründlich lesen. ☐

Allgemeine Tips

Hörer nicht zu weit entfernt halten! ☐
Fremdwörter vermeiden. ☐
Anrufernamen richtig aussprechen. ☐
Titel, insbesondere akademische, nicht »unterschlagen«. ☐
Eigenen Namen deutlich und langsam aussprechen. ☐
Sich bedanken. ☐
Telefonnummernverzeichnis anlegen und auf neuestem Stand halten. ☐
Ständig üben, besonders deutlich zu sprechen! ☐

Konferenz- und Diskussionstechniken

Werner Finck hat einmal gesagt: *»Eine Konferenz ist eine Zusammenkunft, wo viele hineingehen und wenig dabei herauskommt.«*

Jahr für Jahr werden Milliardenbeträge für unergiebige Konferenzen und Diskussionen aus dem Fenster geworfen, die ohne dringende Notwendigkeit kurzfristig einberufen werden. Die Teilnehmer kommen dann mitunter wenig informiert und unvorbereitet zur Konferenz. Durch die mangelnde Zielsetzung und eine schlechte Konferenzführung gehen wertvolle Stunden der Arbeitszeit verloren. Haben Sie schon einmal errechnet, wie teuer eine Tageskonferenz ist, bei der dann vielleicht gar nichts herauskommt?
Aber auch im Vereinsleben, auf Vorstandssitzungen und Vollversammlungen entscheidet eine gute Technik über den Erfolg.

Zehn Punkte für effiziente Konferenzen:

1. Besprechungspunkte festlegen.
2. Teilnehmer einladen.
3. Teilnehmer begrüßen.
4. Besprechung mit Besprechungsziel eröffnen.
5. Wortmeldungen notieren und in der Reihenfolge abrufen.
6. Unparteiisches Verhalten.
7. Auf die Zeit achten.
8. Besprechungsrunde zielorientiert führen.
9. Rhetorische Unredlichkeiten verhindern.
10. Entschlüsse herbeiführen.

► *Teilnehmer einer Konferenz sollten:*
Sich auf die Besprechung vorbereiten.
Pünktlich sein.
Positive Einstellung zur Besprechung mitbringen.
Sachlich und zielorientiert beim Thema bleiben.
Kurz und anschaulich sprechen.
Zuhören können.

Präzise fragen.
Informationen geben, die dem Partner nutzen.
Meinungen gelten lassen.
»Killerphrasen« vermeiden.

► *Ein Konferenzleiter sollte:*
Überzeugend wirken.
Von der Mehrzahl des Auditoriums akzeptiert werden.
Führungsqualitäten mitbringen.
Rhetorische und psychologische Fähigkeiten besitzen.
Immer sachlich und neutral bleiben.
Ausgleichend und koordinierend tätig sein.
Die Teilnehmer anspornen und aktivieren.
Die Thematik verstehen!
Pünktlich die Zeiten einhalten.
Ein guter Zuhörer sein.
Auch ruhigere Teilnehmer ermuntern, aktiv zu werden.
Fair und korrekt sein.

Hauptfehler bei der Durchführung von Konferenzen

Erst wenn Sie wissen, was Sie falsch machen, können Sie diese Fehler korrigieren und in positives Verhalten umsetzen.

Schauen Sie sich deshalb einmal einige dieser Fehler an:
Es wird sehr leicht am Kern des Themas vorbeigeredet.

Das Thema und die Zielsetzung der Konferenz oder der Besprechung werden nicht klar und deutlich genug dargestellt oder definiert.

Der Konferenzleiter und die Diskussionsteilnehmer zerreden die Thematik.

Einwände werden nicht angehört und behandelt.

Manche Leiter führen nicht souverän durch die Konferenz und fühlen sich leicht persönlich angegriffen.

Es bilden sich mitunter Gruppen innerhalb der Gruppe, dadurch entstehen schnell Konflikte.

Eine offene Meinungsäußerung kommt gar nicht zustande; es werden nur Vorwürfe erhoben.

Ratschläge für die Konferenzleitung

Ihre wichtigste Aufgabe liegt darin, die Konferenz ständig im Griff zu haben. Sie müssen über die zu behandelnden Themen genauestens Bescheid wissen. Sie dürfen nichts dem Zufall überlassen. Sie müssen sich gründlich vorbereitet haben!

Begrüßung aller Teilnehmer und Gäste.

Das Thema und das Konferenzziel aufzeigen.

Die Geschäftsordnung für die Konferenz bekanntgeben.

Alle Teilnehmer sollten in der Diskussion gleichberechtigt sein.

Zeitplan mit allen Pausen und dem allgemeinen Programmverlauf bekanntgeben.

Besondere Gäste, die anwesend sind, vorstellen.

Redner nach der RIR-Formel vorstellen (S. 220).

Möglichst einige kürzere Pausen und eine längere (Mittagessen) einplanen.

Vorgebrachte Hauptpunkte nach jedem Sprecher kurz und übersichtlich zusammenfassen.

Konferenzverlauf durch Suggestivfragen beschleunigen.

Dafür sorgen, daß die Konferenz stets im Gang bleibt (bitten Sie rechtzeitig um Wortmeldungen).

Den Augenkontakt mit allen Teilnehmern nicht vernachlässigen.

Lassen Sie die Teilnehmer sich per Handzeichen melden, wenn sie sprechen wollen.

Sprechen Sie selbst nie belehrend.

Lassen Sie jeden zu Wort kommen, und bremsen Sie nur die Dauerredner etwas.

Versuchen Sie, eine positive und angenehme Atmosphäre zu schaffen. Etwas Humor sollte dabei nicht fehlen.

Wirken Sie ausgleichend.

Alle abschweifenden Beiträge geschickt zurückstellen – Wesentliches vom Unwesentlichen trennen!

Achten Sie darauf, daß die geplanten Pausen nicht überzogen werden.

Achten Sie darauf, daß bei Diskussionen nicht alle durcheinanderreden, sonst verlieren Sie schnell die Kontrolle!

Ermuntern Sie auch schüchterne Teilnehmer, sich zu äußern.

Nicht genügend ausdiskutierte Punkte sollten Sie noch einmal ins Gespräch bringen.

Versuchen Sie, Beiträge zu Problemlösungsmöglichkeiten positiv anzuerkennen.

Ihre Aufgabe liegt darin, die Konferenz zu führen. Ihre Meinung darf daher nicht vorherrschend sein!

KONFERENZTECHNIK

Problemstellung:

- Genau nennen und wiederholen.
- Problem eingrenzen.
- Begriffe erklären.
- Bedeutung umreißen.

Lösungen des Problems:

- Verwenden Sie die Brainstormingtechnik.
- Jeder soll seine Meinung äußern dürfen.
- Nicht beurteilen.
- Oft zusammenfassen.
- Kurze und spezifische Formulierungen.
- Beweismittel anführen.

RHETORIK SEMINAR
(REDETRAINING)

PE

1 REDNER VORSTELLUNG

R = REFERAT (TITEL NENNEN)

I = INTERESSE WECKEN

R = REDNER NAMEN

○ **SIE HABEN DAS WORT**

○ **BITTE ERGREIFEN SIE DAS WORT**

© PETER EBELING · **EBELING-SEMINARE** · Postfach 1213
86815 Bad Wörishofen

Die beste Lösung:

- Wiederholen Sie kurz die vorgeschlagenen Lösungen.
- Führen Sie eine Abstimmung für die beste Lösung durch.

Wie wird der Entschluß in die Tat umgesetzt?

- Stellen Sie einen Durchführungsplan auf.
- Stellen Sie einen Zeitplan auf.

Abschluß:

- Bedanken Sie sich bei allen Teilnehmern für ihr Erscheinen.
- Klären Sie, ob noch irgendwelche Fragen zu beantworten sind.
- Lassen Sie den Raum in einem ordentlichen Zustand zurück.
- Erinnern Sie die Teilnehmer daran, ihr Gepäck und ihre Garderobe nicht zu vergessen.
- Danken Sie den Teilnehmern für die gute und rege Mitarbeit.
- Beschließen Sie die Konferenz offiziell, und verabschieden Sie alle Teilnehmer persönlich.
- Klären Sie, ob alle entstandenen Kosten beglichen worden sind.

Die Teilnehmerzusammensetzung ist oft recht unterschiedlich!

Ein kleines Brevier für Diskussionsleiter von Herrn GEORG BAUER, einem Rhetorikfachmann aus München:

Typ	**Verhaltensweise**
Streiter:	Gruppe soll Behauptungen widerlegen.
Positiver:	Ergebnisse zusammenfassen lassen.
Alleswisser:	Gruppe soll Stellung nehmen.
Redseliger:	Taktvoll unterbrechen, Redezeit festlegen.
Schüchterner:	Leichte direkte Fragen stellen.
Ablehnender:	Seine Kenntnisse und Erfahrungen anerkennen.
Nachredner:	Direkte Fragen an ihn richten.
Uninteressierter:	Nach seiner Meinung und seiner Arbeit fragen.
Überheblicher:	Ja-aber-Technik anwenden.
Ausfrager:	Frage an ihn selbst zurückgeben.
Taktierer:	Gruppe soll antworten.

Checkliste

Wie beurteilen Sie Ihre Eigenschaften als Konferenzleiter?	ja	nein
Habe ich das Themenziel der Konferenz klar dargestellt?	☐	☐
War ich aufgeschlossen und freundlich?	☐	☐
Habe ich als Pädagoge oder als Konferenzleiter gewirkt?	☐	☐
Habe ich mit meiner eigenen Meinung zurückgehalten?	☐	☐
War ich ein guter und verständnisvoller Zuhörer?	☐	☐
Wirkte ich schwungvoll und begeisternd?	☐	☐
Habe ich genügend Suggestivfragen gestellt?	☐	☐
Habe ich versucht, gehemmte Teilnehmer aufzulockern?	☐	☐
Habe ich die Dauerredner etwas gebremst?	☐	☐
Habe ich es den Zuhörern überlassen, die Fragen aus dem Kreis zu beantworten?	☐	☐
Habe ich versucht, exklusive Gesprächsthemen zu vermeiden?	☐	☐
Kamen alle zu Wort?	☐	☐
Stand ich allen neuen Ideen positiv gegenüber?	☐	☐
Bin ich allen Teilnehmern soweit wie möglich gerecht geworden?	☐	☐
Wurden die Schwerpunkte der Diskussion zusammengefaßt?	☐	☐
Habe ich für eine gute Stimmung gesorgt?	☐	☐
Habe ich für genügend Pausen gesorgt?	☐	☐
Was habe ich aus der Konferenz gelernt?	☐	☐
Habe ich beim Abschluß der Konferenz nichts Wesentliches vergessen zu erwähnen?	☐	☐

Die Kunst, besser zuzuhören, verbessert die Kommunikation

»Nicht wer wenig sagt, sondern
wer wenig zuhört ist arm!«
(Anonym)

Zuhörenkönnen setzt einen langen Lernprozeß voraus. Aktives Zuhören erfordert viel Geduld und Zeit, ein Interesse am Mitmenschen, eine positive Einstellung und eine totale Hinwendung zum Gesprächspartner. Die Wichtigkeit des Zuhörens wird leider unterschätzt und oft grob vernachlässigt.
Ehen scheitern, Familien zerbrechen, Menschen verzweifeln, Geschäfte kommen nicht zustande, Milliarden gehen in der Wirtschaft verloren, nur weil viele Menschen schlechte Zuhörer sind. Zuhören ist ein wichtiges Kriterium, für den persönlichen Erfolg ebenso wie für den beruflichen.
Zuhören ist allerdings mehr als nur Hören. Der gute Zuhörer deutet, bewertet, verarbeitet das Gehörte und kann so auf seinen Gesprächspartner eingehen.
Das Leben zwingt uns zu einem ständigen Geben und Nehmen. Auch das Gespräch miteinander sollte daraus bestehen. Wer dieses Gebot nicht beachtet und entweder zuviel redet oder auch nur zuhört, stört das kommunikative Gleichgewicht.

Wer sich gut mit dem anderen versteht, hört weniger zu

Gerade Leute, die behaupten, sich gut mit anderen zu verstehen, sind leider oft keine guten Zuhörer. Formulierungen wie:
- Was hast du eben gesagt?
- Das habe ich nicht behauptet!
- Neulich schon habe ich dir doch gesagt, . . .
- Das hast du schon hundertmal erklärt . . .

. . . machen das dann deutlich.

Unbewußt haben wir alle in unserem Rederepertoire Wörter und Formulierungen, die wir immer wieder verwenden. Diese werden für unsere Zuhörer zu Phrasen, bei denen sie automatisch abschalten, weil sie sie im Grunde nicht mehr hören und ertragen können.

► Achten Sie deshalb nach Möglichkeit darauf, den Gesprächspartner nicht zu langweilen und ihm auf die Nerven zu fallen. Fragen Sie doch einmal in aller Offenheit Ihre Nächststehenden, welche Wörter und Redewendungen Sie zu häufig verwenden! Gerade im Familienkreis und bei Bekannten entstehen viele Mißverständnisse durch schlechtes Zuhören.

Zuerst zuhören, später »bellen«:

»Das habe ich nie gesagt!«
So manches Streitgespräch wird mit diesem Satz eingeleitet. Man hat sich gegenseitig falsch verstanden, oder ein Gesprächspartner hat nicht konzentriert und genau zugehört. Kein Wunder, wenn Mißverständnisse, Ärger, Wut aufkommen. Es spielen dann auch Faktoren wie falsche Vermutungen, Gerüchte, Vorstellungen und irrige Annahmen eine Rolle. Vieles Negative resultiert einfach aus mangelndem Interesse, zu starker Inanspruchnahme durch eigene Aufgaben oder Desinteresse am Gesagten.

► Die Formulierung: »Ich habe nicht richtig verstanden« ist eine Möglichkeit, in einem Zweifelsfall Klarheit zu schaffen. Denken wir daran, wenn sich ein Streit zu entzünden droht. Immer erst zuhören und dann »bellen«.

Wie schnell können Sie jemanden durch falsche Behauptungen, Vermutungen und Annahmen beleidigen, nur weil Sie nicht richtig zugehört haben. Haben Sie einmal etwas nicht verstanden, dann sagen Sie es ruhig, denn erst müssen die richtigen Fakten und Tatsachen auf den Tisch, dann kann man diskutieren.

Zuhören, eine Waffe gegen den Streit

Ein Meister dieser Kunst war »Onkel George«, ein Engländer. Innerlich gefestigt, konnte ihn wenig aus der Ruhe bringen, er ging seinen Weg. In seiner einfachen Art besaß er doch eine erdverbundene Klugheit und eine wahre Begabung, mit anderen Menschen umzugehen. Seine innere Ausgeglichenheit war vorbildlich. Es war einfach unmöglich, mit diesem Mann Streit zu bekommen. Während man sich ereiferte, schaute er einen geduldig an und antwortete meistens mit einem verständnisvollen Lächeln. Auf Streitargumente ging er gar nicht ein . . . er schwieg dazu! Eine einfache, aber wirkungsvolle Waffe gegenüber einem wutentbrannten Gegner. Mit Recht sagt man: »Zum Streiten gehören zwei!«

▶ Richtiges Zuhören- und Schweigenkönnen im Streitfall erleichtern den Umgang mit unseren Mitmenschen ganz erheblich. Sie sparen Kraft, schonen Ihre Nerven und meiden unnötigen Streß.

Richtig zuhören heißt richtig verstehen

Viele Menschen haben Hemmungen, einen Gesprächspartner zu unterbrechen, wenn sie seine Botschaft, Nachricht oder Information nicht richtig verstanden haben. Sie tun, als ob, und das kann mitunter ausgesprochen peinlich werden, wenn der Sprecher später auf seine eigenen Ausführungen zurückkommt. Irgendwann aber sieht man ein, daß es völlig falsch ist, »Verstanden-haben« vorzutäuschen.

▶ Fragen Sie, wenn Sie etwas nicht verstanden haben. Bei einer Versammlung, Tagung oder bei Seminaren sind Ihnen vielleicht andere Zuhörer sogar dankbar dafür.

Sorgen Sie für ein Gleichgewicht zwischen Reden und Zuhören:

Manche Gesprächspartner geben Gas und sind in ihrem Redeschwall überhaupt nicht mehr zu bremsen. Drei, zehn, fünfzehn Minuten lang können sie ununterbrochen reden. Sie selbst warten geduldig. Kaum hat der andere aber Luft geholt, redet er auch schon weiter, auch wenn er merkt, Sie wollen auch mal zu Wort kommen. Er redet dann sogar vielleicht noch ein wenig lauter oder winkt mit der Hand ab. Das Verhältnis zwischen Reden und Zuhören ist dann nicht im Gleichgewicht. Der Zuhörer soll an dem Gespräch als Partner teilnehmen können.

Sollten Sie auch zum Redeschwall neigen, dann achten Sie von nun an auf eine Bestätigung, ob Sie weiterreden dürfen. Beobachten Sie Ihren Gesprächspartner, ob er auch etwas sagen möchte. Wer dazu neigt, selbst zuviel zu reden, sollte einige »Zuhörstarter« lernen und sich einprägen. Denn nur wer dies übt, wird die Waage »Sprechen = Zuhören« richtig einpendeln und dadurch mehr Sympathie, Wohlwollen und Verständnis erlangen. Dieser kleinen Mühe sollten sich Dauersprecher schon unterziehen.

▶ *Einige »Zuhörstarter« sind zum Beispiel:*

Sie sind so schön braun, hatten Sie einen schönen Urlaub?

Was gibt es bei einem solchen Lebenskünstler Neues?

Was machen denn Ihre Hobbys?

Wie geht das Geschäft?

Wie geht es der Familie?

Haben Sie ein geruhsames Wochenende verlebt?

Überlegen Sie sich weitere »Zuhörstarter«, denn mit solchen Formulierungen ermuntern Sie Ihren Partner, aktiv am Gespräch teilzunehmen.
Doch nicht nur der Sprecher, auch der Zuhörer sollte dem Sprecher Ermunterungssignale geben, als Bestätigung dafür, daß er den Sprecher versteht.

▶ *Hier einige Formulierungen:*

Interessant, was Sie da sagen!
Das hätte ich nicht gedacht!
Haben Sie das persönlich erlebt?
Was Sie nicht sagen!
Wann; wo; wie; warum?
Donnerwetter!
Kaum zu glauben!
Sicherlich!
Erstaunlich!
Sagenhaft!
Ausgezeichnet!
Erzählen Sie weiter!

Überlegen Sie sich als Zuhörer weitere Ermunterungssignale.

Wer gar nichts sagt, hört noch lange nicht aufmerksam zu.

Auch wer Sie ansieht, während Sie zu ihm sprechen, braucht deshalb noch kein aufmerksamer Zuhörer zu sein. Durch Gedankenassoziationen, persönliche Ideen, andere Prioritäten und Vorstellungen arbeitet das Gehirn des Zuhörers oft selbständig weiter, ohne das Vorgetragene seines Gegenübers wirklich aufzunehmen. Dies müssen wir wissen, erkennen und im Alltag berücksichtigen.

Mangelndes Zuhören oder unkonzentriertes Zuhören können wir erkennen an Formulierungen wie zum Beispiel: »Moment mal, wie sagten Sie eben?« Oder: »Was haben Sie gerade gesagt?« Der Empfänger war zwar auf »Empfang« eingestellt, hat aber dennoch die Sendung nur unvollständig erhalten.
Es ist also immer gut, seinen eigenen Redefluß von Zeit zu Zeit zu unterbrechen.

» **Eine wichtige Regel:** Man sollte lieber schweigen, wenn der andere nicht wirklich zuhört. Um die Aufmerksamkeit Ihres Zuhörers zu gewinnen, sollten Sie starke Kontraste in Ihren Tonfall oder in Ihre Gestik einfließen lassen.

Der Sprecher sollte seinem Zuhörer das Zuhören erleichtern

Viele Menschen erschweren ihren Zuhörern systematisch das Anhören ihrer Ausführungen.

Und zwar unter anderem aus folgenden Gründen:

Sie sprechen zu laut – auch in Lokalen, bei Busreisen, bei öffentlichen Veranstaltungen.

Sie sprechen mit vollem Mund.

Sie besprühen den Zuhörer mit einem »Regenschauer« während des Sprechens, der Volksmund sagt dazu: eine feuchte Aussprache haben.

Sie mißachten die Intimzone des Zuhörers durch Anfassen oder zu geringen Körperabstand.

Sie sind ungepflegt, was Aufmachung, Kleidung und Körperpflege angeht, respektieren das ästhetische Empfinden der Gesprächspartner nicht, haben Mundgeruch und ähnliche Übel.

Die Zeit ist viel zu kostbar, um nicht zuzuhören.

Die Zeit ist eines unserer kostbarsten Güter. Manche haben wenig Zeit, andere noch weniger, als Sie vielleicht annehmen. Unsere Zeit ist ein Geschenk, mit dem wir viel bewußter und dankbarer umgehen sollten. Sicherlich haben wir uns alle so manche Lebensweisheit, interessante Fakten und Daten sowie die Gelegenheiten, Sympathien zu gewinnen, entgehen lassen. Mitunter ganz bewußt, jedoch ebensooft unbewußt. Heute können wir einigen nicht mehr zuhören, getrennt durch Zeit oder Entfernung. Wie viel würden wir manchmal darum geben, einen bestimmten Menschen nochmals reden zu hören und ihm nur zuhören zu dürfen! Hören wir deshalb ganz bewußt anderen zu, es kann sonst einmal zu spät dazu sein.

Die Menschen haben keine Zeit, einander zuzuhören.

Im privaten wie im geschäftlichen Bereich haben die meisten Menschen heute so viel um die Ohren, daß sie oft zuwenig Zeit haben, um noch neue Informationen oder Kenntnisse durch konzentriertes Zuhören und erhöhte Aufmerksamkeit aufzunehmen. So mancher Unterbrechung begegnen sie mit einem Stöhnen oder mit negativen Blicken:

»Ja, was ist denn . . .?«
»Muß das jetzt sein . . .?«
»Jetzt geht das unmöglich!«
»Ich habe wirklich keine Zeit!«
»Können Sie nicht noch einmal wiederkommen?«
»Schicken Sie mir ein schriftliches Angebot . . .«
»Sprechen Sie mal mit meinem Vertreter . . .«
»Reden Sie mit meiner Sekretärin . . .«
»Was wollen Sie denn nun schon wieder?«
»Wir kommen gerade aus dem Urlaub . . .«
»Mein Mann ist heute nicht da . . .«

Dies sind nur einige Formulierungen, die aufzeigen, daß die Bereitschaft zum Zuhören oft nicht gegeben ist. Achten Sie deshalb besonders darauf, die günstigen oder ungünstigen Momente herauszufinden, bevor Sie Ihren »Zuhörerbedarf« anmelden. Respektieren Sie die Zeit Ihres Gesprächspartners, und unterbrechen Sie ihn niemals ohne vorherige Terminabsprache bei einer wichtigen Tätigkeit.

Gute Zuhörer sind Katalysatoren im Denkprozeß

Wir möchten oft unsere Ideen und Vorstellungen mit jemandem besprechen, um die Akzeptanz, Realisierbarkeit oder die Möglichkeiten zu überprüfen. Meistens sind diese Rohgedanken und Inspirationen noch im Werden. Menschen mit Begabung zur Spontaneität und Begeisterung können wertvolle Stützen im geistigen

Prozeß der Ideenentwicklung sein. Sie wirken wie Katalysatoren im Denkprozeß. Solche Zuhörer sollten Sie versuchen zu gewinnen und selbst auch ein solcher Katalysator sein.

Auch Zuhören muß geübt werden.

Erstaunlich viele Menschen können nur schlecht oder überhaupt nicht zuhören. Jedoch ist diese Fähigkeit manchmal noch wichtiger, als eine lange Rede halten zu können. Schließlich ist die Zahl der Zuhörer wesentlich größer als die der Redner. Menschen, die richtig zuhören können, gewinnen schneller Freunde, erhalten eher wichtige Informationen usw.

Einige weitere Tips und Hinweise:

Besser einmal zu oft zugehört als einmal zuwenig.

Unser heute vielzitiertes Generationsproblem ist mitunter nur ein mangelndes Verständnis, bedingt durch zuwenig Zuhörbereitschaft.

Mit Berufen, bei denen man besonders gut zuhören muß, verdient man das meiste Geld.

Gutes Zuhören erspart Ihnen mitunter, das zu sagen, was Sie sagen wollten.

Zuhören ist oft das wertvollste Geschenk.

Wer redet, sagt viel, wer zuhört, gewinnt viel.

Manches Argument kann man durch gutes Zuhören gewinnen.

»Ich hätte gern Ihren Rat . . .« ist einer der schnellsten und zuverlässigsten Türöffner.

Man sollte alles wissen, aber es ist nicht immer klug, alles zu sagen, was man weiß.

Wer zuhört, kann sich nicht so schnell verplappern.

Redner rutschen leichter aus als Zuhörer.

Wer gut zuhört, bevor er redet, erreicht mehr.

Durch Zuhören verschaffen Sie sich ein besseres Bild über Ihren Gesprächspartner.

Durch Zuhören lernen Sie die Bedürfnisse des Gesprächspartners kennen.

Durch Zuhören erhalten Sie wertvolle Informationen.

Durch Zuhören gewinnen Sie Zeit für eigene Überlegungen.

Durch Zuhören gewinnen Sie an Sympathie.

Wer zuhört, kann neue, bessere Argumente entwickeln.

Wer zuhört, erhält neue Ideenimpulse.

Wer zuhört, gilt als höflich und interessiert.

Zuhörertraining:

Wie bereits mehrfach betont, haben viele von uns das Zuhören verlernt, oder sie vernachlässigten es.

► *Besseres Zuhören kann und sollte man durch Anwendung folgender Methode trainieren:*

Schließen Sie Ihre Augen.

Konzentrieren Sie sich auf die Geräusche, die Sie um sich herum wahrnehmen.

Versuchen Sie, diese Geräusche klar zu identifizieren.

Sie werden merken, daß sich Ihnen eine neue Welt eröffnet.

Zuhören im geschäftlichen Bereich

Der richtige Ort und die richtige Zeit beeinflussen die Zuhörfähigkeit positiv. Wenn Sie diese wichtige Regel beachten, werden die Chancen gehört, verstanden und akzeptiert zu werden, erheblich steigen. Lernen Sie am besten die Arbeitsmethoden Ihrer Gesprächspartner kennen, und teilen Sie diese in aktive und passive Perioden ein. Prüfen Sie, wann diese Menschen hauptsächlich aktiv und wann sie weniger aktiv sind. Unterbrechen Sie Ihren Partner niemals während seiner Hauptarbeitsphase. Wie Sie wissen, gefährdet ein »Nein« die Verhandlung von vornherein. Sie sollten auch immer zuhörerbezogen denken. Überprüfen Sie, ob der andere überhaupt momentan gewillt ist, zuzuhören – sonst fallen Sie vielleicht nur schnell in Mißkredit.

Am falschen Ort läßt es sich ebenfalls schlecht zuhören. Lassen Sie sich nicht abwimmeln, nur weil Sie den falschen Ort wählten, zum Beispiel einen vollen Geschäftsraum, einen Korridor, einen stark besuchten Ladenraum usw. Deshalb vereinbaren Sie einen Gesprächstermin mit Zeit- und Raumangabe. Diese kleine Mühe wirkt sich immer positiv aus. Verhandeln Sie niemals zwischen Tür und Angel, und denken Sie bitte immer daran, daß Sie, bevor Sie jemanden ansprechen, prüfen sollten, ob die Zuhörbereitschaft überhaupt vorhanden ist.

Wer nicht zuhört, muß festgenagelt werden.

Sie haben ein wichtiges Anliegen, das Sie mit einem Gesprächspartner besprechen möchten. Dieser ist meistens sehr beschäftigt und verfügt über wenig Zeit. Aber endlich ist es Ihnen gelungen, ihn zu schnappen. Sie haben ihn gerade eben zum Zuhören gebracht, da beginnt er, im Raum herumzulaufen, oder er verläßt gar das Zimmer. Sie können ihm nur ständig hinterherreden oder müssen ihm sogar noch nachlaufen. Diese hektischen Menschen haben selten oder nie Zeit zum Zuhören. Vielleicht ist ihnen selbst diese schlechte Angewohnheit gar nicht bewußt, vielleicht wollen sie sich aber auch nur das Image bewahren, ein immer Beschäftigter zu sein?

Dann gibt es auch noch Menschen, die zwar anfangs noch einigermaßen konzentriert zuhören, aber dann im entscheidenden Moment der Unterhaltung, beispielsweise wenn es um Preisentscheidungen, eine persönliche Stellungnahme oder ähnliches geht, die Flucht ergreifen, indem sie den Vielbeschäftigten markieren und davonlaufen.

▶ *Diese Unruhegeister muß man geschickt festnageln:*

Sprechen Sie unruhige Zuhörer auf diese Unsitte an.

Verfolgen Sie diese Zuhörer konsequent, und lassen Sie nicht locker.

Eventuell können Sie sie mit optischen Hilfsmitteln fesseln.

Versuchen Sie, durch Alternativvorschläge eine Entscheidung zu erzwingen.

Überlegen Sie sich schon heute ein paar Taktiken dazu, und denken Sie daran, daß ein laufender Zuhörer nicht unbedingt laufend zuhört.

Reden aus der Alltagspraxis

EINE BÜTTENREDE

Von Adolf Gottron, Chef des Protokolls beim Einzug des Komitees.

Mainzer Carneval

Ich weiß nicht, geht's den Jungen wie den Alten,
Man soll es einfach nicht für möglich halten,
Wie schnell die Zeit vergeht in unsrer Zeit!
Freut man sich eines Tages über
Etwas Geplantes, ist es schon vorüber,
Da ist die Zukunft schon Vergangenheit!

Aus allem ist ganz klar doch zu ersehen,
Wie rasch die Jahre alle uns vergehen,
Wie schnell sich unsre Erde dreht.
Die Zukunft steht noch in den Sternen,
Und aus dem Leben soll man doch erlernen,
Ein Fest zu feiern, wenn's zu feiern geht!

So seid ihr alle heute hier erschienen,
Gott Jokus gern und unbeschwert zu dienen,
Zu huldigen der echten Freude Macht.
Um zu genießen, frei und ungebunden,
Im Kreis von Freunden ein paar frohe Stunden,
Beim MCC zur Määnzer Fassenacht!

Erlauben Sie, daß unsre starken Männer,
Der tiefgeschürften Rede Weisheit Kenner,
Und wer uns unser Leben so versüßt,
In erster Linie unsre lieben Damen,
Der Chef des Protokolls in aller Namen
Hier auf das allerherzlichste begrüßt!

Wenn ihr heut' abend hier bei uns gesessen,
Dann habt ihr sicher schon ganz schnell vergessen,
Was gestern war und morgen wieder ist.
Ein frohes Lachen gilt als gutes Zeichen!
Wir wollen eines immer nur erreichen:
Kommt her als Freund und geht als Optimist!

EINE GEBURTSTAGSREDE

Meine lieben Gäste,

ich danke euch herzlichst, daß ihr unserer Einladung anläßlich des Geburtstages meiner Frau so zahlreich gefolgt seid und durch euer Erscheinen dem Tag ein besonderes Gepräge gebt.

Mit besonderer Freude stelle ich fest, daß unsere liebe Tante Anna den weiten Weg von Konstanz nicht gescheut hat, um unsere Familienfeier durch ihre Anwesenheit zu verschönern.

Ich heiße dich, liebe Tante, und alle Anwesenden herzlichst willkommen!

Liebes Geburtstagskind! Dieser Tag, der dich in strahlender Gesundheit und blühender Frische sieht, soll für dich ein Fest- und Freudentag sein. Gesundheit und Freude sollen dich im kommenden Lebensjahr immer begleiten.

Wenn ich euch nun bitte, meine lieben Gäste, den heutigen Tag recht fröhlich mit uns zu feiern, so spielt hierbei der Aberglaube etwas mit. Ich habe nämlich einmal gehört, daß ein Mensch, an dessen Geburtstag es recht lustig hergegangen ist, das ganze Jahr lustig und vergnügt sein soll. Deshalb, verehrte Gäste, bitte ich euch, den heutigen Tag der Freude zu widmen. Ich bitte euch nun, euch von euren Plätzen zu erheben, die Gläser zu ergreifen und mit mir in den Ruf einzustimmen: »Unser liebes Geburtstagskind lebe hoch, hoch, hoch!«

DIE ABSCHIEDSREDE EINES SCHÜLERS BEI DER ENTLASSUNGSFEIER

Verehrte Gäste, geehrter Herr Direktor, liebe Lehrer und Eltern, liebe Freundinnen und Schulkameraden!

Viele Jahre haben wir gemeinsam in Arbeit und Spiel verbracht. Heute ist nun der Tag des Abschieds voneinander für uns Schüler und die Lehrer gekommen.

Unsere Wege werden sich mit dem heutigen Tage trennen, denn heute erhalten wir unser Abschlußzeugnis. Zwar werden nicht alle von uns gleich in die Berufswelt eintreten, denn einige werden noch weiterhin Schulen besuchen.

Für die Schulabgänger jedoch beginnt jetzt der Ernst des Lebens. Natürlich wünschen wir diesen Kameraden, daß sie Freude und Erfüllung in dem von ihnen gewählten Beruf finden mögen.

Was die Zukunft ihnen und auch uns, die wir noch weiter die Schulbank drücken müssen, bringt, kann natürlich niemand von uns sagen. Aber wir sind gewiß, daß die uns gebrachte Mühe und Aufopferung unserer Lehrer in unserer weiteren Zukunft hilfreich sein werden.

Namentlich möchten wir uns bei Frau Kruse, unserer langjährigen Klassenlehrerin, bedanken sowie auch bei Frau Redlich, die uns leider nicht bis zum Schluß begleiten konnte.

Ihr gelten ganz besonders unsere guten Wünsche. Sie beide, liebe Frau Kruse und liebe Frau Redlich, hatten für unsere Freuden, Sorgen und kleinen Nöte immer ein offenes Ohr.

Auch Herrn Schmitt, der uns die letzten Monate mit viel Verständnis und großer Menschlichkeit führte, sowie den zahlreichen Fachlehrern unserer Klasse gebührt unser Dank. Doch auch unseren Eltern möchten wir heute einmal danke sagen. Wenn wir auch vielleicht nicht immer Verständnis für ihre Bemühungen uns gegenüber zeigten, so wissen wir im Grunde doch ganz genau, daß sie immer nur unser Bestes im Auge haben und wollen.

Allen jüngeren Schülern, die noch in dieser Schule bleiben, möchten wir folgendes ans Herz legen: Nehmt die Arbeit in der Schule ernst. Nutzt alle Möglichkeiten, die euch hier an dieser Schule geboten werden! Seid mit ganzem Herzen auch bei Spiel und Feier, die unseren Gemeinschaftssinn entfalten helfen. Denkt immer daran: Ihr lernt nicht für den Lehrer, sondern für euch und für eure Zukunft.

Eines aber sollten wir uns alle ganz besonders merken: Wissen ist Macht! Neben vielerlei Fähigkeiten und Fertigkeiten gilt es immer, den Kreis unseres Wissens zu vergrößern und zu erweitern. Wissen ist eine Macht, die uns befähigt, unser Leben in Familie, Beruf und Gemeinschaft zu meistern.

Dann erst werden wir in rechter Weise fähig, das Gute zu wollen und allen Menschen nach besten Kräften zu dienen. Ich danke Ihnen – ich danke euch!

EINE VERKAUFSREDE

Meine Damen und Herren!

Ich habe Ihnen hier etwas mitgebracht, was Sie sicherlich alle sehr ansprechen wird. Es handelt sich um Meisterleistungen der Reiseindustrie, nämlich um Reiseprospekte.

Wer möchte sich beim Anblick dieser Blätter nicht gleich aufmachen? Diese Prospekte wecken Träume in uns Menschen des zwanzigsten Jahrhunderts, Träume von ideellen Werten.

Das ist die Freiheit. Sie bedeutet: keine Kernarbeitszeit, keine Sirenen, die uns pünktlich zum Schreibtisch rufen und vom Schreibtisch wieder wegjagen. Sie verheißen uns Ungezwungenheit. Statt Krawatten trägt man offene Sporthemden, statt mit Socken geht man barfuß zum Strand oder wohin sonst man noch gehen möchte. Man darf sich ungeniert und frei bewegen.

Urlaub, das bedeutet aufstehen, wenn sich die Hühner wieder zur Ruhe begeben, das bedeutet ins Bett gehen, wenn der Hahn kräht. Es sind Bedarfswecker, wie es die Titelbilder zeigen. Sie suggerieren uns sympathische Situationen, einen Spaziergang am Strand, Badefreuden; sie sprechen unsere Abenteuerlust an (einen Blick in den Grand Canyon, feurige Augen einer Raubkatze im nächtlichen afrikanischen Busch). Sie erinnern uns an unser Erholungsbedürfnis und zeigen uns einen Blick in die liebliche, reizvolle Landschaft des Allgäus. Oder sie reizen unseren Gaumen und gewähren einen Blick auf ein reichhaltiges Barbecue-Buffet oder die appetitlich gemischten und garnierten Getränke aus der Karibik!

Trotz ihrer unterschiedlichen Aufmachung und Aussagewirkung haben alle Prospekte doch die gleiche Aufgabe: Sie sollen uns das Reisen schmackhaft machen! Bedingt durch eine harte Konkurrenz, versuchen die Reisegesellschaften, einander zu überbieten. Oft bieten sie wahre »Träume« an. Wer läßt sich nicht zu Träumen hinreißen? Wehren Sie sich nicht dagegen: Träumen Sie ruhig mit, aber bleiben Sie trotzdem kritisch! – Danke schön!

EINE SCHAUSTÜCKREDE

Guten Morgen, meine Damen und Herren!

Da wir hier versuchen, die harte Nuß der Redekunst zu knakken, habe ich Ihnen beziehungsreich diesen Nußknacker mitgebracht. Er besteht aus zwei Teilen, einem zylindrischen, zirka

fünf Zentimeter hohen und im Durchmesser etwa dreieinhalb Zentimeter breiten Holzköpfchen, in das seitlich ein etwa anderthalb Zentimeter großes Loch mit Gewinde eingearbeitet ist. In dieses Gewinde paßt haargenau ein rund acht Zentimeter langer Gewindestift. Allerdings reicht hier das Gewinde nur bis zur Hälfte dieses Stiftes. Am Ende dieses Stiftes wurde ein Knauf mit drei Wölbungen angebracht. Drehen Sie den Stift ein wenig aus dem Köpfchen heraus, legen Sie eine Nuß hinein, und drehen Sie das Gewinde wieder zu, dann wird die Schale der Nuß geknackt. Sie sehen: gewußt,wie!
Danke!

EINE REDE, DIE UNTERRICHTET

Guten Tag, meine Damen und Herren!

Ich habe Ihnen hier einen Tennisschläger mitgebracht und werde kurz über mein Hobby sprechen beziehungsweise über diesen Schläger hier.

Zuerst einmal das Allgemeine: Tennis ist eine Sportart, die früher im allgemeinen nur von reichen Leuten betrieben wurde. Heute wird Tennis etwas mehr zum Volkssport. Ich selbst spiele es. Obwohl hohe Platzgebühren keine Seltenheit sind, ist der Andrang doch sehr groß. Der Grund für diesen Andrang ist meiner Meinung nach, daß man im Tennis nicht so altersabhängig ist, es also von frühester Jugend viele Jahre spielen kann. Zum andern scheint es mir eine Prestigefrage zu sein.

Nun zum Schläger: So ein Schläger, der heute schon relativ günstig zu kaufen ist, ist natürlich in verschiedenen Ausführungen erhältlich, wodurch auch die verschieden hohen Preise gerechtfertigt sind. Dieser hier hat alles, was sich ein Amateurspieler wünscht. Es ist ein mittelgroßer, halbschwerer Schläger, der einen handlichen, gut belüfteten, mit Leder überzogenen Griff besitzt. Der Griff muß so gearbeitet sein, daß er bei einer Ballgeschwindigkeit von zirka einhundert Stundenkilometer fest in der Hand liegt und damit einen korrekten harten Aufschlag ermöglicht. Über den Rahmen gibt es eigentlich wenig zu sagen, er ist aus einem weichen, geschmeidigen Holz gefertigt, das in mehreren Schichten aufeinandergeleimt wurde. So hält er den genannten Belastungen ohne weiteres stand, ohne zu reißen. Es gibt unter anderem Schläger aus Metall und aus Fiberglas. Die Bespannung ist heute hauptsächlich aus Kunstdarm oder aus Nylon. Diese Bespannung hier ist aus Perlon, mit einer eingeschweißten Flüssigkeit, die wiederum die Perlonschnur recht geschmeidig halten soll. Diese Bespannung ist im Gegensatz zum Darm relativ wartungsfrei.

Zum Schluß empfehle ich meinen Zuhörern, daß Sie sich auch dem »weißen Sport« widmen sollten! – Danke!

HANDWERKS- UND KUNSTSCHMIEDEARBEITEN AN ÖFFENTLICHEN GEBÄUDEN

Guten Morgen, meine Damen und Herren!

Was Sie vor sich sehen, ist ein Amboß, genauer gesagt: ein Modellamboß aus unserer Werkstatt.

Wie Sie selber vielleicht auch schon bemerkt haben, ist an unseren modernen Gebäuden kaum noch Schmiede- beziehungsweise Kunstschmiedearbeit zu sehen. Der beste Beweis ist dieses Seminargebäude. Früher wurden öffentliche Gebäude und Privatvillen mit schmiedeeisernen Gittern und Toren verziert. Auch Fenstervergitterungen waren manchmal die reinsten Kunstwerke dieses Handwerks.

Als Beispiel möchte ich Städte anführen wie München, Augsburg, Nürnberg, Würzburg. Sie sehen da die herrlichsten Arbeiten des Kunstschmiedehandwerks alter Zeiten vor den Fenstern, Sie sehen Tore zu Parkanlagen usw., während an diesen modernen Gebäuden kaum noch etwas zu finden ist, was sie schmückt und ziert.

Da diese Entwicklung wahrscheinlich anhalten wird, kann ich mir vorstellen, daß später so ein Amboß nur noch im Museum zu sehen sein dürfte. Es ist sehr schade, und ich sehe da eine Verarmung. Beton und Glas allein machen für mich eigentlich ein Gebäude ärmer als die mit Schmiedearbeiten verzierten. Danke!

EINE STEGREIFREDE

Meine Damen und Herren!

Wir haben gehört, daß die Vorbereitung das A und O eines jeden Vortrags ist. Bei einer Stegreifrede ist dagegen ein anderer Maßstab anzusetzen. Denn wir alle haben gerade zehn Minuten Vorbereitungszeit für unser Thema. Ich habe gerade erst begonnen, mir Gedanken darüber zu machen, bin aber, ehrlich gesagt, noch nicht weit damit gekommen. Trotzdem will ich versuchen, Sie mit meinem Kurzreferat von den Vorteilen dieses Personal Computers, kurz: PC, zu überzeugen!

Würde der Rechenmeister Adam Riese in der heutigen Zeit leben, würde er aus dem Staunen nicht mehr herauskommen. Wenn wir uns vergegenwärtigen, daß wir mit einem Personal Computer, der ja praktisch auf jeden Schreibtisch paßt, nicht nur Texte erstellen und bearbeiten, sondern auch schwierigste mathematische und wissenschaftliche Berechnungen in Sekundenschnelle durchführen können, so können wir mit Recht von einem Wunder der Technik unseres Jahrhunderts sprechen.

Doch nicht nur der die Rechenkünste betreffende Fortschritt seit Adam Riese ist überaus bemerkenswert. Auch die Weiterentwicklungen, die der Personal Computer selbst in den letzten Jahren erfahren haben, sind beachtlich: So sind mit steter Regelmäßigkeit immer leistungsfähigere Rechner beziehungsweise Prozessoren produziert worden, die für immer größere Rechnergeschwindigkeiten sorgten und sorgen. Im Zeitalter des Multimedia reicht ein PC von der Größe eines Aktenordners aus, um riesige Datenmengen zu bewältigen und zum Beispiel Bilder, Texte und Klänge in Beziehung zueinander zu setzen.

Und, meine Damen und Herren, ich darf Ihnen versichern, daß sich für mich, seit ich einen PC besitze, viele Arbeitsabläufe wesentlich vereinfacht haben. Durch eine bessere Arbeitsorganisation kann ich mit meiner Zeit rationeller umgehen – Zeit, die ich jetzt auf andere Überlegungen, Gedanken und Ideen verwende, die man nicht mit einem PC ausrechnen kann, sondern für die es nach wie vor menschlichen Geistes bedarf.
Ich danke Ihnen!

EINE STANDPUNKTREDE

Sehr geehrte Damen und Herren!

Ich bin ein großer Anhänger der öffentlichen Verkehrsmittel! Es ist auch mir klar, daß es bequemer ist, im Auto an sein Ziel zu kommen, jedoch bedenken Sie einmal die Folgen: Mehr und mehr Parkplätze werden benötigt und gebaut. Parkplätze beanspruchen eine große Grundfläche. Woher nimmt man diese? Eine seit Jahrhunderten von Kultur geprägte Stadt verliert ihre Idylle. Die Gemeinschaftserholungsgebiete werden ständig dezimiert und zerstört. Vielen ist das Auto wichtiger als der Mensch. Grünanlagen, die der Erholung des strapazierten und von Streß geplagten Großstadtmenschen dienen sollen, müssen weichen; der Platz wird für das Lieblingskind der Deutschen benötigt. Diese Folgeanlagen erfordern riesige Summen an Geld. Geld aus öffentlichen Mitteln, aus Steuergeldern usw. Straßen

müssen neu gebaut, erweitert und verbreitert, verbessert und modernisiert werden. Die Landschaft leidet natürlich sehr unter dieser Prägung. Schöne Wälder und erholsame Gebiete fallen dem Straßenbau zum Opfer. Aber der bequeme und vom Wohlstand verwöhnte Mensch nimmt das ja alles gerne in Kauf! An seine Gesundheit denkt er kaum, wozu denn auch? Stellen wir uns einmal einen berufstätigen Autofahrer vor, der im dicksten Berufsverkehr zur Arbeit und abends wieder nach Hause fährt. Er verbringt fast täglich einige Zeit im Stau, er wird nervös und gereizt. Nach einer gewissen Zeit hat er endlich seinen Arbeitsplatz erreicht. Seine Leistung ist dort schon durch den allmorgendlichen Ärger im Straßenverkehr herabgesetzt, er läßt seine schlechte Laune und die aufgestauten Aggressionen an den Kollegen aus. Das Betriebsklima ist dadurch getrübt. Gar nicht zu reden von den gesundheitlichen Schäden, die durch die Auspuffgase sowohl an den Fußgängern als auch an den Autofahrern verursacht werden. Auch die mangelnde Bewegung ist ein großer Nachteil. – Könnte man die Bevölkerung mehr von den Vorteilen der öffentlichen Verkehrsmittel überzeugen, bedeutete dies: Der öffentliche Verkehr würde ausgebaut, es würden mehr Züge, auch in abgelegenere Gegenden, fahren. Der Benutzer der öffentlichen Verkehrsmittel würde ausgeruhter an seinem Arbeitsplatz erscheinen, die Leistungskapazität wäre größer; außerdem schadet es keinem Menschen, einen morgendlichen Gang zum Bahnhof oder zur Bushaltestelle zu machen.
Vielen Dank fürs Zuhören!

TEILNEHMERVORSTELLUNG

Mein Name ist . . ., und ich wohne jetzt in Offenbach, obwohl ich eigentlich Frankfurter bin und auch bis voriges Jahr in Frankfurt lebte.

Ich habe Chemie studiert, einige Semester auch Kernpyhsik, und bin jetzt in einer chemisch-technischen Fabrik beschäftigt.

Meine Hobbys? – Nun ja, früher einmal, als ich noch etwas mehr Zeit hatte, waren das Astronomie, Wandern und Fotografieren. Aber dafür braucht man eben viel Zeit . . . und deshalb ist eigentlich nur noch ein Hobby, nämlich das Wandern, übriggeblieben. Das aber tue ich noch immer besonders gern und versäume keine Gelegenheit dazu.

Zu der Frage, was ich mir von dem Seminar erhoffe, muß ich sagen, daß ich immer wieder in Diskussionen und Debatten verwickelt werde und mich dabei immer etwas unsicher fühle, weil ich nicht schnell genug reagiere. Kurz: Ich wünsche mir mehr persönliche Reaktionssicherheit! Manchmal, nein, eigentlich immer habe ich auch so etwas wie Lampenfieber. Das würde ich gern verlieren. Wenn sich eine Gesprächssituation rasch verändert, habe ich das Problem, nicht schnell genug zu schalten, und wenn ich gar einmal einen etwas schwierigeren Sachverhalt schildern muß, finde ich oft nicht schnell genug die passenden Worte und die richtige Form, um den anderen alles verständlich zu machen. In diesen Richtungen etwa liegen meine Schwierigkeiten, und ich hoffe, nach Beendigung dieses Seminars ein bißchen gewandter auftreten zu können!

EINE BESCHREIBENDE REDE

Meine sehr geehrten Damen und Herren!

Unsere für heute gestellte Aufgabe bestand darin, daß wir einen Gegenstand von zu Hause mitbringen sollten und diesen hier beschreiben. Da wir gestern bei unserem Flüstertest gesehen haben, wie schnell eine Information über mehrere Stationen verstümmelt wird oder teilweise sogar verlorengeht, habe ich mir gedacht, ich bringe ein ganz normales Blatt Papier mit. Das Papier ist auch heute noch einer der wichtigsten Informationsträger. Da wir alle, jeden Tag, mit Papier in Berührung kommen und damit zu tun haben, dachte ich mir, es wäre sicher für Sie einmal interessant, wenn Sie etwas über die Herstellung erfahren würden.

Das Grundprinzip der Papierherstellung hat sich seit dem Jahre 105 n. Chr. nicht sehr verändert, als damals der chinesische Minister Zei Lun durch die Verfilzung von Seidenabfällen und Chinagras das erste handgeschöpfte Papier hergestellt hat. Von da an dauerte es rund tausend Jahre, bis das Geheimnis der Papierherstellung über Kleinasien, Ägypten und Nordafrika im Jahre 1144 zu uns nach Europa kam. Die heute üblichen Rohstoffe der Papierherstellung sind Holz, vor allem Kiefer, Fichte und Birke, Stroh, dazu gehören Halfagras und Esparto, Lumpen, Farben und Altpapier. Dieses Blatt hier, das ich in der Hand halte, ist zu 90 Prozent aus Kiefern- beziehungsweise Fichtenholzstämmen hergestellt. Diese Holzstämme werden zunächst zu etwa zwei Meter langen Holzknüppeln zersägt und anschließend in ganz kleine Stückchen zerhackt. Danach werden diese winzigen Holzpartikeln zu großen Platten gepreßt. In einem sogenannten

Holländer werden dann die vorher gepreßten Platten in Wasser aufgelöst und gemahlen. Während dieses Mahlvorgangs wird Zellstoff, Altpapier, Kaolin und Leim hinzugegeben. Dieser wäßrige Stoffbrei, der 98 Prozent Wasser enthält, wird von dem Holländer auf ein sehr schnell laufendes Endlossieb gepumpt. Dort läuft ein Großteil des Wassers durch die Maschen des Siebes ab, die zurückbleibende naß-lockere Stoffmasse ist die fast fertige Papierbahn. Diese wird nun durch riesige Stahlzylinder geführt, wo die Papierbahn getrocknet und geglättet wird. Am Ende des Zylindersystems wird die Papierbahn zu großen Rollen aufgerollt, wo sie einmal für die Zeitungsherstellung verwendet wird oder je nach Kundenwunsch zu einem anderen Zweck.

Es würde mich freuen, wenn ich Ihnen mit diesem kleinen Vortrag einen kurzen Einblick in die Papierherstellung geben konnte.
Ich danke Ihnen für Ihre Aufmerksamkeit!

MEIN ERSTER SCHULTAG

Können Sie sich noch daran erinnern, meine Damen, meine Herren? Ich erinnere mich noch, als wenn es erst gestern gewesen wäre! Ein herrlicher Septembertag des Jahres 1950! Die besten Klamotten wurden angezogen. Die Schultüte, fast größer als das ganze Kerlchen, fest im Arm, ging ich an der Hand meiner Mutter meinem neuen Leben entgegen – in Richtung Schule!

Etwas mulmig war mir schon zumute, etwas Fremdes, Unbekanntes – das spürte ich genau – kam auf mich zu. War es etwas Schönes, war es etwas Unangenehmes? Aber es gehen ja so viele, ja alle Kinder in die Schule, warum nicht auch ich? Ich weiß noch ganz genau, daß ich kurz vor dem großen, alten schmiedeeisernen Tor zum Schulhof den dringenden Wunsch verspürte, mich von Mutters Hand, die mich plötzlich etwas fester umklammerte, loszureißen und in heimatliche Gefilde zu flüchten. Ich hatte ein merkwürdiges Gefühl im Hals, so, als wenn mir aus Versehen ein Bonbon schnell in den Hals gerutscht wäre. Ich schluckte und schluckte, aber der Druck wollte nicht verschwinden. Dann, mitten auf dem Schulhof gar, umtost von dem unbeschreiblichen und nirgendwo sonst zu findenden Lärm, Gegröle und Schreien einiger hundert Kinder aller Altersklassen, da also plötzlich kullerten doch tatsächlich – oh, wie schämte ich mich – einige Tränchen über die Wangen! Aber die wischte ich natürlich ganz schnell und heimlich mit dem Handrücken fort!

Und dabei hatte ich mich doch eigentlich die ganzen letzten Wochen unheimlich auf diesen ersten Schultag und auf die Schule überhaupt gefreut! Ich war ganz durcheinander!

Schließlich landeten wir in einem Klassenzimmer, ich wurde von einem älteren Schüler angewiesen, mich in der zweiten Reihe hinzusetzen, während sich all die Muttis und Vatis weiter nach hinten setzen mußten. Nun war ich allein! Neben mir und vor mir andere Kinder, Mädchen und Jungen, einige immer noch recht laut und vorwitzig, sie turnten auf den Stühlen herum, andere freilich saßen, gleich mir, wie ein Häufchen Unglück da und wußten nicht recht, ob sie lachen oder weinen sollten.

Aber dann: Die Tür öffnete sich, und ein netter, weißhaariger Herr betrat den Raum und hinter ihm eine hübsche, junge Frau. Der alte Herr hob die Hand, und nach einigen Minuten wurde es wirklich still im Klassenzimmer. Ich weiß nicht mehr, was er sagte, aber ich weiß noch ganz genau, daß mir die Lehrerin – denn das war die junge Frau, die mit ihm hereinkam – unwahrscheinlich gut gefiel. Sie lächelte so lieb und nett, und sie hatte so eine richtig beruhigende Stimme. Sie erzählte uns dann einiges aus dem Schulleben, erklärte uns den Stundenplan und meinte: »Das ist sicherlich für euch noch alles neu, aber ihr werdet schon sehen, in zwei bis drei Tagen sieht die ganze Sache schon anders aus. Laßt mich nur machen!«

Und der alte, weißhaarige Herr, es war natürlich der Rektor, empfahl uns zum Schluß: »Folgt nur immer brav eurer Klassenlehrerin, und tut, was sie von euch verlangt, und ich wette, in einigen Tagen werdet ihr hier in diesem Hause zu Hause sein. Ich wünsche euch allen recht viel Glück, Spaß und Freude!«

Wie recht er hatte, erwies sich im Laufe der Zeit. Unsere Schule war wirklich irgendwie ein zweites Zuhause. Verbrachten wir doch immerhin den halben Tag in diesen »heiligen Hallen«. Unsere reizende Klassenlehrerin hat wohl einiges dazu beigetragen – damals –, daß ich es wirklich am zweiten Tag kaum erwarten konnte, in die Schule zu kommen. Jedenfalls, um auf den ersten Schultag zurückzukommen: Auf dem ersten Klassenfoto, das ein herbeigeorderter Fotograf von dieser Klasse schoß, sah man fast ausschließlich strahlende Kindergesichter, – auch meines strahlte.

Ich danke Ihnen, meine Damen und Herren, fürs Zuhören!

SO HALTE ICH MICH FIT!

Gerade in unserer heutigen Zeit ist es notwendig, sich an einem Abend der Woche oder am Wochenende ein Fitneßprogramm vorzunehmen. Es ist dabei nicht unbedingt erforderlich, daß man harten Leistungssport treibt. Schwimmen und Wandern und Radfahren sind die gesündesten Sportarten. Es ist doch herrlich, mit der Familie am Wochenende eine Wanderung oder wenigstens einen Spaziergang zu machen. Aber wie gesagt: Auch eine ausgedehnte Fahrradtour ist eine empfehlenswerte Angelegenheit, und ein Nachmittag im Freibad (oder im Winter im Hallenbad) bringt Entspannung und die so wichtige Regenerierung unseres meistens verkrampften Muskelsystems!

Für mich persönlich ist allerdings der »weiße Sport« der schönste. Wann immer ich eine Stunde Zeit habe, melde ich mich in unserem Tennisclub für eine Runde an. Natürlich bin ich dabei auch auf einen einigermaßen ebenbürtigen Partner angewiesen, den ich aber – Gott sei Dank – in meiner Frau gefunden habe. Und hat sie keine Zeit, dann muß ein Freund herbei! Schließlich ist dieser herrliche, ausgleichende und elegante Sport jedem zu empfehlen, warum nicht auch ihm?

Mein Rat also an Sie alle, meine lieben Zuhörer: Nehmen Sie es sich nicht nur vor, pro Woche einen Fitneßabend einzuschalten, sondern führen Sie ein entsprechendes Programm, je nach Lust, Neigung und Veranlagung, auch durch! Sie werden es bestimmt nicht bereuen.

Schlußwort

– *»Sage Ja und du kannst«* –

Reden lernt man durch Reden! Die Aus- und Weiterbildung der rhetorischen Instrumente ist sehr wichtig, wenn Sie im Privat- und Berufsleben effektvoll und professionell auftreten wollen.

Auch alte Hasen sollten ab und zu wieder einmal ein Rhetorikseminar besuchen, um ihr Können erneut zu überprüfen oder aufzupolieren. Wie Sie inzwischen ja wissen, schleichen sich sehr leicht kleine Redeunarten und negative Verhaltensweisen ein, die einem optimalen Gelingen abträglich sind.

Jeder hat einen blinden Fleck, der eventuell nur durch den Ehepartner, die Familie, einen guten Freund, Kollegen oder einen Trainer entdeckt wird. Sehen Sie deshalb Kritik und Berichtigung als eine positive und nützliche Hilfe an. Obwohl das Ausarbeiten von Reden, Vorträgen oder Präsentationen geistige Schwerstarbeit bedeutet, die mit Lampenfieber und Erwartungsängsten gekoppelt ist, empfindet doch jeder nach dem gehabten Erfolg, daß sich die Arbeit gelohnt hat.

Es gibt nur wenige Arbeitsbereiche, die das persönliche Erfolgserlebnis so unmittelbar werden lassen, wie das Sprechen vor Menschen. Der Arbeitseinsatz und die Mühe lohnen sich immer!

Unser Appell geht dahin, anzuregen, daß ein gewisses Rhetoriktraining bereits in der Schule durchgeführt werden sollte. Wie viele Menschen plagen sich ihr ganzes Leben mit Minderwertigkeitskomplexen, Sprechangst und der Unfähigkeit herum, nur ein paar Worte sagen zu können.

Schade, denn diese Menschen leben in der ständigen Furcht, reden zu müssen. Dabei kann man das Reden und Sprechen lernen!

Lehrer und alle in der Bildungsarbeit Tätigen sollten Arbeitsgruppen und Debattierklubs einrichten oder organisieren, damit die Schüler schon frühzeitig lernen, miteinander zu reden. Wie viele Schwierigkeiten entstehen durch die Unfähigkeit, richtig kommunizieren zu können.

Dieses Buch entstand unter dem Arbeitstitel: »Reden lernen leichtgemacht!« Wir haben bewußt Themen wie »Fragetechnik« oder »Körpersprache«, die bereits in etlichen, zum Teil sehr guten Redetrainingsfachbüchern behandelt wurden, unberücksichtigt gelassen oder nur kurz gestreift. Dafür haben wir andere Themen für die praktische Rhetorik, die Verkaufsrhetorik und die bessere Kommunikation in den Vordergrund gestellt. Wir wünschen Ihnen beim Redenlernen viel Erfolg und alles Gute!

Inge und Peter Ebeling

Anhang

Kleiner Zitatenschatz zum Thema »Reden«

Applaus:
Viele Zuhörer applaudieren nur deshalb so laut, weil sie sich freuen, daß sie nicht selbst zu reden brauchen.

Wer applaudiert, schenkt mit beiden Händen.

Auftreten:
Bewege dich wie auf einer Bühne, und du bist überall parkettsicher.

Ausbilder:
Ein Ausbilder oder Redner sollte mit dem geringsten Stimmaufwand dennoch verständlich sprechen.

Beeinflussung:
Wer in kurzen Sätzen spricht, braucht kein Bände zu sprechen.

Bejahung:
Nicht in der Verneinung, sondern in der Bejahung aller Dinge liegt der Erfolg.

Bildhaftes Sprechen:
Wer mit der Sprache Bilder malt, läßt den Zuhörer mit den Ohren sehen.

Denken:
Denksport ist die schwierigste, aber auch erfolgversprechendste Sportart.

Durchschauen:
Der Hauptgrund einer Antwort hat manchmal einen ganz anderen Hintergrund.

Fragen:
Wer eine Frage mit einer Frage beantwortet, legt sich nicht fest.

Gruppe:
Es gibt wenig Erlebnisse, die so angenehm und erquickend sind wie die, eine Gruppe zu überzeugen.

Hast:
Vor lauter Sprechen kommen manche gar nicht zum Kauen und sprechen dann später mit Magenschmerzen.

Humor:
Es gibt Redner, die können sich selbst stundenlang zuhören.

Ideen:
Viele Ideen kommen erst beim Reden.

Komplimente:
Ein ehrliches Kompliment gibt Kraft zu neuen Taten.

Die indirekten Komplimente wirken am besten.

Konferenz:
Viele Teilnehmer denken während der Konferenz an das Schwimmen und beim Schwimmen an die Konferenz.

Kunst des Fragens:
Kluge lassen den anderen sprechen.

Leitsatz:
Rede nicht viel, aber das Gesagte mach auch wahr.

Menschen:
Wer Menschen persönlich anspricht, wird deshalb noch nicht persönlich.

Menschenbehandlung:
Wenn Sie jemand fragt, wie es Ihnen geht, will er meistens nur von sich selbst sprechen.

Public Relations:
Tue nur ein wenig Gutes, aber mache es bekannt.

Publikum:
Ein gutes Publikum kann mit dem Redner sprechen, ohne ein Wort zu sagen.

Reden:
Manche Reden werden erst hinter dem Rednerpult geboren.

Wenn einige Menschen weniger reden würden, hätten sie mehr Zeit zum Denken.

Das Schönste an einer Rede ist oft ihr Ende.

Eine Rede muß nicht einem Wasserfall gleichen.

Gute Redner beherrschen das Wort, und das Publikum folgt ihnen.

Die Vorbereitung einer Rede ist schwierig, denn das Publikum ist immer anders.

Es ist mitunter leichter, eine halbe Stunde als fünf Minuten zu sprechen.

Wer seine Zuhörer fesseln will, muß hin und wieder eine Überraschung parat haben.

Die besten Referenten sitzen mitunter vor dem Rednerpult.

Vergiß nie: Zuhörer lachen gern einmal!

Die Wirkung einer Rede kann ein Redner am Applaus seiner Zuhörer erkennen.

Wer das erste Wort hat, bekommt auch bald den ganzen Satz.

Wenn jeder aufschreiben müßte, was er sagt, würden viele weniger reden.

Wenn Zuhörer auf die Uhr schauen, ist es schlimm genug, aber wenn sie auf ihre Uhr klopfen, ist es zu spät.

Redner:
Viele Redner haben mehr Schwierigkeiten beim Ausstieg als beim Einstieg in ein Thema.

Kluge Redner formulieren die Worte im Kopf, ehe sie sprechen.

Ein Redner ist so gut wie sein Publikum – und das Publikum ist ausgezeichnet!

Wer Beispiele bringt, braucht weniger zu reden.

Gute Redner haben ihr Manuskript im Kopf.

Ein guter Redner akzeptiert den Applaus; ein schlechter hofft auf Applaus.

Wer es allen recht machen will, ist ein Narr.

Redetechnik:
Eine gute Rede bereitet man schon Wochen vorher im Geiste vor.

Rednerkunst:
Die Gabe, reden zu können, gibt einem ein unvergleichliches Gefühl der Stärke.

Referieren:
Nur wer in Ruhe referiert, strahlt Ruhe aus.

Die Resonanz seiner Zuhörer findet der Sprecher meistens in den Augen der Zuhörer.

Ruhe:
Wer äußerlich ruhig sein will, muß innen beginnen.

Sätze:
Ein kurzer Kernsatz kann mehr sagen als ein ganzes Referat oder Buch.

Schlagfertigkeit:
Konzentration und Beobachtungsgabe sind Vorbedingungen zur Schlagfertigkeit.

Schmerzen:
Die Zunge ist der Körperteil, der die meisten Schmerzen verursacht.

Sprache:
Man spricht dieselbe Sprache, und man spricht doch nicht dieselbe Sprache.

Sprechen:
Die, die viel sprechen, haben oft nicht viel zu sagen.

Wer erst hinterher weiß, was er hätte sagen sollen, sollte vorher überlegen!

Sage es, aber dann nicht nichtssagend.

Die Folge schnellen Sprechens ist, daß viele Zuhörer nicht folgen können.

Sprich nicht schneller, als man dir zuhören kann.

Verhandlungen:
In Zukunft werden wir alle im Telegrammstil verhandeln und reden.

Verkaufsgespräch:
Es ist klüger, weniger zu sagen als zuviel.

Versammlungen:
»Bitte stellen Sie Fragen« bedeutet: »Fragen Sie!«. »Hat noch jemand eine Frage?« bedeutet: »Fragen Sie lieber nicht«.

Visualisierung:
Wer sein Referat bildhaft untermalt, erleichtert das Zuhören.

Vortragsvorbereitung:
Viele Redner verwenden viel Zeit für die Vorbereitung eines Vortrags, und dann sagen sie doch nichts.

Vorträge:
In Afrika müssen die Referenten auf einem Bein stehen – die Vorträge sind deshalb meistens recht kurz.

Warum:
Wer eine Frage mit »Warum« beantwortet, gibt ungern eine Antwort.

Wissen:
Wer viel weiß, braucht nicht viel zu reden.

Wörter:
Wörter sind Bausteine für Sätze, Sätze für Seiten, Seiten für Bücher und Bücher für Bibliotheken.

Zitate:
Es gibt Zitate, die sagen mehr aus als ein ganzes Buch.

Zuhören:
Wenn jemand nicht zuhören will, reden Sie besser nicht.

Bei manchem Redner würde mehr applaudiert, wenn er eher aufhören würde.

Literaturhinweise

Barenberg, Axel: Die überzeugende Präsentation. Dramaturgie – Visualisierung – Methoden – Technik.
Bauer, Georg: Rhetorik. Anleitung für Rede, Gespräch, Verhandlung und Diskussion.
Brenner, Frank und Doris: Teste deine Allgemeinbildung.
Carnegie, Dale: Rede. Die Macht des gesprochenen Wortes.
Coblenzer, Horst / Muhar, Franz: Atem und Stimme.
Dittrich, Helmut: Gesprächsführung – professionell und überzeugend.
ders.: Telefonieren – professionell und überzeugend.
Duden – Das Standardwerk zur deutschen Sprache. (12 Bände)
Ebeling, Peter: Rhetorik – Der Weg zum Erfolg
ders.: Rhetorik-Handbuch
ders.: Reden ohne Lampenfieber
ders.: 20 Stufen zum Verkaufserfolg
ders.: Telefonieren
ders.: 1 x 1 des Telefonierens
ders.: Gewinnen am Telefon
ders.: Bessere Planung im Außendienst
ders.: Verkaufssituationen – 100 Tips
ders.: Erfolgreich beraten und verkaufen
ders.: Verkaufstips für den Einzelhandel
ders.: Verkäuferwissen für den Einzelhandel
ders.: Kundeneinwände sind Geschenke
ders.: Verkaufshandbuch
ders.: Succesful Selling
ders.: Zielorientiert planen

ders.: Mehr leisten mit mehr Spaß
ders.: Tempologie-Typologie®
Gerr, Elke: 4000 Sprichwörter und Zitate.
Der Kleine Hey – Die Kunst des Sprechens. (Neufassung von Fritz Reusch)
Hirsch, Gundula: Die Kunst der freien Rede.
Hirsch, Gundula I.: Überzeugend frei reden. Sprach- und Rhetoriktraining.
Krüger-Lorenzen, Kurt: Deutsche Redensarten – und was dahintersteckt.
Lay, Rupert: Führen durch das Wort.
Mohler, Alfred: Überzeugend reden – erfolgreich verhandeln.
Puntsch, Eberhard: Zitaten-Handbuch.
Reiners, Ludwig: Stilfibel.
Reutler, Bernd H.: Körpersprache verstehen.
Ronner, Markus M.: Lexikon der treffenden Pointen.
Schmedemann, Henry: Geschäftsbriefe und Reden. Eine Mustersammlung.
Textor, A. M.: Sag es treffender. Ein Wörterbuch für alle, die täglich diktieren und schreiben.
Weller, Maximilian: Die schlagfertige Antwort.

»Mache das beste
aus dem Tag.«

(Peter Ebeling)

Register

Weitere Titel aus dem humboldt-Programm

Beruf

Allgemein	**ISBN 3-581-**
Buchführung – Schritt für Schritt	*66211-6*
Existenzgründung	*66498-4*
Arbeitszeugnisse schreiben und verstehen	*66573-5*
Rhetorik – der Weg zum Erfolg	*66627-8*
Telefonieren	*66720-7*
Kündigung	*66735-5*
Mehr Kohle! Alles über Nebenjobs	*66758-4*
Überzeugend frei reden	*66942-0*
Geschäftsbriefe und Reden	*66946-3*
Die überzeugende Präsentation	*66953-6*
Handbuch für Existenzgründer	*66981-1*
Das erfolgreiche Verkaufsgespräch	*66998-6*
Mein neuer Arbeitsplatz	*67074-7*
Mind Mapping	*67086-0*
Mind Mapping (CD-ROM)	*69063-2*
Ratgeber Telearbeit	*67142-5*
Kommunikationstrainer für Beruf und Karriere	*67148-4*
Existenzgründung für Frauen	*67159-x*
Geschäftskorrespondenz von A–Z	*67167-0*
Konkurse lassen sich vermeiden	*68051-3*
Der professionelle Business Plan	*68056-4*
Kunden binden und gewinnen im Dienstleistungsbereich	*68057-2*
Professionelles Telefonmarketing	*68058-0*

Bewerbung

So bewirbt man sich	*66255-8*
Die perfekte Bewerbung!	*66665-0*
Vorstellungsgespräche – mit Erfolg!	*66690-1*
Lebenslauf & Karriere	*66783-5*
Das große Bewerbungsbuch	*66970-6*
Bewerbungsbuch für Frauen	*67055-0*
Sich bewerben und vorstellen	*67079-8*
Das Bewerbungsschreiben	*67131-x*

Tests

Eignungstests erfolgreich bestehen	*67080-1*